文史哲學集成

胡自逢著

五經治要

文史哲出版社印行

國家圖書館出版品預行編目資料

五經治要 / 胡自逢著. -- 初版 -- 臺北市：
文史哲出版社, 民 82.04
面； 公分.--（文史哲學集成；284）
ISBN 978-957-547-210-8（平裝）

1.經學

091.2 82002391

文史哲學集成 284

五經治要

著 者：胡 自 逢
出 版 者：文 史 哲 出 版 社
http:// www.lapen.com.tw
e-mail：lapentw@gmail.com
登記證字號：行政院新聞局版臺業字五三三七號
發 行 人：彭 正 雄
發 行 所：文 史 哲 出 版 社
印 刷 者：文 史 哲 出 版 社
臺北市羅斯福路一段七十二巷四號
郵政劃撥帳號：一六一八〇一七五
電話886-2-23511028・傳真886-2-23965656

實價新臺幣五〇〇元

一九九三年（民八十二）四月初版
二〇二四年（民一一三）八月再版

ISBN 978-957-547-210-8 00284

自序

夷嘗深淮中國學術思想有源有委，而其大本，舉在《五經》。秦漢以降，由此而敷暢曼衍，揚厲昌大，分支別流，而各得其性之所近。然其根柢，莫不宗祧《五經》。又於是非之抉擇，疑似之取定，亦莫不折衷於經義。《五經》固載道之言，天人之幾，日用事物當然之理，在天地之間者畢矣。中華學術之資材，嘗經兩次較大之整理，首爲文王，次則孔子，故曰：「文王旣沒，文不在茲乎。」（註一）經孔子及其生徒匯集董理，鎔鈞而爲萬古不刊之常典，今之《五經》是也。

環顧世局，「滔滔者天下皆是也，而誰以易之？」（註二）誰思有以易之？抑又誰能易之，「禹思天下有溺者，猶己溺之也；稷思天下有飢者，猶己飢之也。」（註三）禹稷之後，蒿目而憂世之患（註四），汲汲皇皇，惟恐不及者，亙古今，通天下，惟孟子一人而已！故曰：「我亦欲正人心，息邪說，距詖行，放淫辭。」以承禹、周公、孔子三聖振溺撥亂之苦心，故又曰：「世衰道微，邪說暴行有作。」（註五）孟子固深有以窺見邪說暴行交熾之故者，蓋道微則世必衰，世衰則黑白難分，是非殽亂，此邪說之所以助長暴行，人心之所以陷溺愈深也。當今之世，邪說之橫決，暴行之猖狂，較之孟子當時之所見，奚啻億萬倍而已哉？在今日科技獨裁，工業霸世之社會，恆人治學，無不急功趨利，務矜新奇，以徼一時之幸，孰能白學術之眞僞，知經學撥亂淑世之眞實價值？其不斥爲迂闊後時，亦已至幸矣。

今道術式微，世風陵夷，已造乎其極！孟子生於數千年前，已審知邪說暴行之至深可畏，而思以「道」易之，此「道」爲何？周孔相傳立國經世之道，集結於《五經》者是也，質言之，此「道」，即「經學」也。以《五經》載道之言，先儒嘗反復丁寧之矣。先哲於「道」，或曰「道術」（註六），或曰「學」（註七），或曰「術學」（註八），或曰「義學」（註九），即今人之謂學術也。「道」爲學術整全之大名，人所共由，若大路然（註一〇），百姓日用而不知（註一一），詎不可惜！莊子於〈天下〉篇曰：

> 古之所謂道術者，果惡乎在？曰無乎不在。其在於《詩》《書》《禮》《樂》者，鄒魯之士，搢紳先生，多能明之，《詩》以道志，《書》以道事，《禮》以道行，《樂》以道和，《易》以道陰陽，《春秋》以道名分，其數散於天下，而設於中國者，百家之學，時或稱而道之。……是故內聖外王之道，闇而不明，鬱而不發。

鄒魯之士，明謂儒家。於群經大義，則曰志、曰事、曰行、曰和、曰陰陽、曰名分。一言以蔽之。論群經之大義，莫先乎此，亦莫備乎此。故莊子要之曰「內聖外王之道」，則五經之大用，庶乎盡之矣。

復當知五經於我何與？觀《易》、列人於三才之中，（註一二），《中庸》謂人「可以贊天地之化育」（註一三），記言「人爲天地之心。」（註一四）人之尊崇，與天地參，爲天地靈秀之所鍾，此固中華文化之特質，舉世罕與倫匹，經文已昭示之矣。天人一理，爲中華文化之核心。《易》首倡「人與天地合其德」（註一五），記言「人其天地之德」（註一六）《繫傳》又曰「天地之大德曰生」（註一七），「生生之謂易。」（註一八）中華民族，歷聖相承，以仁道統一天下，仁者，生生不息也。生生之理，爲學術發展之指南，人類生存之原理，其重要可知！天地之生德，賦予吾人，則爲人心，孟子曰：「仁，人心也。」（註一九）《記》又曰：「人者，天地之心也。」（註二〇）《復彖》曰：「復其見天地之心乎。」天人同具此心，天心至仁（生德顯用）；仁在人心，人與人之間，以仁相與，修美人際之關係，則爲人倫。仁愛、倫理，發乎天性，體用相資，渾然融浹，化爲我民族數千年來偉大之安定力，亦即中華文化之基本精神，吾民族之綿延，國家祚運之維係，胥此一定力是賴。此力雖視之不見，聽之不聞，然磅薄萬鈞，至大至剛，體物而不可遺，默運潛滋於禮俗風教之中，深入人心，牢不可破、堅不能摧，已屬自然，孟子所謂「心之所同然者也。」（註二一）人心之能凝聚，民族之所以團結者以此。要之，尊重人格；仁民愛物，和諧天人，彝倫修叙，申明人文之足以化成天下者（註二二）昭昭然矣。而中華民族之人本精神以及愛好和平之天性，於《五經》中胥已昌明其理，深植其根，故謂民族發展之潛力、修己立國之方針，其大本原理，莫不總匯於《五經》，其誰曰不然。至於《書》，紀唐虞三代之政典，首重民食喪祭之先務，明示知人安民之守則，尊賢使能，視民如傷，爲萬世郅治之規模。今人執柯以伐柯，其則寧遠耶？於《詩》，〈周頌〉美天道之「於穆不已」，人當自強不息也；〈小雅鼓鐘〉「淑人君子其德不回」〈大雅烝民〉「民之秉彝，好是懿德。」明立德之要。〈小雅常棣〉「兄弟急難」之燕樂兄弟；〈伐木〉「鳥鳴嚶嚶」之殷求友生」；〈巷伯〉「投畀豺虎」之疾惡類；〈何人斯〉「爲鬼爲蜮」之斥讒夫；〈抑〉之什「白圭之玷」之戒輕言，皆三百篇推原物情，諷切時事至爲警策之作，今猶令人興發鼓舞而不容已。《禮》，爲行爲之學，所以規範人之行止，令其合宜而中節也。禮有三，曰《周禮》，曰《儀禮》，曰《禮記》，三禮之分，肇自康成，《議禮》爲經，《禮記》爲傳，《周禮》設官分職，詳於官制之書也。故惟《儀禮》《禮記》，爲禮之專籍。夫禮之言理也，因人之情而爲人之節文，以爲民坊者也。（註二三）順承天道而治人情，故爲政教之本。禮以時爲大，不貴沿襲；以義爲質（註二四），後世不必悉遵先代之制，禮之所無，可以義起（註二五），故禮之所尊，尊其義也（註二六）。三禮略見周制之大凡，於稽古應用，大爲有功，其時義大矣。孔子曰：「制度在禮，文爲在禮，行之其在人乎（註二七）！」禮之言履，其意深矣。《春秋》，斷決二百四十二人事之是非，褒善貶惡，嘉勳罰罪，原跡誅心，纖芥靡遺，嚴飭綱紀，以維倫常，民監之訓（註二八），永垂歷史之大法，納生民於軌物之中，淫辭邪說雖橫絕，而不足以掩蔽《春秋》凜然之大義。近年天方薦瘥，國步日艱，我國家切籲全民當自強不息，深思憂患，二語亦均出於《周易》（註二九）。斯皆《五經》與吾人身心直接攸關之事理，如水火菽粟之切於日用，不可須臾離，《五經》於人何如哉？

清人朱一新嘗曰：

> 有學問，有學術，學問之壞，不過弇陋而已，於人無與也；學術之壞，小者貽誤後生，大者禍及天下。（註三〇）

至哉斯言！一國學術之敗壞，則禍及天下國家，初非以警世駭俗也。藉使學術果未壞也，則邪說暴行，何由而作？舉世溷濁，緣何紛紛？朱氏蓋深有契於孟子之言而發。一國學術之敗壞，其爲禍之烈如此，其勢又捷於影響！是誠可爲智者道，難與俗人言。有識之士，當自知之！欲學術之不壞，惟有昌明經學，爲之先路，蓋列聖相傳之德慧，先王郅治之成法，咸萃於經，以經學導正一國學術之方向，則人心有所歸，其蘄嚮正而邪說自戢！善乎潘四農之言曰：「欲救人心，必恃學術（註三一）。」學說思想之偏邪，必本道術之眞以矯拂之，方能納入正軌。蓋天下有眞學術，而群言之涇渭以分；天下有經學，而人類賴之以永久生存，此則學術之大用，任人所不能否定者也。

漢趙岐〈孟子題辭序〉謂孟子通《五經》，尤長於《詩》《書》。」，《五經》之目，至漢已著。載籍習稱六經，《樂》至漢已亡。今但云《五經》，舉其實也。他則傳記之流，《禮記》三傳是也。本書計分七章：一曰釋名，知經與經學也；二曰《五經》大義，述前言也。三曰讀經，學經之態度也；四曰治經，識門徑與方法也；五曰用經，通經以致用，其用不匱也；六曰《五經通義》，明群經之大義一貫也；七曰《五經專義》，明各經之自具別義也。茲粗舉綱目，略啓津涯，取便入門，非敢以言經學，以此事體大業難，任重而道遠，非一人之力所能勝，若感時憂世之大雅，以所言爲不誣而辱教之，是又企余而切望之也。

【附注】

註一　《論語子罕》篇「子畏於匡，曰文王既沒，文不在茲乎。」

註　二　《論語微子篇》「長沮桀溺耦而耕，孔子過之，使子路問津焉。長沮曰，夫執輿者爲誰？子路曰爲孔丘，曰是魯孔丘與？曰，是也。曰，是知津矣。問於桀溺，桀溺曰，子爲誰？曰爲仲由。曰，是魯孔丘之徒與？對曰然，曰滔滔者天下皆是也，而誰以易之？…。」

註　三　《孟子離婁下篇》「禹稷當平世三過其門而不入，孔子賢之。顏子當亂世居於陋巷。…孔子賢之。孟子曰禹稷顏回同道，禹思天下有溺者由己溺之也；稷思天下有飢者，由己飢之也，是以如是其急也，禹稷顏子易地則皆然。」

註　四　《莊子外篇駢拇》「今世之仁人，蒿目而憂世之患」章炳麟曰「蒿讀爲眊、說文、眊、目少精也，憂勞者多眊損，故令目眊。」

註　五　《孟子滕文公下篇》「世衰道微，邪說暴行有作，臣弒其君者有之；子弒其父子者有之。…吾爲此懼，閑先聖之道，距楊墨，放淫辭。…昔者禹抑洪水而天下平；周公兼夷狄、驅猛獸而百姓寧；孔子成春秋而亂臣賊子懼。……我亦欲正人心，息邪說，距詖行，放淫辭，以承三聖者，豈好辯哉？」

註　六　《莊子天下篇》「古之所謂道術者，果惡乎在？曰，無乎不在。……其在於《詩》《書》《禮》《樂》者，鄒魯之士，搢紳先生，多能明之。……」

註　七　《漢書儒林傳》卷八十八「古之儒者博學乎六藝（師古曰六藝謂《易》《禮》《樂》《詩》《書》《春秋》。）之文。六學者，王教之典籍。…及至秦始皇兼天下，燔詩書，殺術士，六學從此缺矣。」

註　八　《後漢書斑彪傳》「至於採摭經傳，甚多疏略。…其論術學，則崇黃老而薄《五經》；序貨殖，則輕仁義而羞貧賤。」

註　九　《後漢書儒林傳》第六十九下〈楊仁傳〉「肅宗旣立，拜什邡令，寬惠爲政，勸課掾史弟子，悉令就學，其有通明經術者，顯之右署（右署，上司），或貢之朝，由是義學大興。」

註一〇　《孟子告子下篇》「曹交問曰：人皆可以爲堯舜有諸？孟子曰然。……曰交得見於鄒君，可以假館，願留而受業於門，曰：夫道若大路然，豈難知哉？人病不求耳。」

註一一　《周易繫辭傳》上第四章：「一陰一陽之謂道，繼之者善也，成之者性也，仁者見之謂之仁；知者見之謂之知，百姓日用而不知。…」

註一二　《周易繫辭傳》下第九章「《易》之爲書也，廣大悉備有天道焉，有人道焉，有地道焉，兼三材而兩之，故六、六者非它也，三材之道也。…」《周易》六畫　：初二爻象地，三、四爻象人，五、上爻象天，是謂三才、材才通。

註一三　《中庸》第二十二章「唯天下至誠，爲能盡其性，能盡其性，則能盡人之性，能盡人之性，則能盡物之性，能盡物之性，則可以贊天地之化育。…」

註一四　《禮記禮運篇》「故人者，天地之心也，五行之端也，食味別聲被色而生者也。」

註一五　《周易乾文言傳：「夫大人者，與天地合其德，與日月合其明。…」

註一六　《禮記禮運篇》「故人者，其天地之德，陰陽之交，鬼神之會，五行之秀氣也。」

註一七　《周易繫辭傳》下第一章：「天地之大德曰生。」

註一八　《周易繫辭傳》上第五章：「生生之謂易。」

註一九　《孟子告子上篇》「孟子曰：仁，人心也；義，人路也。舍其路而弗由，放其心而不知求，哀哉！」

註二〇　見注（二四）

註二一　《孟子告子上》「…心之所同然者何也？謂理也，義也，聖人先得我心之所同然耳。故理義之悅我心，猶芻豢之悅我口。」

註二二　《周易賁卦彖傳》「觀乎天文，以察時變；觀乎人文，以化成天下。」

註二三　《禮記坊記》「子云小人貧斯約，富斯驕，約斯盜，驕斯亂，禮者因人之情而爲之節文，以爲民坊者也。」

註二四　《論語衛靈公篇》「子曰，君子義以爲質，禮以行之，孫以出之，信以成之，君子哉！」

註二五　《禮記禮運篇》「禮也者，義之實也。協諸義而協，則禮雖先王未之言，可以義起也。」

註二六　《禮記郊特性》「禮之所尊，尊其義也。失其義，陳其數，祝史之事也。」

註二七　《禮記仲尼燕居》「子曰制度在禮，文爲在禮，行之其在人乎。」

註二八　《尚書酒誥》「古人有言曰，人無于水監，當于民監，今惟殷墜厥命，我其不可大監撫于時。」

註二九　《周易乾象傳》「天行健，君子以自強不息。」〈下繫第六章「作易者其有憂患乎」第七章「其出入以度，外內使知懼又明於憂患與故，無有師保，如臨父母。」

註三〇　《無邪堂答問》朱一新語。

註三一　《養一齋集》潘四農曰：「欲救人心，必恃學術。」

五經治要 目次

第一章　釋　名

壹、經

許叔重《說文解字》十三篇上

經，織從絲也。從系，巠聲。

段玉裁《說文解字注》：

織之從絲謂之經，必先有經而後有緯，是故三綱五常六藝，謂之天地之常經。……布之有從縷同也。

經爲從絲，此經之本訓也。有從絲則有衡絲，一從一衡，交織而成布帛，則經緯、組織之義具。段云天地之常經，其義尤爲深遠。

劉熙《釋名釋典藝》：

經，徑也。如徑路無所不通，可常用也。

以徑訓「經」，此爲音訓。「經」如徑路之無所不通。此美經學涵容廣遠，爲用至大，爲後起之義。

《荀子勸學篇》：

學惡乎始？惡乎終？曰：其數，則始乎誦經，終乎讀禮。

經之名始見於此，《禮記》以《經解》名篇同。古籍稱經，盛行於戰國時代，《墨子》有《經》上下，《經說》上下，《莊子天下篇》：

苦獲、己齒、鄧陵之子之屬俱誦《墨經》而倍譎不同。

漢以後，經之名，始專指孔子所刪定之六藝而。

貳、經學

經學一名之始出，《漢書兒寬傳》：

寬見上語經學，上說之。

經學亦簡稱學，《漢書儒林傳》：

古之儒者，博學乎六藝之文，六學者，王教之典籍，先聖所以明天道，正人倫，致至治之成法也。

按六藝即六經。以《詩》《書》《禮》《樂》《易》《春秋》六經為六藝，見於《史記伯夷列傳》

> 夫學者載籍極博，猶考信於六藝《詩》《書》雖缺，然虞夏之文可知也。

《李斯傳》：

> 斯知六藝之歸，不務明政以補主上之闕。……。

《儒林傳》：

> 及至秦之季世，焚《詩》《書》，阬術士，六藝從此闕焉。

明天道三句，言簡意賅，天人分際，郅治成法畢具。天道，自然法則也。人倫，倫理法則也。倫理法則基於自然法則而建立者，必能行之久遠，百世以俟聖人而不惑，郅治之法，為人類秩然有序之生活具體表現之績效，寥寥數語，已漸啓經學之藩籬矣《文心雕龍宗經》第三：

> 經也者，恆久之至道，不刊之鴻教也。故象天地，效鬼神，參物序，制人紀，洞性靈之奧區，極文章之骨髓者也。

此雖解「經」，實申經學，且較衆說的當周洽。要之，經學者，研幾群經之義理，發其微言，張其大義，以為立人經世之方，治亂持危之略，訂人類生存之原則，延宇宙永恆之生命，一天人，合內外，折衷群言，歸於至當，因窮變通久（註一），而為時措咸宜（註二）之學也。

叁、五　經

古以《易》《詩》《書》《禮》《樂》《春秋》爲六經。秦亡之後，至漢則《樂經》亡而五經僅存，漢武帝建元五年，初置五經博士，《五經》之名自此始。自漢以來，儒者相傳，但言《五經》矣。

經　數

四經—《管子戒篇》云「四經」即《禮記王制篇》之四術（《詩》《書》《禮》《樂》。樂正崇四術）

五經—《易》《詩》《書》《禮》《春秋》。《法言問神．寡見篇》、《漢書武帝紀》。

六經—《詩》《書》《易》《禮》《樂》《春秋》。《莊子天運篇》。

七經—《易》《詩》《書》《禮》《春秋》《論語》《孝經》《後漢書趙典傳》《三國志蜀志秦宓傳》。

九經—《易》《詩》《書》《禮記》《左傳》皆孔穎達疏。《周禮》《儀禮》皆賈公彥疏，《公羊》唐徐彥疏。《穀梁》唐楊士勛疏。

十經—五經五緯。

十二經—唐石經無《孟子》有《易》《書》《詩》《禮記》《周禮》《儀禮》《左傳》《公羊傳》《穀梁傳》《論語》《孝經》《爾雅》等。

十三經—右十二經加《孟子》宋光宗紹熙間加《孟子》、宋時已有合刻本十三經注疏，十三經之名遂定。

十四經——十三經加《大戴記》。

經次

六經次序，原有二說：

甲、今文家以深淺爲序：則《詩》《書》《禮》《樂》《易》《春秋》是。《莊子天下篇、天運篇》、《繁露玉杯篇》、《史記儒林傳》皆同，此今文家列六經之所本。

乙、古文家則《易》《書》《詩》《禮》《樂》《春秋》，《漢志六藝略》。古文家以六經產生之先後爲次，古文家以《易》爲伏羲所創《書》始〈堯典〉，《詩》有〈商頌〉，《禮》《樂》爲周公作，《春秋》則魯史也，故最晚。

經注

周易正義。魏王弼晉韓康伯注、唐孔穎達疏。

伊川易傳、朱子本義、皇清經解易類彙編、續皇清經解易類彙編。

春秋

左傳正義。周左丘明傳、晉杜預注、唐孔穎達疏。

李貽德左傳賈服注輯述，顧炎武左傳杜解補正，惠棟左傳補注。洪亮吉春秋左傳詁。顧棟高春秋大事表。劉文淇左傳舊注疏證。劉師培左傳例略。

公羊傳注疏。漢公羊壽傳，何休解詁，唐徐彥疏。

劉逢祿公羊何氏釋例，解詁箋。陳立公羊傳義疏。凌曙公羊義疏。包愼言公羊歷譜。孔廣森公羊通義。

穀梁傳注疏。晉范甯集解、唐楊士勛疏。

柳興思穀梁大義疏。鍾文烝穀梁補注。惠棟穀梁古義。侯康穀梁禮證。許桂林穀梁釋例。齊召南春秋穀梁傳注疏考證。

尙書正義。僞孔傳，孔穎達疏。

孫星衍今古文注疏。江聲尙書集注音疏。閻若璩古文尙書疏證。段玉裁古文尙書撰異。劉逢祿書序述聞。王鳴盛尙書後案。王先謙尙書孔傳參正。

毛詩正義。漢毛享傳、鄭玄箋。孔穎達疏。

陳奐毛詩傳疏。馬瑞辰毛詩傳箋通釋。胡承珙毛詩後箋。陳喬樅三家詩遺說考，魏源詩古微，朱子集傳。

禮

周禮注疏。漢鄭玄注、唐孔穎達疏。

孫詒讓正義。李光坡周禮述註。方苞周官集注。惠士奇禮說。江永周禮疑義舉要，段玉裁周禮漢讀考。韋協夢周官彙說，王聘珍周禮，曾釗周禮注疏小箋。

儀禮注疏。漢鄭玄注：唐賈公彥疏。

胡培翬儀禮正義。張爾歧儀禮鄭注句讀。萬斯大儀禮商。李光坡儀禮述注。方苞儀禮析疑，江永儀禮釋例，段玉裁儀禮漢讀考。韋協夢儀禮集解。王聞運禮經箋。

禮記注疏。鄭玄注、孔穎達疏。

孫希旦禮記集解。方苞禮記析疑。江永禮記訓義擇言。焦里堂禮記補疏。王闓運禮記箋。郭嵩燾禮記質疑。

三禮，黃以周禮書通故。秦蕙田五禮通考。徐乾學讀禮通考。江永禮書綱目。

【附注】

註　一　《周易繫辭下傳》第二章「通其變使民不倦，神而化之使民宜之。易窮則變，變則通，通則久，是以自天祐之吉無不利。」

註　二　《中庸第二十五章「成己，仁也；成物，知也，性之德也，合外內之道也，故時措之宜也。」

第二章　五經大義

先秦至漢論五經大義分述：

一、《莊子天下篇》

《詩》以道志；《書》以道事（註一）；《禮》以道行；《樂》以道和（註二）；《易》以道陰陽（註三）；《春秋》以道名分（註四），其數（註五）散於天下，而設於中國者，百家之言，時或稱而道之。

右言六經之用，實亦六經之內容。

二、《荀子儒效篇》

聖也者，道之管（註六）也。天下之道管是（註七）矣，百王之道一是矣。故《詩》《書》《禮》《樂》之歸是矣（註八）矣。《詩》言是，其志也；《書》言是，其事也；《禮》言是，其行也；《樂》言是，其和也；《春秋》言是，其微（註九）也。……天下之道畢矣。鄕（註一〇）是者臧，倍（註一一）是者亡；鄕是如不臧，倍是如不亡者，自古及今，未之有也。

右段與莊子之言合，諸「是」字，指經學，惟荀子未言《易》，右言聖人與經學爲一，天下之道，悉在經學也。

三、《荀子勸學篇》

故《書》者，政事之紀也；《詩》者，中聲（註一二）之所止也；《禮者法之大分、類之綱紀者。故學至乎禮而止（註一三）矣，夫是之謂道德之極。《禮》之敬文（註一四）也；樂之中和也；《詩》《書》之博也；《春秋》之微也，在天地之間者畢矣。

四、《春秋繁露玉杯篇》

《詩》《書》序其志；《禮》《樂》純其美（註一五）；《易》《春秋》明其知（註一六）。六學皆大而各有所長，《詩》道志，故長於質（註一七）；《禮》制節，故長於文；《樂》詠德，故長於風；《書》著功，故長於事；《易》本天地陰陽，故長於數（註一八）；《春秋》正是非，故長於治人。能兼得其所長，而不能遍舉其詳也。

右論六經之長，太史公論六經要旨有取於玉杯。

五、《史記滑稽列傳》

孔子曰：《六藝》於治，一（註一九）也。《禮》以節人；《樂》以發和；《書》以道事；《詩》以達意；《易》以神化（註二〇）；《春秋》以道義（註二一）。

仍言六經之用，而歸於致治，其宗旨相同。〈滑稽列傳〉取之〈天下篇〉。

六、《史記自序》

太史公曰：余聞之董生曰……《易》著天地陰陽四時五行，故長於變（註二二）；《詩》，紀山川谿谷禽獸草木牝牡雌雄，故長於風（註二三）；《樂》，樂所以立（註二四），故長於和；《春秋》辨是非，故長於治人。是故《禮》以節人；《樂》以發和；《書》以道事；《詩》以達意；《易》以道化（註二五）；《春秋》以道義。

論五經之長，兼明其用，自序所言，與玉杯略同。

七、楊子《法言寡見篇》

說天者，莫辨乎（註二六）乎《易》；說事者，莫辨乎《書》；說體者，莫辨乎（註二七）《禮》；說志者，莫辨乎《詩》；說理者，莫辨乎（註二八）《春秋》。

楊子述六經之所辨（辨，明也，猶言昌明也），即其長處言之，仍言六經之用。

八、《漢書藝文志》

《六藝》之文，《樂》以和神，仁之表也（註二九）；《詩》以正言，義之用也（註三〇）；《禮》以明體，明者著見，故無訓也（註三一）；《書》以廣聽，知之術也（註三二）；《春秋》以斷事，信之符也（註三三），五者，蓋五常之道，相須而備，而《易》爲之原，故曰：《易》不可見，則乾坤或幾乎息矣（註三四）。」言與天地相終始也。（註三五）

按《漢志》以五常（仁義禮智信）配五經，蓋以五經載五常之道而以《易》爲諸經之本原也。右八條，總言五經之大用：一、五、七條是也，經要之重要：二、三條是也。舉各經之所長：四、六條是也。而以《易》統群經，爲其本原所在，特尊崇之也。

【附　注】

註　一　事、政事《論語子路篇》「冉子退朝，子曰『何晏也。』？對曰『有政』子曰：『其事也，如有政，雖不吾以，吾其與聞之』」孔子分政與事爲二，政、魯之國政；事季氏之私事，此特示冉有當以國政爲重耳。實則政事爲一事，〈先進篇〉列「政事」爲一科可知，政事，今之政治也。

註　二　《禮記樂記》曰「樂者，天地之和也；禮者，天地之序也。和故百物皆化，序故群皆別。」又曰：「樂在宗廟之中，君臣上下同聽之，則莫不和敬；在族長鄉里之中，長幼同聽之，則莫不和順；在閨門之內，父子兄弟同聽之，則不和親。……所以合和父子君臣，附親萬民也。」此《樂》之以「和」爲貴也。

註　三　易言陰陽，〈泰卦辭〉「泰，小往大來，吉亨」〈彖傳〉曰：「『泰，小往大來，吉亨』。……內陽而外陰。」經文言「小往大來」者，以泰☷☰乾下坤上，陽爲大在內，陰爲小，在外，故〈彖傳〉曰「內陽而外陰」，以陰陽釋經「小大」二字，明示古以小大稱陰陽也。又〈繫辭傳〉上第四章曰：「一陰一陽之謂道，繼之者善也，成之者性也。仁者見之謂之仁，知者見之謂之知。……」此明《易》「道」之含陰陽二性也。實則《周易》總論「陰陽消息」而已。《莊子》「易以道陰陽」句，已指明《周易》之大義矣。

註　四　《論語子路篇》「子路曰『衛君待子而爲政，子將奚先？』子曰『必也正名乎！』子路曰『有是哉，子之迂也，奚其正？』子曰『野哉由也，君子於其所不知，蓋闕如也。名不正則言不順，言不順則事不成。……』」正名在名實相符，有其名必有其實（分），分，本位義，《大學傳第三章》曰「爲人君，止於仁；爲人臣，止於敬；爲人子，止於孝，爲人父，止於慈。」仁者，君之分也，慈者，父之分也。有君之名，則有仁臣之分；有父之名，則有慈幼之分，名符其實，是之謂「名分」。正《春秋》之大義也。

註　五　「其數散於天下」。數，指數度。《荀子王制篇》曰：「衣服有制，宮室有度，人徒有數，喪祭器用，皆有等宜。」「數」者，〈禮器篇〉曰「天子七廟，諸侯五，大夫三，士一。」度者同篇曰：「天子之堂九尺，諸侯七尺，大夫五尺，士三尺」是也。「數散」句《成疏》曰「六經之跡，散在區中，風教所覃，不過華壞。」

是也。

註 六 「管」字楊倞《注》「管，樞要也。」

註 七 「是」字，楊倞《注》「是，儒學。」

註 八 《詩》《書》《禮》《樂》之歸是矣句，劉台拱田「「之」下當有「道」字，與上兩「之道」對文」，是也。

註 九 其微也。楊《注》「微，儒之微旨，一字爲褒貶，微其文，隱其義之類是也。」

註一〇 鄉，楊《注》「鄉讀爲向」，按鄉爲今方向字之本字，不必讀爲，金文之例至多。

註一一 倍《說文》一上曰：「倍，反也，從人，音聲。」段《注》「此倍之本義，《中庸》『爲下不倍』《論語》『斯遠鄙倍』皆是」

註一二 中聲，中和之聲，下文言「樂之中和也。」詩、樂本一事。

註一三 「類之綱紀也。」方言「齊謂法爲類」。但此句類字，指「統類」《荀子非十二字篇》「若夫總方略，壹統類。」統類之「類」有綱紀之義。類與法不同，〈非十二子篇〉又曰：「多言而類，聖人也；少言而法，君子也」則法與類異。荀子特重禮〈禮論篇〉曰「禮者，人道之極也。」〈議兵篇〉曰「禮者，治辨之極也，強國之本也，功名之總也。」荀子隆禮義而殺《詩》《書》，故曰「學至乎禮而止矣。」

註一四 敬文，內敬而外文。〈曲禮〉曰「毋不敬」，此全書之綱領。文，節文，所以辨長幼上下貴賤之等差也。

註一五 禮之美者，於禮容上見之。如升降揖讓進退俯仰屈申徐疾等。《荀子禮論》「禮有三本，天地者，生之本也；先祖者，類之本也；君師者，治之本也。貴本之謂文，親用之謂理。」楊《注》「文謂修飾。」又曰「至文以有別」楊《注》「言禮之至文，有尊卑貴賤之別。」皆是。至《樂》之美，則於音容上見之。《論語八佾》「子謂韶盡美矣，又盡善也，謂武盡美矣，未盡善也」蓋舜以揖讓而有天下；武以征誅而得天下，其聲容自不同也。又〈述而篇〉：「子在齊聞韶，三月不知肉味，曰不圖爲樂之至於斯也。」朱《注》「不意舜之作樂，至於如此之美。」

註一六　《易》《春秋》明其知。《易》之知：《易繫傳上第九》曰：「夫易，聖人之所以極深而研幾也，唯深也故能通天下之志，唯幾也故能成天下之務。」又〈下繫第三章〉曰「窮神知化，德之盛也。」苟非聰明睿知，其孰能與於此乎。《春秋》之知者，《春秋》辨是非，是非二百四十二年之行事，以爲天下儀表。《史記自序》而《孟子公孫丑上》曰：「是非之心，智之端也。」

註一七　質，樸也，本眞之義，《詩》貴眞性情，如「國風好色而不淫，小雅怨誹而不亂」見《史記屈原列傳》。是其質也。又〈擊壤歌〉曰「日出而作，日入而息，鑿井而飮，耕田而食，帝力於我何有哉?」見《古詩源》。同例。

註一八　《易》固有數。即天地之數、大衍之數、九六之數三者，於天地之數〈上繫第八章〉曰：「天數二十有五，地數三十，凡天地之數，五十有五，此所以成變化而行鬼神也。」傳謂天地之數，可以化生萬物，見造化之功能。西哲畢達哥拉斯學派，以數論推闡萬有，以「數」爲宇宙萬物成立之大本。即宇宙全部皆由各種數目關係構合而成。易言之，萬彙雜陳，無一不爲數目之表象（見吳康先生著「希臘畢達哥拉學派之數理哲學」一文《政大學報》第十一期）。陰陽爲大化之主宰，「數」生天地萬物，此《易》之所專長也。

註一九　《六藝》皆言治道，禮樂刑政，爲治之具，〈樂記〉曰「禮以道其志，樂以和其聲，政以一其行，刑以防其姦，禮樂刑政，其極一也。所以同民心而出治道也。」《春秋》立萬葉經世之大法，詩以感發人之善心，書紀二帝三王之政典，《易》所以開物成務，教人寡過之書，六經皆歸於治道，故曰「於治一也。」

註二〇　「易以神化」者，不可測度曰「神」、〈上繫第九章〉曰：「子曰，知變化之道者，其知神之所爲乎！」《易》言大化，大化流行，不可測知，故曰「神」，「神」，動字，以陰陽主司化育，故上繫第五章曰「陰陽不測之謂神。」

註二一　〈太史公自序〉曰「春秋者，禮義之大宗也。」義主裁制，《春秋》斷是非，一以義爲準也。

註二二　「長於變」者，易有三義：「曰簡易，曰變易，曰不易見〈鄭玄易贊〉」而以變易爲之樞。〈上繫第一章〉曰：「在天成象，在地成形，變化見矣。」陰陽爲宇宙間最大之動能，〈上繫第二章〉曰「剛（陽）柔（陰）相推而生變化。」即此之謂。

註二三　「紀山川谿谷禽獸草木」此即土風、民風之紀錄，先王采詩以覲民風，故曰「長於風。」

註二四　《荀子樂論：「樂者，聖人之所樂音洛）也，而可以善民心。」又曰：「樂者樂也，君子樂得其道，小人樂得其欲，以道制欲，則樂而不亂，以欲忘道，則惑而不樂，樂行而民鄉方矣，故樂者治民之盛者也。」故立人莫先於樂也。

註二五　與上（註二〇）條同。

註二六　天，指天道，《易》善言天道，〈復彖傳〉曰：「復其見天地之心乎！」〈復卦〉一陽來復，天地生物之心畢見。〈賁彖傳〉：「觀乎天文以察時變。」由天象以知人事之吉凶也。〈咸彖傳〉：「觀其所咸（感也），而天地萬物之情可見矣。」言感應，乃天地間之至理。餘多不具。

註二七　「體」爲體制。冠昏喪祭射鄉朝聘等禮，各有一定之體制。《禮記禮器》曰：「社稷山川之事，鬼神之祭，體也。」《禮記集說》曰「社稷山川鬼神之禮，各隨其體之輕重而爲禮之隆殺。」

註二八　此言名理，指人理、事理而言。《史記自序》：「夫《春秋》上明三王之道，下辨人事之紀，別嫌疑，明是非，定猶豫，善善惡惡，王道之大者也。」理者，事理之條貫，人倫之綱紀也。

註二九　「仁之表也」。《說文八上》「表，上衣也，從衣、毛」《段注》「上衣，衣之在外者也，引申爲凡外著之稱。」「神」者，人之神明，精神之謂。《黃帝內經》曰：「心者，君主之官，神明出焉。」《荀子勸學篇》：「積善成德而神明自得，聖心備焉。」樂爲仁之表者，由《禮記儒行篇》：「溫良者，仁之本也；敬愼者，仁之地也；孫接者，仁之能也；禮節者，仁之貌也；言語者，仁之文也；歌樂者，仁之和也。……」其末句尤可知。

註三〇　古以「詩」爲外交辭令，使臣所常習用。《論語季氏篇》「陳亢問於伯魚曰『子亦有異聞乎？』對曰『未也，他日嘗獨立，鯉趨而過庭，曰『學詩乎？』對曰『未也』『不學詩，無以言。』鯉退而學詩。」又《子路篇》「子曰誦詩三百，授之以政不達，使於四方，不能專對，雖多亦奚以爲？」《詩》用以專對：《左僖二十三年傳》「他日公（秦穆）享之，子犯曰『吾不如衰之文也，請使衰從』。公子賦河水（逸詩義取河水朝宗於海，海喻秦），公賦六月（〈小雅六月〉道尹吉甫左宣王征伐，喻公子反晉，能匡王國），衰曰『重耳拜賜。』

公子降拜稽首，公降一級而辭焉，衰曰：『君稱所以佐天子者命重耳，重耳敢不拜』。」此用詩以爲外交辭令之顯例。章學誠《詩教》篇「觀《春秋》之辭命，列國大夫聘問諸候，出使專對蓋欲文其言，以達旨而已」按列國大夫出使聘問，多賦詩以見意，以詩代辭令，出言有章，得其所宜，近於義矣，故曰「義之用也。」

註三一　《禮》以明體，見上（註二七）條，此三句謂《禮》自配禮，故無訓。

註三二　書紀二帝三王之政典，疏通知遠，增廣聞見，爲益智之一方，故曰「知之術也。」

註三三　《春秋》據事屬辭，所書必與其事相符，屬辭比事。《春秋》敎也，故曰「信之符也」文信國《正氣歌》「在齊太史簡，在漢蘇武節。」皆據事直書，若符之取信於人也。

註三四　〈上繫第十一章〉曰「乾坤其《易》之緼（緼、淵奧也）耶？乾坤成列，而《易》立乎其中矣，乾坤毀則無以見《易》《易》不可見，則乾坤或幾乎息矣。」〈傳〉此處言「乾坤」實指乾陽之「一」，坤陰之「--」，故曰「乾坤成列，《易》立其中」惟末句「則乾坤或幾乎息矣」，此句乾坤乃指天地、宇宙。斑氏引之，則喻《易》經之重要，與天地同其終始也。

註三五　《漢書補注》王應麟曰「《白虎通》云：經，常也，有五常之道故曰五經：《樂》仁，《書》義，《禮》禮，《易》智，《詩》信，與此不同。」按〈漢志〉《春秋》配信，《書》配智，《詩》配義，《禮》體，《樂》配仁。同爲斑氏之作，而小有出入，讀者當別白觀之。

第三章 讀 經

壹、小 引

經，爲我國民族文化至珍貴之遺產，先聖先哲覺世牖民，光裕後昆之常典。經學備載於《五經》，允爲先聖往哲學術思想之結晶，實即人類德慧睿智之總和。我立國建國興國之大經大法，咸取足於是。吾華人文精神，賴此而光輝發越，照耀古今。由是益知五千年來，民族精神、傳統文化，雄偉浩博，奕葉層累之業績，其來有自矣。今二十世紀之末，欣見經濟繁榮，民生富庶，物質文明，已臻乎其極！然而社會生活，日趨奢靡，功利思想，已主導夫一切，腐蝕人心，莫此爲甚，傳統文化，顯爲庸俗之工商業文化所蕩滅。尤足畏者，廉取、羞惡之心，已斲喪、根絕，令人不寒而栗。倫理道德，幾近崩潰。知識界、學界有識，無不疾首蹙額，憂心如焚，咸以力挽狂瀾，振衰起敝之方，當從學術教育始，此文化總會所以有「活水」月刊之發行，欲以文化之力，扶正人心也。顧經學爲儒學累積之成果，傳統文化之核心。經學思想，夙已注入國人生活之中，凡日用飲食之微，辭受取予之辨，安身立命之所寄，有形、無意間，咸受經學之熏染、影響，惜人多茫昧不喻，故曰「百姓日用而不知（註二）」。尤有終身奉行、習貫，貿貿不知其所以然，故孟子曰：「行之而不著焉，習矣而不察焉，終身由之而不知其道者衆也（註二）。」今細觀審，信然！故經學數千年來賴之以立國立人，敦厲風尙者，誠起衰世，正人心之鍼石也。竊不自量，爲此讀經一篇，以爲倡始，今國內各中文研究所已開設經學課程者不少，而欲蔚爲風尙，以收宏效，仍待學界大雅共體時艱，戮力以赴之。

貳、今日急需讀經以正時弊

人類受環境影響與習俗之支配，本屬自然，當今科學世紀，經濟獨裁，工業伯世，科技飛速躍進，物質生活，日益優裕，而社會問題叢生，馴至是非莫辨，眞僞錯出，首爲物質生活優越，而社會生活失序，二者夐不相應，此其一；又理性與物欲之交，聲色貨利，紛至沓來，耳目眩惑，莫能自主，物至智知，難矣！此時雖理性乍萌，而旋生即滅，所謂物誘於外，智起於內，二者交鬨，人心之不陷溺者幾希，社會生活未隨物質優裕而同步提升，人類未能役使外物，反爲外物所奴役，科技未爲人類服務，而反控制人類，如此社會之失序而糜爛、溷濁，不知伊於胡底？其弊分述於下

一、工商文化之形成

二次大戰後，喩四十餘年，科學技術，成就空前，人類愈益仰賴科技，自經濟發展言，我國命脈繫於高科技之引入、植根，故台灣已處於高工商業之社會型態，正趨於超工商業之方向，工商業文化，確已形成。試觀社會於自由民主誤解至深，而益放任恣縱，是非混淆，行爲漫無檢閑，功利金錢，泛濫人心，一切唯利是瞻，家庭教育廢弛，子女放蕩不羈，學校唯重知識技能，倫理道德已蕩然無存，固有文化之精粹，已爲反傳統之商業文化所淹沒，令人扼腕。

二、科技偏向之發展

今日世界須賴科技以提升人民生活，國家現代化，必以科技爲主導之力量，發展科技，自係必要。但今日科技已偏向發展，過分重視科技，於是科技獨伯，咸信科技萬能，不知科技雖予人高度生活之享受，然不能取代組成世界文明之精神與人文之價值，而令人類淪爲機械之奴隸，人失自主、創造之力量。科技一旦誤用，易使社會陷於混亂，甚至崩潰，而工業高度發展之結果，倘令資源枯竭，環境惡性破壞，此一境象，如不改善，人類將毀滅地球，亦必毀滅自己。天人關係破裂，天災必接踵而至，天災本起於人禍，自作孽不可活也。歷史先鑑，已知天人有相互作用之關係，天人相與，天人之際，至今仍極重要，天人疏離，受害者人也。英物理學包牧（BOHM）博士嚴斥狹窄之科學思想，唯重分析，忽略整體之觀念（註三）。美國加州理工學心理生物講座教授史培睿（Sperry）博士尤直謂：「今日流行之科學（迷信科學）大誤！以其偏重物質而忽視精神；偏重脫離價值約束，而忽視倫理道德，今日欲保存人類與地球，欲避免核子浩劫之毀滅，吾人無法逃避社會倫理與政治之責任（註四）。」科技偏向發展，其後果之嚴重可知。

三、現代化之病

二十一世紀之主導力量，仍爲科技，科技令人類物質豐富，生活舒適，人類文明步入極高之領域，但其負面，高工業化社會，趨向於功利現實，吾人漸嘗現代化之苦果。現代化之病，據科學家研核，全球氣溫上升，遍地乾旱，乃「溫室效應」之所致，科技過度發展，致空氣污染，危及人類之生存，尤可畏者，工商社會，利欲熏心，利令智昏，人心陷溺。良知沈淪，人性隱埋，獸性畢露，惻隱之心汨沒，暴戾之氣高張，殺人越貨，膂不畏死！人人慄慄危懼，有朝不保夕之感！德國思想界嚴厲指斥科技不惟將自然界化爲利用與控制之對象，亦令佔有科技之少數人將絕大多數人作爲利用與控制之工具。今日若弗革除現代化之病，提升精神價值，則人爲物役，見利忘義，物質繁榮，心靈腐朽，人類不亡於天災，亦必自陷於滅亡之境矣。

四、傳統創新之爭

我國知識界自五四後，部份人士於本位文化，向未深入了解，妄以為儒家思想，有礙於現代化，故百年來於西方文化之價值予以肯定，一惟景仰欽崇！其激切者，逕謂接受西方科學民主自由之精神，必先否定傳統文化，且以百年來中國面臨之災患動亂，一皆委之於傳統文化，於是傳統創新之爭以起，愈演愈烈，不知任一學術思想，必由積漸而來，椎輪大輅，力待踵事增華，歷史歷程如是，即以科學言，李政道博士謂「在科學文化進步方面，自十七世紀始，量子力學，原子物理，原子能，核物理，核能，分子，激光，再到超導體，均係在前人基礎上，逐漸發展而來（註五）。」明示創新出於傳統，科學如此，人文尤然。二者不相違迕，所謂「道並行而不相悖也（註六）。」在傳統現代之間，以日本為例，日本現代化之成功，並非全部西化，實乃吸取西方之精華，而以太和文化獨特之本質為主體，卒能與西方爭雄齊驅，今日本復締造第二次現代化之奇蹟，殊不以儒家思想有礙進步，反而巧思覃慮，運用儒家思想，完成現代化，一躍而為世界大國而躊躇滿志，高唱「儒家文化區」，以此自詡，由此明鑑，深值吾人警勸。

五、中西文化之衝擊

中西文化自明清後，交際頻繁，以歷史背景、地文地理之影響，故中西文化初遇，每見其扞格、衝擊，相與觝迕，排拒，導致國人之不便及思想之紛歧，其不能自主自立者，又取其糟粕而棄其菁英，不自覺邯鄲學足，已忘其故步矣。例如中國文化，以家庭為社會之基石重長幼尊卑、親疏遠近之倫常；西方傳統信仰宗教，重物質科學，尙個人主義，以自由平等爲蘄嚮。中國重德性之實踐，以安身立命爲宗旨。東西文化類型雖殊，要各具優越性，吾人擷長補短，以西方之民主精神，科技智慧與東方之王道思想，人文精神，尤其天下一家、世界大同之情懷，相與融會，共同爲人類建立一新穎綜合之世界文化，必有裨於人類共同之福祉。中國不舍己以從人，而樂取於人以爲善，則中西文化之調劑，我人類實利賴之。

叁、經學光價

昔韓退之美古代文物之流傳，如石鼓文之保存，有「薦諸太廟比郜鼎，光價豈止百倍過（註七）。」之句。經學內化於民族生活之中，已數千年，人文精神，立國大本，賴之以維繫，其光價之遠大何如？分述如下：

一、樹立生活規範

生活之有規範，猶車行之有軌轍也。自昔「聖人作，爲禮以教人（註八）。」禮，所以規範行爲，莊子曰「禮以道行」（註九）是也。五經中凡言倫紀，皆人群行爲之規範，即人類生活之規範也。倫理道德，爲我國立國之基石。倫理，爲道德實踐之學問，亦即國家社會唯一安定之主導潛力。社會有規範（正常）之生活，則社會秩序儼然，社會詎不安定？孟子曰：「人之有道（人之爲人）也，飽食煖衣逸居而無教，則近於禽獸（註一〇）。」《記》曰：「聖人作，爲禮以教人，使人以有禮，知自別於禽獸（註一一）。」《詩》曰：「人而無禮，胡不遄死（註一二）！」以「禮者，天地之序也（註一三）。」設人群無規範之行爲，與禽獸何殊？孟子又曰：「聖人有憂之，使契爲司徒，教以人倫：父子有親，君臣有義，夫婦有別，長幼有序，朋友有信（註一四）。」原其始，《尙書》已有五教之敷施，帝曰：「契，百姓不親，五品不遜，汝作司徒，敬敷五教，在寬（註一五）。」五教自堯舜時已至重視！而百姓不親不遜，乃施以五常之教，此倫理之涉及治安也。《周易》「家人有嚴君焉，父母之謂也。父父、子子、兄兄、弟弟、夫夫、婦婦而家道正，正家而天下定矣（註一六）。」父父、子子、倫理之有序也。「正家而天下定」，則規範行爲，實收「社會安定之績效矣。」由知經學之光價，無可倫比也。美前總統雷根謂：「孔子學說於人類行爲與倫理準則，不僅影響中國人，同時亦影響於全人類，代代相傳，全世界獲得豐富之文化遺產（註一七）。」雷根於儒家倫理學說之備致推崇，洵非虛譽！儒學舉在五經，故梁任公云「五經，爲古書中之最寶貴者（註一八）。」誠然。

二、激揚人群意志

五經中揭示人文精神者，莫要於《易》《庸》，《易》列人於三才之中，八經卦皆三畫，上畫象天，下畫象地，中畫象人，提高人之地位，與天地參列，人性何其尊嚴，人本文化之思想，已肇端於此，人之地位既高，其責任自益遠大，故曰：「能盡人之性，則能盡物之性，能盡物之性，則可以贊天地之化育，可以贊天地之化育，則可以與天地參矣（註一九）。」人與天地並列爲三，人之地位，何其崇高？以能贊天地之化育也。然參贊化育，固非虛語，〈易傳〉：「天地交泰，后以財成天地之道，輔相天地之宜，以左右（佐佑）民（註二〇）。」財（裁通）成輔相，即參贊化育之事實，裁成者，因天時而施政令；輔相者，體天地生物之心，令萬物（含人）各遂其生也。如此，則民人樂生興事，非佐佑之乎？故曰：「夫大人者，與天地合其德，與日月合其明（註二一）。」天人合德，則參贊亦人分內之事耳。人生之價值若是，人生之意義，則當勤勞黽勉，〈乾象〉曰：「天行健，君子以自強不息。」〈坤象〉曰：「地勢坤，君子以厚德載物。」乾之剛健不息，奮發有爲；坤之寬厚容納，含弘光大，我中華之民族精神，止斯二語，已盡之矣。經學示吾人努力之方向，以開拓人生之大道，令人一生有遠大之目標，全力以赴，其激揚人群之意志，至深切矣。

三、啟導人性向上

儒家思想，重心性之學，創立人性論。孔子曰：「性相近也，習相遠也（註二二）。」相近，謂近於善也。孟子創性善之說：「人性之善也，猶水之就下也，人無有不善，水無有不下。」嗣曰：「今夫水，搏而躍之，可使過顙，激而行之，可使在山，是豈水之性哉？其勢則然也，人之可使爲不善，其性亦猶是也（註二三）。」用知孟子非主人性純乎其爲善，蓋謂人性之向善而已。人性之向善，此一價值觀，已爲人類開啓無限光明遠大之前程，「向」字，已蘊含無限之潛力與生機，道德主體之樹立，德性修養之根源，舉在於此。此性即天理（理性）所在，心性之學，爲中國文化之重心，近百年來，由於科技快速發展，器用層次提高，而人性之光輝日掩，社會危機，隱伏於此，今日欲培育堂堂正正之中國人，必須加強人文教育，發揚人之理性，建立人格尊嚴，由浸潤古典經籍，緬懷先民典型，以達盡心知性之旨。日人宇野精一謂：「儒教，爲人之學問，凡是人，絕無理由反對儒教，我相信研究儒教，有助於人性之覺醒，更有益於世界和平（註二四）。」此實由衷中肯之言。由孔孟學說之廣大精微，聖哲人格之感召，啓發人性之向上、向善，必有助於社會秩序之建立無疑。

四、指引人類前途

中華文化倡人性主義，向以「民胞物與」爲情懷，此爲解答世界問題之先決條件。天下爲公（註二五），泛愛衆而親仁（註二六），尤爲世界和平之支柱。公羊傳特發「愛人類」（註二七）之大義，世界各宗教思想，政治制度，均爲人類幸福而創立。人性、人本，永遠陵駕於物資生活之上，本末不可倒置，今欲徹底解決人類問題，必須經濟發展，精神成長，二者融合爲一，調劑運用，美國史培睿博士謂「如科學家欲保存人類，避免核子浩劫之毀滅，科學家不能逃避社會倫理與政治責任（註二八）。」近年來西方有識之士，已洞知弘揚東方王道文化與倫理思想，方可解除人類危機，獲致世界和平，儒家經典，其內容主在發揚人性，恢弘人道，培育人格，維護人權，以人爲中心之人本文化，今日世界之所急需。人類存在一日，此種足以保障人類共存共榮，實現世界大同之偉大文化，必能持續不渝，歷久彌新。

五、學術發展基律

中國學術向有整體之觀念。孔子嘗曰：「吾道一以貫之（註二九）。」孟子又曰：「夫道一而已矣（註三〇）。」荀子曰：「君子知夫不全不粹之不足以爲美也（註三一）。」學術既爲一整體，則彼此相繫維、調和，則互蒙其利；偏勝，則必有所妨，此理至爲簡易。今國家以人文科學立國，以社會科學建國，以自然科學興國，似鼎足而三，但「物有本末，事有終始，知所先後，則近道矣（註三二）。」三者齊舉，不可獨勝。獨勝，則偏枯之病立見，遺患之深，遠非人力所能克伏矣。又學術發自人之心智，前人於其分際：凡以德性修養爲主者，命之曰「心性」之學；以知識應用爲主者，命之曰經世之學。二者須調和、統一，所以爲制衡之具者，主爲人文學術，乃所以化成天下者也（註三三）。故有領導學術發展之學術，令各類學術向正常之途徑發展，不致偏頗枯竭，以收淑世郅治之效。有所以制衡之道，則學術發展之方向確定，學術乃能爲國家社會服務，爲人類效命，而造福於人類。故曰「正德、利用、厚生，惟和（註三四）。」正德，人文學術之功用，利用，則科技知識，以前民用是也。物力阜足，以達厚生之旨，故要之曰「惟和」。否則利用之具高張，科技偏向發展，所蒙之利方集，而所受之害轉益滋深！即利用之知識雖具，而無「正德」以操持之，不啻不足以厚生，而生民之危機必不旋鍾而至矣。五經爲道誼之府（註三五），德義又生民之本（註三六）。當知人爲世界之主體，經學大義，所以立人極，經學，固爲學術之主體也。儒家學術，萃於五經，自孔子指出儒學之定向，孟子建立儒學之體系。孔子主言仁，孟子兼及義。立人之道，惟仁與義（註三七）。一國之興亡，萬世人紀之所繫，舉在於學術，學術之發展，有其基律，不可怠忽也。

肆、讀經態度

經學之光價，國步之艱難，謹如上述，吾人已知經書宜讀，藉諷誦涵詠，身體力行，以救正時弊，然而風氣未開，物議仍多，讀經一事，猶疑雲重重，白日無光，仍待有以廓清之者，分次於後：

一、祛疑解惑

國人質疑者，首爲傳統文化與科技發展二者是否相應？於此，每易引起爭論，吾人當知傳統文化與科學精神固不違迕，而實相契合，以中國文化本有包容納受之雅量，隨時變通之原理，《周易》重「時」義，隨《彖傳》首發「隨時之義大矣哉（註三八）。」乾蒙以下凡三十二卦，均著「時」義，孟子謂「孔子聖之時者也（註三九）。」傳統文化，豈與時代相乖違？《易》又昌明「窮變通久」之律則曰：「易窮則變，變則通，通則久（註四〇）。」宇宙之變化，歷史之演進，人事之興作，無不循守此一律則，觀變通莫大乎四時（註四一），變通者趣時者也（註四二）。先聖制禮，以時義爲冠首曰：「禮時爲大，順次之，體次之（註四三）。」故傳統文化，向無觝拒任何學術思想之事例。義國哥倫比亞東方學術講座教授狄百瑞（De Bary）來華參與「儒家再創造」學術討論會指稱：「李約瑟於新儒家之瞭解，未能持平，忽視儒家對科學之貢獻。從儒家可以發展出合乎科學精神之學術研究，余認爲今日中國人之所以對西方科學極能適應，即因中國傳統文化中多有與科學相契合之正面因素，今日本學者，企業界從儒家思想中發展出現代之管理學（含政治學在內不局限於工廠等）。而美國之管理學，正向儒家學取。事實上，中國文化有太多，在中國本土已失落，但在日本，尙仍保存與發揚（註四四）。」狄氏專究東方思想，其言必有理據。

二、實用觀念之剖析

目前急功近利之思想，已充斥社會，凡人作事，必先計其效益，於己何利？治學亦然，首問此一學問，於我何用？有用無用，即實利而言也。不知用，有一時之用，有萬世之用，有立即見效之用，有須長時期游息修藏，始見其效用者。一時之用，立見之用，乃有形之用也；萬世之用，歷時久遠始見其有用者，無形之用也。人但知有形之用足貴，殊不知無形之用，實遠大於有形之用，二者之差距，奚啻億萬倍而已哉？文子曰：「夫無形大，有形細；無形多，有形少；無形強，有形弱；無形實，有形虛。有形者，遂事也。無形者，作始也。遂事者，成器也。作始者，樸也（註四五）。」文子謂無形實，無形，指道，指經學，曰實，則有實體也。又以無形爲大、爲多、爲強者，有形爲遂事，爲成器，形而下者曰器，無形生有形，無形爲本，有形爲枝，本大於枝故也。《文子》雖僞，其鈔自他書者於理有據，信爲篤論。中研院芮逸夫先生云：「文史研究，不易得結論，常人知者少，不立即有用，其成果亦難立即寓目（註四六）。」李政道院士云「基礎科學與應用科學，如水之與魚，有水不即有魚，然無水絕無魚（註四六）。」此喻尤妙！經學長期化育之功，正如水之與魚。而有用，無用之別，亦至明著。莊子於〈逍遙遊〉篇中嘗言無用之用，深明無用而後有大用，文繁不具。王靜安先生謂哲學昭示天下以萬世之眞理，而無與於當世之用，其言至爲痛切曰：

> 天下有最神聖最尊貴，而無與於當世之用者，哲學與美術是也。天下人囂囂然謂之曰無用，無損於哲學美術之價値也。夫哲學與美術之所志者，眞理也。眞理者，天下萬世之眞理，而非一時之眞理也。其有發明此眞理（哲學家），或以記號表之者（美術家），天下萬世之功績，而非一時之功績也。唯其爲天下萬世之眞理，故不能盡與一時一國之利益合，且有時不能相容，此即其神聖之所存也（註四八）。

靜安本莊子無用之爲大用，申明眞理爲萬世之利！夫經學所昭示，亦天下之眞理，可以「一時之用」衡之乎？

三、立國根本之篤信

國於天地，必有與立，立國之根本，曰「禮」而已矣。孔子曰「安上治民，莫善於禮。」又兩言爲國以禮。顏淵問爲邦，孔子告之以夏時殷輅周冕，約三代之禮制，損益文質，即爲治之大要以勉之（註四九）。子路曾晳等待坐，孔子問志，子路率爾而對，以爲治千乘之國，三年有成。曾晳問何以哂由？子曰「爲國以禮，其言不讓，是故哂之（註五〇）」。孔子蓋許其能，而哂其不遜。故又曰「能以禮讓爲國乎何有（註五一）？」「讓者，禮之質也（註五二）。」孔子哲學，止一「仁」字，而告顏淵問仁曰：「克己復禮爲仁（註五三）」而繼曰：「人而不仁如禮何（註五四）？是蓋以仁爲禮之本也。以禮立國，誠天經地義，不可誣也。昔子太叔告趙簡子曰：「夫禮，天之經也，地之義也，民之行也。天地之經而民是則之。……禮。上下之紀，天地之經緯也，民之所以生也。大，不亦宜乎（註五五）！」禮爲上下之紀，天地之經緯者？以「禮，天地之序也（註五六）。」一國綱紀嚴明，其國焉有不治？「民之所以生者」？民無禮不立。孔子兩言「立於禮（註五七）」。至禮之大用「所以定親疏，決嫌疑，別同異，明是非也（註五八）。」孔子一部春秋大義，舉此數語而已。吾人當篤信禮爲立國之根本，故曰：「禮者，政之本也（註五九）。」子張曰：「執德不弘，信道不篤，焉能爲有，焉能爲亡（註六〇）」？謂人若守德不弘大，信道不篤厚，其人固不足輕重也。

四、倫理道德之建立

倫理與道德，互爲因依。無道德則無倫理；無倫理，道德何由以彰顯？二者一體之兩面，實中華文化之基石，歷萬古而無或渝也。道德爲立國立人之大本。子產曰：「德，國家之基也。有基無壞，無亦是（德）務乎！有德則樂，樂則能久（註六一）。」國無基不固，人無本不立。道德倫理，人之所以爲人，人之所以貴爲萬物之靈秀也。人無倫理道德，其違禽獸不遠矣。孟子曰：「人之所以異於禽獸者幾希，庶民去之，君子存之（註六二）。」之，指仁義，富原倫理之始，由人文演進之歷程而生。《易傳》：「有天地然後有萬物，有萬物然後有男女，有男女然後有夫婦，有夫婦然後有父子，有父子然後有君臣，有君臣然後有上下，有上下然後禮義有所措（註六三）。」由夫婦、父子、君臣、上下人際之關係，而有倫理之實，「禮義有所措」，則道德之名以立。孟子更申其理曰：「仁之實，事親是也；義之實，從兄是也；智之實，知斯二者弗去是也；禮之實，節文斯二者是也（註六四）。」二者，謂仁義。事親、敬長，人倫之首，智、禮緣之而生，仁義禮智，道德之目具，然「仁義禮智根於心（註六五）。」倫理道德之相依存，立國立人之大本在茲，長國家者，當知所先建立也。

五、務在平實不標新奇

大凡學術，直如布帛菽粟，皆歸於平實，然其用，則如水火。民非水火不生活（註六六），其理之在天地，則超越時空，以事物隨時空而變易，而眞理常道，則歷久彌新，如日月之照臨下土，江河之流經大地，亙千古如斯。子曰「索隱行怪，後世有述焉，吾弗爲之矣（註六七）。」至哉言乎！「君子之道，造端乎夫婦，及其至也？察乎天地（註六八）。」夫婦好和，如鼓瑟琴，故《禮》重親迎，《詩》

首關雎；眞理如是之簡易，經學如此之平實，故孟子曰「道在邇而求諸遠；事在易而求諸難，人人親其親長其長而天下平（註六九）。」愛親敬長，本人類之天性，爲良知良能，人固有之，孟子曰「人之所不學而能者，其良能也；所不慮而知者，其良知也。孩提之童無不知愛其親也，及其長也，無不知敬其兄也。親親，仁也，敬長，義也。無他，達之天下也（註七〇）。」孟子謂親親敬長，即仁義之實踐，達之天下者言人心之所同然，不待勉強也。故又申之曰：「堯舜之道，孝弟而已矣（註七一）。」仁之實事親，義之實，敬長，事親，孝也；敬長，弟也，故云人倫日用之間，不外孝弟力行，又何希奇古怪之有？此至凡庸、至平實之理，方爲眞學術，眞經學。故凡標新立異，以譁衆取寵，以此讀經，皆大奸大惡之流，非所以語於經學也。

六、實踐經義

五經皆先哲嘉言懿行留存於今之實錄，吾人誦其言，法其行，踵武接跡，學者所宜先務。故讀經當實踐經義，非徒誦習章句而已。子貢問一言而可以終身行之者乎？子曰：「其恕乎！己所不欲，勿施於人（註七二）。」孟子則謂「強恕而行，求仁莫近焉（註七三）。」一言而可以終身奉行，受用無旣。宋儒每遵守一言行之終身不怠。進德之要在此，豈可忽哉！《易大畜象》曰：「天在山中大畜，君子以多識前言往行以畜其德。」德畜乎內，必形諸外，而爲懿行。孔門自來重行，故四科以德行冠首，而文學次末，故曰：「弟子入則孝，出則弟，謹而信，泛愛衆而親仁，行有餘力，則以學文（註七四)。」行先文後，此孔門重行之實例。子貢問君子，子曰：「先行其言，而後從之（註七五)。」曾子曰：「吾日三省：爲人謀而不忠乎？與朋友交而不信乎？傳不習乎（註七六)？」三省之事，即實踐所言也。孟子亦曰：「子服堯之服，誦堯之言，行堯之行，是堯而已矣（註七七)。」所以是堯，仍在「行堯之行」一句。至實踐之德目，則以「仁義」爲主。孟子曰：「仁，人之安宅也；義，人之正路也。曠安宅而弗居，舍正路而不由，哀哉（註七八）！」又曰：「士何事？曰尚志，何謂尚志？曰：仁義而已矣。居惡在？仁是也；路惡在？義是也。居仁由義，大人之事備矣（註七九)。」大人，即聖人，居仁由義，爲大人之事，其重要至明！平居行必與言相符，而行尤重於言，子曰：「言之不出，恥躬之不逮也（註八〇)。」又曰：「君子欲訥於言而敏於行（註八一)。」又曰「君子恥其言而過其行（註八二)。」皆行先於言之至理。孔子嘗自警曰「文莫（黽勉）吾猶人也，躬行君子，則吾未之有得（註八三)。」其望人躬行實踐之意，至深切矣。故雖「聖人人倫之至也（註八四)。」猶重力行。故曰：「若聖與仁，則吾豈敢，抑爲之不厭，誨人不倦，則可謂云爾已矣（註八五)。」孔子於聖仁力行不怠如此。至行之目的，則在乎「道」曰：「誰能出不由戶？何莫由斯道也（註八六)。」由道而實踐不已，自然內在充實，光輝發越而昌大，所謂「有諸內必形諸外（註八七)。」和順積中而英華發外（註八八)。故孟子曰：「充，實之謂美，充實而有光輝之謂大（註八九)。」皆孔孟勉人實踐經義之實證，讀經固不可忽也。

五、結語

學術以明道，救世爲主，顧亭林曰：

> 君子之學，以明道也，以救世也。《日知錄》上篇經術，中篇治道，下篇博學，共三十餘卷。有王者起，將以見諸行事，以躋斯世於治古之隆。（註九〇）

明示學術與世運同其盛衰，與國家相爲存亡，所係至大！錢大昕則謂六經該一切道藝，可以經天緯地，不啻治身而已，其言曰：

> 《易》《詩》《書》《禮》《春秋》，聖人所以經緯天地者也。上之，可以淑世，次之，可以治身，於道無所不通，於藝無所不該，而守殘專己者，有不讀書而號治經者，有不讀經而號爲講學者。（註九一）

錢大昕謂「不讀經而號爲講學者」。斥其所講之學，非眞學術也。范仲淹力倡育才首在於宗經，故謂勸學莫尙宗經，宗經則道大，道大則才大，范氏曰：

> 夫善國者莫先育才，育才之道，莫先勸學，勸學之道，莫尙宗經，宗經則道大，道大則才大，才大則功大，蓋聖人法度之言存乎《書》，安危之機存乎《易》，得失之鑒存乎《詩》，是非之辨存乎《春秋》，天下之制存乎《禮》，萬物之情存乎《樂》。故俊哲之人，入乎六經，則能服

法度之言，察安危之機，陳得失之鑒，析是非之辨，明天下之制，盡萬物之情，使斯人之徒輔成王道，復何求哉？（註九二）

善夫！育才之道，莫尙宗經，深察安危，得失，是非之大才，必賴其平日於經學沈潛浸潤，眞積力久，一旦用於國，則能輔成王道，以建不世之功。今國家培育人才，能不以經學爲先務乎。目前勉可以語「讀經」之事，蓋學界已無復有五四時摧毀傳統之放論，然而冷漠忽視之現象，亦尙有之。特以偏重科技，力倡現代化之故。吾人必須於科技、文化間予以調和，發揚儒家經學中之人文精神，令國人能持平以待傳統，故於經學，仍須有創造性之詮釋，釐清傳統與創新二者，兩不相妨，而有互動、互裨之關係與作用，尤要者，當知五經所言，爲天下之公理（註九三），天下之公理，即人類所宜共同信守之眞理，於此眞理發揚光而大之，潛研而篤行之，必大有裨於人類之福祉，所以爲天地立心，爲生民立命者舉在於此。故欲爲人類垂萬世無疆之休祜，舍此莫由也。

【附　註】

註　一　《周易繫辭傳上》第四章「一陰一陽之謂道，繼之者善也，成之者性也，仁者見之謂之仁，知者見之謂之知，百姓日用而不知。」

註　二　《孟子盡心篇上》孟子曰「行之而不著焉；習矣而不察焉，終身由之而不知其道者衆也。」

註　三　七十二年二月十五日中央日報載「迷信科學」一文。

註　四　同右。

註　五　八十年四月二十四日清華大學八十生日紀念大會時講詞。

註　六　《中庸第三十章》「仲尼祖述堯舜，憲章文武。……辟如四時之錯行日月之代明，萬物並育而不相害，道並行而不相悖。……」

註　七　韓退之石鼓歌「薦諸太廟比郜鼎，光價豈止百倍過。」

註　八　《禮記曲禮上第一》「是故聖人作，爲禮以教人，使人以有禮，知自別於禽獸。」

註　九　《莊子天下篇》「《詩》以道志，《書》以道事，《禮》以道行。……」

註一〇　《孟子滕文公上》孟子答陳良之徒陳相曰「人之有道也，飽食煖衣逸居而無教，則近於禽獸。」

註一一　見上第（八）條。

註一二　《詩鄘風相鼠》第三章曰：「相鼠有體，人而無禮，人而無禮，胡不遄死。」

註一三　《禮記樂記》「樂者，天地之和也；禮者，天地之序也。」

註一四　《孟子滕文公上》孟子答陳相云云。

註一五　「帝曰契百姓不親，五品不遜，汝作司徒，敬敷五教，在寬」數句見《尙書、虞書、堯典第一》。

註一六　「家人有嚴君焉，父母之謂也，父父、子子、兄兄、弟弟、夫夫、婦婦而家道正，正家而天下定矣」此數句見《周易家人卦彖傳》。

註一七　一九八二年八月美國三藩市舉行祭孔典禮，雷根所頒賀詞。

註一八　此語見梁啓超《要籍解題及其讀法》

註一九　《中庸第二十二章》唯天下至誠爲能盡其性，能盡其性，則能盡人之性，能盡人之性則能盡物之性能盡物之性，則可以贊天地之化育，可以贊天地之化育，則可以與天地參矣。」

註二〇　《周易泰卦象傳》天地交泰，后以財成天地之道，輔相天地之宜，以左右民。」

註二一　《周易乾文言傳》「夫大人者，與天地合其德，與日月合其明，與時合其序，與鬼神合其吉凶。……」

註二二　《論語陽貨篇》子曰「性相近也，習相遠也，唯上知與下愚不移。」

註二三　《孟子告子上篇》孟子答告子「性猶湍水」之語，孟子曰「水信無分於東西，無分於上下乎？人性之善也，猶水之就下也。……」云云。

註二四　七十五年八月二十五日第十三屆中日教師研討會在花蓮舉行，宇野教授會中致詞云云。

註二五　《禮記禮運第九》「大道之行也，天下爲公。……故外戶而不閉，是謂大同。」

註二六　《論語學而篇》子曰「弟子入則孝，出則弟，謹而信，泛愛衆而親仁。……」

註二七　《公羊莊三十年經》「齊人伐山戎」《公羊傳》曰「此齊侯也，其稱人何？貶，曷爲貶？子司馬子曰『蓋以操之爲已蹙矣。』此蓋戰也。何以不言戰？桓公之與戎狄，驅之爾。」〈何休解詁〉曰「時桓公力，但可驅逐之而已。戎亦天地之所生，而乃追殺之甚痛，故去戰貶，見其事，惡不仁也。」

註二八　〈見前第三〉條史培睿博士語。

註二九　《論語里仁篇》子曰「參乎，吾道一以貫之，曾子曰唯。……」

註三〇 《孟子滕文公上篇》孟子告滕文公曰「世子疑吾言乎？夫道，一而已矣。」

註三一 《荀子勸學篇》曰「全之盡之然後學者也，君子知夫不全不粹之不足以爲美也。……天見其明，地見其光（廣通），君子貴其全也。」

註三二 《禮記大學篇》「物有本末，事有終始，知所先後，則近道矣。」

註三三 《周易賁卦彖傳》「觀乎天文，以察時變；觀乎人文以化成天下。」

註三四 《左傳文公七年》晉郤缺言於趙宣子曰「日衛不睦，故取其地。……無德何以主盟？子爲正卿以主諸候，而不務德，將若之何？夏書曰，戒之用休，董之用威，勸之以九歌，勿使壞，九功之德皆可歌也，謂之九歌，六府三事謂之九功，水火金土木穀謂之六府，正德利用厚生，謂之三事，義而行之，謂之德禮。」僞孔傳大禹謨據此而曰「德惟善政，政在養民，水火金木土穀惟修，正德利用厚生惟和。」

註三五 《東原文集卷十》「六經者，道義之宗，而神明之府也。……」

註三六 《國語晉語四》趙衰曰「夫先王之法志，德義之府也，夫德義，生民之本也。……」

註三七 《周易說卦傳》「昔者聖人之作易也，將以順性命之理，是以立夫之道曰陰與陽，立地之道曰柔與剛，立人之道曰仁與義。」

註三八 《周易隨卦彖傳》「大亨貞無咎而天下隨時，隨時之義大矣哉！」

註三九 《孟子萬章下篇》孟子曰「伯夷聖之清者也；伊尹聖之任者也；柳下惠聖之和者也；孔子聖之時者也。孔子之謂集大成。」

註四〇　《周易繫辭傳下第二章》「神農氏沒，黃帝堯舜氏作，通其變使民不倦，神而化之，使民宜之，易窮則變，變則通，通則久，是以自天祐之，吉無不利。」

註四一　《周易繫辭傳上第十一章》「是故法象莫大乎天地，變通莫大乎四時。」

註四二　《周易繫辭傳下第一章》「剛柔者，立本者也；變通者，趣時者也。」

註四三　《禮記禮器第十》「禮、時爲大，順次之，體次之，宜次之。……」

註四四　七十四年二月四日中央日報載。

註四五　《文子道原篇》文子曰「夫無形大，有形細；無形多，有形少；無形強，有形弱。……」云云。

註四六　七十三年十二月十七日中央日報載中央研究院人文組院士訪談。

註四七　七十三年十二月十八日中央日報記者張必瑜專訪錄。

註四八　王靜安遺書四，「論哲學家、美術家之天職」一文。

註四九　《論語衛靈公篇》「顏淵問爲邦子曰行夏之時，乘殷之輅，服周之冕。……」

註五〇　《論語先進篇》「子路曾皙冉有公西華侍坐，子曰以吾一日長乎爾，毋吾以也，居則曰不吾知也如或知爾，則何以哉？子路率爾而對曰千乘之國，攝乎大國之間，加之以師旅，因之以饑饉，由也爲之，比及三年，可使有勇，且知方也，夫子哂之。」

註五一　《論語里仁篇》子曰「能以禮讓爲國乎何有，不能以禮讓爲國如禮何？」

註五二　上條「能以禮讓爲國乎何有」句下朱註「讓者，禮之實也。何有，言不難也。」

註五三　《論語顏淵篇》「顏淵問仁子曰克己復禮爲仁，一日克己復禮，天下歸仁焉，爲仁由己，而由人乎哉？……」

註五四　《論語八佾篇》子曰「人而不仁如禮何？人而不仁如樂何？」

註五五　《左昭二十五年傳》「趙簡子令諸侯之大夫輸王粟，子太叔見趙簡子，簡子問揖讓周旋之禮焉，對曰，是儀也，非禮也。簡子曰敢問何爲禮？對曰，吉地聞諸先大夫子產曰夫禮，天之經也，地之義也，民之行也。天地之經而民是則之。……禮、上下之紀，天地之經緯也，民之所以生也，是以先王尙之。……故人之能自曲直以赴禮者，謂之成人，大，不亦宜乎？」

註五六　見上（一三）條

註五七　《論語泰伯篇》子曰「興於詩，立於禮。……」又《季氏篇》「他曰又獨立，鯉趨而過庭，曰學禮乎？對曰，未也，不學禮，無以立。」

註五八　《禮記曲禮上》「夫禮者，所以定親疏，決嫌疑，別同異，明是非也。」

註五九　《禮記哀公問》孔子曰「爲政先禮，禮其政之本與。」

註六〇　《論語子張篇》子張曰「執德不弘，信道不篤，焉能爲有，焉能爲亡。」朱注「焉能爲有亡，猶言不足爲輕重。」

註六一　《左傳襄公二十四年》鄭子產寓書告趙宣子曰「德，國家之基也，有基無壞，無亦是務乎，有德則樂，樂則能久。……」

註六二　《孟子離婁下篇》孟子曰「人之所以異於禽獸者幾希，庶民去之，君子存之。」

註六三　《周易序卦傳》「有天地然後有萬物，有萬物然後有男女。……」云云。

註六四　《孟子離婁上篇》孟子曰「仁之實，事親是也；義之實，從兄是也；智之實，知斯二者弗去是也；禮之實節文斯二者是也。……」

註六五　《孟子盡心上篇》孟子曰「君子所性，仁義禮智根於心，其生色也睟然，見於面。……」

註六六　《孟子盡心上篇》孟子曰「……民非水火不生活，昏暮叩人之門戶，求水火，無弗與者，至足也。……」

註六七　《中庸第十一章》子曰「索隱行怪，後世有述焉，吾弗爲之矣。」

註六八　《中庸第十二章》「君子之道，造端乎夫婦，及其至也，察乎天地。」

註六九　《孟子離婁上篇》孟子曰「道在邇而求諸遠，事在易而求諸難，人人親其親長其長而天下平。」

註七〇　《孟子盡心上篇》孟子曰：「人之所不學而能者，其良能也；所不慮而知者，其良知也，孩提之裡無不知愛其親也，及其長也，無不知敬其兄也，親親，仁也，敬長，義也，無他達之天下也。」

註七一　《孟子告子下篇》孟子答曹交曰「……徐行後長者謂之弟；疾行先長者謂之不弟，夫徐行者，豈人所不能哉？所不爲也。堯舜之道，孝弟而已矣。」

註七二　《論語衛靈公篇》子貢問曰「有一言而可以終身行之者乎？子曰其恕乎！己所不欲，勿施於人。」

註七三　《孟子盡心上篇》孟子曰，「萬物皆備於我矣，反身而誠，樂莫大焉，強恕而行，求仁莫近焉。」

註七四　《論語學而篇》子曰「弟子入則孝出則弟，謹而信，汎愛衆而親仁，行有餘力，則以學文。」

註七五 《論語爲政篇》，子貢問君子，子曰「先行其言，而後從之。」

註七六 《論語學而篇》曾子曰「吾日三省吾身，爲人謀而忠乎？與朋友交而不信乎？傳不習乎？」

註七七 《孟子告子下篇》，孟子答曹交問曰「……子服堯之服，誦堯之言，行堯之行，是堯而已矣；子服桀之服，誦桀之言，行桀之行，是桀而已矣。」

註七八 《孟子離婁上篇》孟子曰「……仁，人之安宅也；義，人之正路也。曠安宅而弗居，舍正路而不由，哀哉！」

註七九 《孟子盡心上篇》「王子　問曰，士何事？孟子曰尚志，曰，何謂尚志？曰，仁義而已矣。……居惡在？仁是也；路惡在？義是也，居仁由義，大人之事備矣。」

註八〇 《論語里仁篇》子曰「古者言之不出，恥躬之不逮也」

註八一 同上篇，子曰：「君子欲訥於言而敏於行。」

註八二 《論語憲問篇》子曰：「君子恥其言而過其行。」

註八三 《論語述而篇》子曰「文莫吾猶人也，躬行君子，則吾未之有得。」

註八四 《孟子離婁上篇》孟子曰「規矩方員之至也，聖人人倫之至也。」

註八五 《論語述而篇》子曰「若聖與仁，則吾豈敢，抑爲之不厭，誨人不倦，則可謂云爾已矣。公西華曰，正唯弟子不能學也。」

註八六 《論語雍也篇》子曰「誰能出不由戶，何莫由斯道也。」

註八七　《孟子告子下篇》孟子與淳于髡問答，淳于髡曰「有諸內必形諸外，爲其事而無其功者，髡未嘗髡之也。」

註八八　《禮記樂記篇》「和順積中而英華發外，惟樂不可以爲僞。」

註八九　《孟子盡心下篇》孟子答浩生不害問曰「……充實之謂美，充實而有光之謂大。……」

註九〇　顧亭林文集卷四。「君子之學，以明道也，以救世也。……」云云。

註九一　潛研堂文集卷二十一，抱經樓記。

註九二　范仲淹上時相議制舉書，「夫善國者莫先育才。……」云云。

註九三　四庫提要經部總序。曰「……消融門戶之見，而各取所長，則私心祛而公理出，公理出而經義明矣，蓋經者非他，即天下之公理而已。」

第四章　治　經

經學涵蓋之廣大，內蘊之深厚，荀子兩言以蔽之曰：「在天地之間者畢矣。」曰：「天下之道畢是矣（註一）。」經學之光價，第三章第二節已論之至詳，本章專言治經，略舉門徑與方法。子貢嘗謂「夫子之牆數仞，不得其門而入，不見宗廟之美，百官之富，得其門者或寡矣（註二）。」入門須識途徑，經言義理，欲明義理亦有方法，玆分述於下

壹、治經當由小學入

《說文》敘：「周禮八歲入小學，保氏教國子先以六書。」《大戴禮保傅篇》：「古者年八歲而出就外舍，學小藝焉，履小節焉。」後世遂以文字之學爲小學，治經須由小學入門，錢大昕曰：

國朝通儒，若顧亭林、陳見桃、閻百詩、惠天牧諸先生始篤志古學，研覃經術，由文字聲音訓詁而得義理之眞（註三）。

錢氏所舉文字聲音訓詁，正是小學，此治經之初基也。宋半塘謂明經義必講小學其言曰：

經義不明，小學不講也。小學不講，則形聲莫辨，而訓詁無據矣。《說文解字》，小學之祖也，取而疏之，治經者，其有所津逮乎。（註四）

半塘謂治經當以《說文解字》爲津梁《說文》爲字學經典之作，治經者必資取之。朱子宋代大儒嘗敎人重一字之形音。

字畫音韻，是經中淺事，故先儒得其大者，多不留意，然不知此等處不理會，卻枉費了無限辭說牽補，而卒不得其本義。（註五）

朱子直謂字畫音韻，不可視爲淺事，否則多費辭說，亦難說明經之本義，惠棟則以經多古字古音，識字審音，乃知經義，其言曰：

漢人通經有家法，故有五經師，訓詁之學，皆師所授，其後乃箸竹帛，以漢經師之說，立於學官，與經並行，五經出於屋壁，多古字古音，非經師不能辨，經之義存乎訓，識字審音，乃知其義，是故古訓不可改也，經師不可廢也。（註六）

戴東原謂治經須循序漸進，由字而通詞，由詞而後知道，曰

經之至者道也。所以明道者其詞也，所以成詞者，字也，由字以通其詞，由詞以通其道，必有漸。（註七）

又以六經爲道義之宗，聖哲之心學，曰：

六經者，道義之宗而神明之府也。古聖哲往矣，其心志與天地之心協而爲道義之心，是之謂道。（註八）

經爲道義之宗，神明之府，足見聖哲之心與天地之心通流爲一，經學所繫之大，不可不治，治經由字而詞以通其道，必循序漸進，乃有所獲也。

貳、治經必通訓詁

經言義理，由訓詁以明義理，爲唯一之途徑，錢大昕曰：

夫窮經者必通訓詁，訓詁明而後知義理之趣。後儒不知訓詁，欲以鄉壁虛造之說，求義理所在，夫是以支離失其宗。（註九）

臧琳尤慨乎言之曰：

不識字何以讀書？不通訓詁，何以明經？（註一〇）

宋儒朱子極重訓詁，嘗曰：

某尋常解經，只要依訓詁說字。（註一一）

又曰：

近日看得後生，且是教他依本子認得訓詁文義分明爲急，今人多是躐等妄作，誑誤後生，其實

都曉不得也。(註一二)

揆朱子之意，不由訓詁，則是躐等妄作而已。貽誤後生之至，又曰：

先儒訓詁，直是不草。(註一三)

又曰：

漢儒可謂善說經者，不過只說訓詁，使人以此訓詁玩索經文，訓詁經文，不相離異，只做一道看了，直是意味深長。(註一四)

言訓詁與經文相爲表裡，相與發明，由訓詁乃能明經文之義也。蓋訓詁與義理直接攸關，朱子又曰：

漢初諸儒專治訓詁，如教人亦只言某字訓某字，自尋義理而已。(註一五)

明言義理當自訓詁中求得，朱子盛稱漢儒於訓詁名物制度之考辨，其功至偉！曰：

漢魏諸儒正音讀，通訓詁，考制度，辨名物，其功博矣！學者苟不先涉其流，則亦何以用力於此。(註一六)

故朱子極尊鄭康成曰：

鄭康成是箇好人，考禮名數大有功，事事都理會得，東漢諸儒，煞好盧植、鄭康成也，可謂大儒。(註一七)

淸人江藩總結詁訓之重要曰

詁，通古今異言，訓則皆言形貌，而說經之道，不外此二字，通古言古音，而古義無不通矣。

知形訓、聲訓，而古訓無不明矣。（註一八）

叁、治經當循注疏

今存十三經注疏，唐以前諸大儒說經、通經之資料咸取足於是，朱子教人極重注疏曰：

其文義名物之辨，當求之注疏，有不可略者。（註一九）

又曰：

今世博學之士，不讀正當的書，不看正當注疏。（註二〇）

又曰：

祖宗以來學者但守注疏，其後便論道，如二蘇直是要論道，但注疏如何棄得？！（註二一）

朱子明謂先讀注疏而後可論道，棄注疏何由知道。清儒錢大昕亦主治經當先求注疏曰：

漢儒說經，遵守家法，詁訓傳箋，不失先民之旨，自晉代尚空虛，宋賢喜頓悟，笑問學爲支離，棄注疏爲糟粕，談經之家，師心自用，乃以俚俗之言詮說經典，若歐陽永叔解「吉士誘之」爲挑誘，後儒遂有詆召南爲淫奔而刪之者，古訓之不講，其貽害於聖經甚矣。（註二二）

錢氏謂漢儒之詁訓傳箋不失先民之旨，漢以來至唐先儒經說，多在注疏之中，若糟粕注疏而棄之，何由通經義乎。

肆、善用地下出土文物以詮釋經文

近世考古學盛行，地下出土文物，積累益多，有清一代箸錄之銅器已達七千一百四十二件，有文字者，金文有三千一百左右；甲文有四千六百餘字，此爲至珍貴之資料，錢大昕曰：

> 金石之學，與經史相表裡。（註二三）

又曰：

> 金石之壽，實大有助於經史。（註二四）

金石甲骨足以證釋經傳，如以甲骨占祭日出日入之辭，可證《尚書堯典》「寅賓出日，寅餞納日」之文，由甲文知殷代已顯有宗法封建之制，則謂封建宗法始於周代者爲不實矣。《周易離卦上九爻辭》「王用出征，有嘉折首，獲匪其醜。」而金文《虢季子白盤》「折首五百，執訊五十」、《不𡠦毀》「汝多禽折首執訊」折首，即斬首。《詩小雅出車》「執訊獲醜。」《箋》「訊，言也。」《禮記王制》「以訊馘告」。「執訊」即《易師六五爻辭》「田有禽，利執言」之「執言」也。《尚書無逸》「昔在殷王中宗。」《史記》謂中宗爲太戊《詩鄭箋》僞《孔傳》說與《史記》同。按甲文僅有「中宗祖乙」，而無「中宗太戊」。「中宗祖乙」之見於卜辭者：

１０中宗祖乙Ø。（續編一、一四、六）

2口酉卜，中宗祖乙，歲㞢。（讀存上，一八〇二）

3、4條略。

由右知〈無逸〉所謂之中宗，乃祖乙，而非太戊也。《禮記月令》

孟春之月，獺祭魚。孟秋之月，鷹乃祭鳥。季秋之月，豺乃祭獸戮禽。

鄭康成注：

將食之，先以祭之也。

其說誤！按「祭」，乃「蔡」之初文，「蔡」於金文作[illegible]，甲文作[illegible]，乃殺之古文，蔡殺二字疊韻義同，左昭元年定四年：

殺管叔而蔡蔡叔

殺蔡義同，則〈月令〉之「祭」當爲「蔡」，「蔡」者，殺也，蓋獺冬眠春醒後故當殺魚也。且「祭獸戮禽」相對爲文，是「祭」字當爲殺也。（註二五）古文字足以詮釋經文，可資利用者尙多，自王靜安提出二重證據：以地下文物與書面文字相互證發，爲用至大治經亦不可忽視也。

伍、由論孟入門

治經須首讀論孟，論孟爲群經之總樞，研經必由之階梯也。

一、論　語

趙歧曰：「《論語》者，五經之錧鎋，六藝之喉衿也（註二六）。」旨哉是言！《五經》之旨，散在《論孟》大義微言，往往可見，故欲通《五經》之義，舍《論孟》而莫由。誰能出不由戶，欲治群經，何莫由斯道也。《論》語於《五經》要義，有顯言者，詩禮樂是也。有隱寓其義者，不得其旨，則爲微言，得其旨者，兼通大義。陳澧曰：

「有恒無大過，《易》之精義也；「孝友，施於有政」，《書》之精義也；「晉文公譎而不正，齊桓公正而不譎」及「天下有道，則禮樂征伐自天子出」「祿之去公室五世矣」二章，《春秋》二百四十二年之事，尤撮其要，經學之要，皆在《論語》之中。（註二七）

誠然。群經微言大義，傳諸七十子者，散在群經，而總於《論語》其於《五經》旨要，無論其爲顯言、爲隱言，其例均多茲分述之。

㈠說詩義

甲、〈爲政篇〉：子曰：《詩》三百一言以蔽之曰思無邪。

乙、〈八佾〉：子曰：〈關雎〉樂而不淫，哀而不傷。

丙、〈泰伯〉：子曰：興於詩，立於禮，成於樂。

丁、〈季氏〉：子曰：不學詩，無以言。

戊、〈陽貨〉：子曰：小子何莫學乎《詩》詩可以興，可以觀，可以群，可以怨，邇之事父，遠之事居，多識於鳥獸草木之名。

右五則。甲、發乎情，止乎禮義，不邪也。此三百篇之提要。乙、不淫不傷，皆言其和，所謂不過而得乎性情之正也。丙、由詩而禮而樂，原始要終，循序而進，詩教之所由成也。丁、即〈子路篇〉子曰「誦詩三百，授之以政不達，使於四方，不能專對」之意，古以《詩》爲外交辭令也。戊、《詩》可以厚人倫，美教化，移風俗，事父事君，人倫之大者，是興群之義，《詩》兼美刺，政教得失，於是乎見，觀，怨之義也。合興觀群怨，而《詩》之大用備矣。

附：〈陽貨篇〉子謂伯魚曰，女爲〈猶學〉〈周南召南〉矣乎？人而不爲〈周南、召南〉其猶正牆面而立也與。「南」者，南方之國也，〈周南、名南〉者，南風諸國之風謠也。二南皆正家之什，可以風化天下，正家而天下治，故首宜誦習。

(二)發明《書》教

甲、〈爲政〉：子曰：爲政以德，譬如北辰居其所，而衆星共之。

乙、〈爲政〉或謂孔子曰，子奚不爲政？子曰《書》云「孝乎唯孝！友于兄弟。」是亦爲政，奚其爲爲政？

丙、〈爲政〉子張問十世可知也。子曰殷因於夏，禮所損益可知也。周因於殷，禮所損益可知也，其或繼周者，雖百世可知也。

丁、〈泰伯〉：子曰大哉堯之爲君也，巍巍乎！唯天爲大，唯堯則之。蕩蕩乎！民無能名焉，巍巍乎！其有成功也，煥乎其有文章。

戊、〈堯曰〉堯曰咨！爾舜，天之曆數在爾躬，允執其中，四海困窮，天祿永終。舜亦以命禹，曰，予小子履，敢用玄牡，敢昭告於皇皇后帝，有罪不敢赦，帝臣不蔽，簡在帝心，朕躬有罪，無以萬方；萬方有罪，罪在朕躬。周有大賚，善人是富，雖有周親，不如仁人，百姓有過在予一人。謹權量，審法度，修廢官，四方之政行焉，興滅國，繼絕世，舉逸民，天下之民歸心焉，所重民食喪祭，寬則得衆，信則民任焉，敏則有功，公則說。

右五則，甲言德政可以服衆懷遠，儒家德治思想於此可見，爲政以德，天下歸心而王政成矣。此書教之要義。乙、孝友，政之大本，孝弟之人不犯上。〈堯典〉「克明俊德，以親九族，九族旣睦，平章百姓」即孝友爲政之效。《孟子告子》「堯舜之道，孝弟而已矣。」丙、因革損益，質文代更，言政制者宗之《書》之精義也。丁、文章，禮樂法度也（集注）。帝堯欽明法天，故文章煥然，永貽典則。戊、此章約堯舜禹湯武繼世受命之言，皆修德責己，施政，制度之事，是爲書教，陳澧曰「尚書百篇，此提其要矣（註二八）。」洵然。

三明《易》道

甲、〈爲政〉子曰：吾十有五而志於學，三十而立，四十而不惑，五十而知天命，六十而耳順，七十而從心所欲不踰矩。

乙、〈述而〉子曰：加我數年，五十以學《易》可以無大過矣。

丙、〈子路〉子曰：南人有言曰，人而無恆，不可以作巫醫。善夫：「不恆其德，或承之羞（註二九）。」子曰，不占而已矣。

丁、〈陽貨〉子曰，予欲無言，子貢曰：子如不言，則小子何述焉？子曰：天何言哉？四時行焉，百物生焉，天何言哉？

戊、〈憲問〉曾子曰：君子思不出其位。

右甲、孔子學易至五十，窮理盡性，故知「天命」。七十而從心所欲不踰矩，已臻窮神知化之境矣。乙、《周易繫傳下第八章》「是故其辭危，危者使平，易者使傾，其道甚大！百物不廢，懼以終始，其要無咎，此之謂《易》之道也。」〈無妄卦辭〉「其匪正有眚。」夫能無咎，免於眚，則何大過之有？丙、無恆之人，《易》所不占，此不恆其德之可羞也。丁、〈乾卦彖傳〉「大哉乾元，萬物資始。……雲行雨施，品物流形。」〈豫卦彖傳〉「天地以順動，故日月不過而四時不貳。」〈恆卦彖傳〉「日月得天地而能久照，四時變化而能久成。」蓋大化流行，四時代運，萬物繁滋，昭昭在人耳目，何待言耶？《易》以道陰陽，極變化之法象，窮性命之理，此皆《易之精義也。戊、《周易艮卦象傳》「兼山艮，君子以思不出其位。」與曾子語同。艮爲山，山止其所而不動，「於止知其所止（註三〇）」之意，即「切問近思（註三一）」也。

(四)言禮樂

甲、〈學而篇〉有子曰：「禮之用，和爲貴，先王之道斯爲美，小大由之。有所不行，知和而和，不以禮節之，亦不可行也。」

乙、〈八佾〉林放問禮之本？子曰「大哉問！禮與其奢也，寧儉；喪與其易也，寧戚。」

丙、同篇：子語魯大師樂，曰「樂其可知也。始作，翕如也，從之，純如也，皦如也，繹如也，以成。」

丁、〈季氏〉子曰，不學禮，無以立。

右甲條，禮主敬而其用在和，和、樂之所由生也。乙、內質外文，奢易徒文，其無本何？丙、言五音合和，有倫乃成。《書舜典》（當在堯典）帝曰「夔！命汝典樂。……八音克諧無相奪倫，神人以和。」丁、禮主敬，樂主和，此其本也。玉帛鐘鼓，以爲節文，其末事耳，舍本而逐末，何禮樂之有？此亦禮樂之精義也。戊、己，見前《詩》丙條。

附：〈八佾〉子日：居上不寬，爲禮不敬，臨喪不哀，吾何以觀之哉？

此言禮主乎敬。又〈爲政〉子曰道之以德，齊之以禮，有恥且格。言禮有整齊人行之用也。

(五)《春秋》義

甲、〈八佾〉：孔子謂季氏，八佾舞於庭，是可忍也，孰不可忍也。又三家者以〈雍〉徹，子曰，相維辟公，天子穆穆，奚取於三家之堂？

乙、〈顏淵〉齊景公問政於孔子，孔子對曰：君君、臣臣、父父、子子，公曰善哉！信如君不君，臣不臣，父不父，子不子，雖有粟，吾得而食諸？

丙、〈子路〉子路曰衛君待子而爲政，子將奚先？子曰，必也正名乎。子路曰，有是哉，子之迂也；奚其正？子曰，野哉由也。君子於其所不知，蓋闕如也。名不正則言不順，言不順則事不成，事不成則禮樂不興，禮樂不興則刑罰不中，刑罰不中則民無所措手足。故君子名之必可言也，言之必可行也，君子於其言，無所苟而已矣。

丁、〈憲問〉子路曰，桓公殺公子糾，召忽死之，管仲不死，曰，未仁乎？子曰，桓公九合諸候，不以兵車，管仲之力也。如其仁，如其仁。又子貢曰管仲非仁者與？桓公殺公子糾，不能死文相之，子曰，管仲相桓公霸諸侯，一匡天下，民到今受其賜，微管仲，吾其被髮左衽矣，豈若匹夫匹婦之爲諒也，自經於溝瀆而莫之知也。

戊、同篇，子曰晉文公譎而不正，齊桓公正而不譎。

己、〈衛靈〉顏淵問爲邦？子曰行夏之時，乘殷之輅，服周之冕，樂則韶武，放鄭聲，遠佞人，鄭聲淫，佞人殆。

庚、〈季氏〉孔子曰，天下有道則禮樂征伐自天子出；天下無道則禮樂征伐自諸侯出。自諸侯出蓋十世希不失矣，自大夫出五世希不失矣，陪臣執國命，三世希不失矣。天下有道，則政不在大夫，天下有道則庶人不議。

辛、同篇，孔子曰，祿之去公室，五世矣，政逮於大夫，四世矣，故夫三桓之子孫微矣。

右八條。甲、〈八佾〉、〈雍徹〉，僭越之漸，撥亂防微《春秋》之所由作也。《坤文言》曰，「臣弒其君，子弒其父，非一朝一夕之故，其所由來者漸矣由辯之不早辯也。」杜漸之義也。乙、太史公曰：「夫不通禮義之旨，至於君不君，臣不臣，父不父，子不子。」又曰：「春秋者，禮義之大宗也（註三二）。」孔子所以告景公者，即正名分之旨。丙、《春秋》大義，首在正名，禮樂征伐，皆從此出，二百四十二年之中，所譏所貶，職此之由。丁、戊二則，「桓公九合諸侯，不以兵車」「微管仲吾其被髮左衽。」皆以仁許管仲而大其功者，蓋春秋嚴華夷之辨（尊華攘夷），仲有保全中土、捍衛中華文化之大功，故以仁者許之，仁未有不正者也。己、三代之制，因時損益，孔子斟酌先王之禮，立萬世常行之法，《春秋》之作，蓋此意也。庚、辛二則，此備言《春秋》之終始，王政陵夷，至於陪臣執命之時，戎狄亦亂華矣，陵替之漸，夷夏之防，所以垂萬世之戒也。

二、《孟子》

(一)論《詩》

甲、〈萬章上〉：故說《詩》者，不以文害辭，不以辭害志，以意逆志，是爲得之。

此說《詩》之方，即讀《詩》之法也，此數語本爲咸丘蒙而發，〈萬章上〉咸丘蒙問曰：

舜之不臣堯，則吾既得聞命矣，《詩》云「溥天之下，莫非王土，率土之濱，莫非王臣（註三三）」而舜既爲天子矣，敢問瞽瞍之非臣如何？曰，是詩也，非是之謂也。勞於王事而不得養父母

> 也。曰，此莫非王事，我獨賢勞也。故說《詩》者，不以文害辭。……是爲得之。如以辭而已矣，〈雲漢〉之詩曰：「周餘黎民，靡有孑遺。」信斯言也，是周無遺民也。

乙、〈告子〉下，公孫丑問曰，高子曰〈小弁〉，小人之詩也，孟子曰何以言之？曰怨。曰，固哉！高叟之爲詩也，有人於此越人關弓而射之，則己談笑而道之，無他，疏之也；其兄關弓而射之，則己垂涕泣而道之，無他戚之也。〈小弁〉之怨，親親也，親親，仁也。固矣夫！高叟之爲詩也。曰，〈凱風〉何以不怨？曰，〈凱風〉，親之過小者也，〈小弁〉，親之過大者也。親之過大而不怨，是愈疏也；親之過小而怨，是不可磯也。愈疏，不孝也不可磯，亦不孝也。孔子曰，舜其至孝矣。五十而慕。

此亦說《詩》，讀《詩》之法，言說《詩》不可固執其辭，當緣情而爲說也。

(二)論《書》

甲、〈盡心下〉孟子曰盡信《書》，則不如無《書》，吾於〈武成〉，取二三策而已矣，仁者無敵於天下，以至仁伐至不仁，而何其血之流杵也。

乙、〈盡心下〉孟子曰，民惟貴，社稷次之，君爲輕。是故得乎丘民而爲天子，得乎天子而爲諸侯，得乎諸侯爲大夫，諸侯危社稷則變置。

丙、〈離婁上〉孟子曰：三代之得天下也以仁；其失天下也以不仁，國之所以廢興存亡者亦然。又孔子曰，仁不可爲衆也；夫國君好仁，天下無敵。

右甲條，論讀《書》之態度，《書》，史也。讀史，當別眞僞，無徵不信。孟子已開疑古之風，令人欽服。〈雍也篇〉子曰：質勝文則野，文勝質則史，文質彬彬然後君子，史文多浮夸，不可不信，亦不可過信，當有別擇也。乙、此民貴君輕之說，首創於孟子，蓋民爲邦本，本固邦寧也。丙、言三代之廢興存亡，均與仁政有關，是尚德治也。仁者無敵於天下，雖有衆，莫如仁者何？

㈢《易》義

甲、〈萬章下〉孔子之去齊，接淅而行，去魯曰遲遲吾行也，去父母國之道也。可以速而速，可以久而久，可以處而處，可以仕而仕，孔子也。孟子曰伯夷聖之清者也；伊尹聖之任者也；柳下惠聖之和者也，孔子聖之時者也。孔子之謂集大成。……。又〈公孫丑〉上曰：可以仕則仕，可以止則止，可以久則久，可速則速，孔子也。

乙、〈離婁下〉孟子曰無罪而殺士，則大夫可以去，無罪而戮民則士可以徙。

右甲條，此與《易》之時義合。時者，隨時。〈隨卦彖傳〉「隨時之義大矣哉！」孔子聖協時中，故爲大成。乙、此察幾微也，《易》戒幾微，〈坤卦初六〉「履霜堅冰至」〈象傳〉「履霜堅冰，陰始凝也。馴致其道，致堅冰也。」〈下繫第四章〉「幾者，動之微吉之先見者也。君子見幾而作，不俟終日。」〈漢書楚元王傳〉

初，元王敬禮申公等，穆生不耆酒，元王爲穆生設醴，及王戊及位，常設，後忘設焉，穆生退曰：可以逝矣！醴酒不設，王之意怠，不去，楚人將鉗我於市，曰《易》「稱知幾其神乎！幾者，動之微，吉凶之先見者也。」先王之所以禮吾三人者，爲道之存故也。今而忽之，是忘道也，忘道之人，胡可與久處，遂謝病去。二十年與吳通謀，二人（申生、白生）諫不聽，胥靡之。

此知幾之例也。

㈣《禮》《樂》

甲、〈離婁下〉孟子曰可以取，可以無取，取傷廉；可以與，可以無與，與傷惠；可以死，可以無死，死傷勇。

乙、〈離婁上〉孟子曰：仁之實事親是也；義之實，從兄是也，智之實，知斯二者弗去是也，禮之實節文斯二者是也；樂之實樂斯二者，樂則生矣，生則惡可已也，惡可已，則不知足之蹈之，手之舞之。

右甲條。凡事之可爲與不可爲，多在疑似之間，取舍難遽定。《禮記》曲禮上「夫禮者，所以定親疏，決嫌疑，別同異，明是非也。」此孟子說禮之意，嫌疑既決，是非已明，何者可爲，當爲，白黑昭然若揭矣。乙條。按事親從兄爲孝弟，孝弟即仁義之實際。禮爲仁義之節文，樂則踐行仁義之樂趣，是仁義爲實德，禮樂亦不過標名而已。禮有節文，樂主和樂，禮節其行，樂和其心，則仁義之德具足矣。此孟子釋禮樂之精義也。

㈤《春秋》

甲、〈滕文公下〉「世衰道微，邪說暴行有作，臣殺其君者有之，子弑其父者有之，孔子懼作《春秋》，《春秋》，天子之事也。是故孔子曰「知我者其惟《春秋》乎，罪我者其惟《春秋》乎。」又曰：「孔子成《春秋》而亂臣賊子懼。」又曰：「我亦欲正人心，息邪說，距詖行，放淫辭，以承三聖者。」

乙、〈梁惠王下〉齊宣王問曰湯放桀，武王伐紂有諸？孟子對曰，於傳有之。曰，臣弒其君可乎？曰：賊仁者謂之賊，賊義者謂之殘，殘賊之人，謂之一夫。聞誅一夫紂矣，未聞弒君也。

丙、〈盡心下〉孟子曰「春秋無義戰，彼善於此，則有之矣。征者上伐下也，敵國不相征也。」又曰「征之爲言正也，各欲正己也，焉用戰？」

丁、〈離婁下〉孟子曰王者之跡熄而《詩》亡，《詩》亡然後《春秋》作。晉之《乘》，楚之《檮杌》，魯之《春秋》，一也。其事則齊桓，晉文，則文則史，孔子曰，其義則丘竊取之矣。

右四則。甲《春秋》爲撥亂世而作，當一王之法，故爲天子之事（寓褒貶，賞善罰惡）。所以誅亂臣賊子，故亂臣賊子懼。知我者，所以防亂臣賊子，撥亂反治，厥功至偉；罪我者，無其位而託南面之權。自許足以正人心，息邪說，孟子承三聖（禹、周公、孔子）之意在此。甲條不惟《春秋》大義具在，孟子欲接孔子之統緒亦至明切。乙、孟子斥紂爲殘賊之人，名之曰「一夫」。〈泰誓〉下「獨夫受洪惟作威，乃汝世讎。」已失爲人君之道，君不君，故曰「誅一夫。」此即春秋「正名分」之義也。丙、按《春秋》論事，以義爲斷，故曰「《春秋》無義戰」。「征者上伐下也」，惟天子用征不淑。《論語季氏》孔子曰「禮樂征伐，自天子出」，《春秋》一字不苟下。丁、按朱註引尹氏曰「言孔子作《春秋》，亦以史之文，載當時之事也。而其義則定天下之邪正，爲百王之大法。」右明《春秋》有義法，褒貶筆削，定自孔子，謂孔子作《春秋》，可也。論《春秋》諸條，博大宏深。孟子誠能識其大者也。太史公曰：「是以孔子明王道。……興於魯而次《春秋》。……去其煩重，以制義法（註三四）。」言《春秋》實有義法，甚是。

陸、以經釋經

治經之法，以經釋經爲至上，以本經解本經尤佳！宋易祓於《周官》，直研索經文，斷以己意，以經釋經，不爲鑿空，於〈職方氏〉之地理山川，考證尤詳（註三五），已導夫先路。今以《易》爲例：

《易》言天道，天道「反復」。此爲天道之大經。恆卦辭：「反復其道，七日來復。」「反復」乃天道之本然。「七日來復」者，〈剝〉盡則爲純〈坤〉，至〈復〉則一陽來復，以一爻譬況一日，至〈復〉歷七爻，而一陽來復，故曰「七日來復（註三六）」再以本經證之，〈泰卦〉九三爻辭曰：「無平不陂，無往不復。」陂《說文解字》「陂，阪也」，阪，坡。平地有時變爲坡，則不平矣。《詩》曰「高岸爲谷，深谷爲陵，哀今之人，胡憯莫懲（註三七）。」正明〈泰九三爻〉之義。復，返也，還也。《廣韻》「復，返也。」《書堯典》「卒乃復」《傳》「復，還也」平者可轉爲不平；往者亦必返還，明言天道有「反復」之常理。《伊川易傳》「陽降於下必復於上；陰升於上，必復於下，屈申往來之常理也（註三八）。」反復之理源自陰陽，即陽極陰生，陰極陽生。又曰「物極必反」此種由一極復歸於另一極，如日月交替，潮汐漲退，西人名之曰「周期律」、「循環律」。希臘哲學家赫拉克利塔斯（HeraLeITus）釋此種現象爲相反之和諧云：「生和死、醒和睡、少和老，都是一樣。因爲後者一變，便成爲前者；而前者一變，復歸於後者。」物理、人事，本自如此，當創造性之陽發展至極限時，潛藏其中之陰，即萌動而漸入黑夜；當收斂性之陰，凝縮至極限時，充滿活力之陽，即向外發展，而形成白晝，此爲循環、反復之現象，即《易》所言「反復」之天道也。本經已明此理，而復引據者，申詳此爲不易之眞理也。

又〈需〉〈訟〉〈觀〉〈坎〉〈損〉五卦，均言「有孚」。〈需卦辭〉「需有孚」。〈訟卦辭〉「訟有孚」。〈觀卦辭〉「有孚顒若」。〈坎卦辭〉「習坎有孚」。〈損卦辭〉「損有孚」。《易》中「孚」字，《傳》訓「信」，如〈中孚卦辭〉「中孚，豚魚吉」。〈彖傳〉「豚魚吉，信及豚魚也。」〈坎卦辭〉「習坎有孚」〈彖傳〉「習坎，重險也。水流而不盈，行險而不失其信。」此亦以信訓「孚」。按此五卦，皆爲剛中之象。〈需九二、九五〉、〈訟九二、九五〉，〈觀九五〉，〈坎九二、九五〉，〈損九二〉，五卦皆具剛中（九二、九五，剛陽在二、五中爻之位）。剛中者，剛陽有誠信之內蘊，謂中有孚信也。故五卦皆繫「有孚」之文，由經文卦象皆具剛中，以釋「有孚」之爲孚信也。

柒、以傳通經

以傳釋經，此例至多。例如〈訟卦辭〉「訟有孚，窒惕，中吉，終凶。」〈彖傳〉訟有孚窒惕中吉，剛來而得中也。終凶，訟不可成也。」〈傳〉直引經文而即釋之。又〈履卦辭〉「履虎尾，不咥人，亨」。〈彖傳：「履柔履剛也，說而應乎乾，是以履虎尾，不咥人，亨」此亦〈傳〉直引經文而旋釋之，其例至明，不更引。

捌、以群書通經義

以《易》謙卦爲例。按《易》道尚謙，特立〈謙〉卦以垂訓。〈卦辭〉「謙亨，君子有終。」〈初六〉「謙謙君子，用涉大川吉。」〈六二〉「鳴謙，貞吉。」〈九三〉「勞謙君子，有終，吉。」〈六四〉「無不利，撝謙。」……皆極推崇謙德，故本卦六爻皆吉，爲六十四卦之特例。復以群書釋之。《論語》里仁篇，子曰

能以禮讓爲國乎何有？不能以禮讓爲國如禮何？

以禮讓爲國，不難致治，謙德之重要可知。〈泰伯篇〉，子曰：

如有周公之才之美，使驕且吝，其餘不足觀也已。

《左傳》文公元年

忠信，卑讓之道也。卑讓，德之基也。

立德自謙始，故以爲修德之基。《史記信陵君列傳》：

魏安釐王二十年，秦昭王已破趙長平軍，又進兵圍邯鄲，（信陵君）得虎符奪晉鄙軍，北救趙而西卻秦。已卻秦救趙，意驕矜而有自功之色，客有說公子曰，「物有不可忘，或有不可不忘。夫人有德於公子，公子不可忘也；公子有德於人，願公子忘之也。且矯魏王令奪晉鄙軍以救趙，於趙則有功矣，於魏則未爲忠臣也，公子乃自驕而功之，竊爲公子不取也」。於是公子立自責，似若無所容者，趙王埽除自迎，執主人之禮，引公子就西階，公子側行辭讓從東階上，自言辠過以負於魏，無功於趙，趙王侍酒至暮，口不忍獻五城，以公子退讓也。

按信陵君已卻秦兵，而解邯鄲之危，意驕矜而有自功之色，客說之曰，公子有德於人，願公子忘之，況矯奪晉鄙軍以存趙，於魏實不爲忠臣，公子立自責，深自愧悔，不敢當趙王尊優之禮，而有退讓之風，深與《易》理合。《書大禹謨》：

汝惟不矜，天下莫與汝爭能；汝惟不伐，天下莫與汝爭功。……益贊于禹曰，惟德動天，無遠弗居，滿招損，謙受益，時乃天道。

右所舉引，皆足證《易謙　》之要義也。

【附注】：

註一　見《荀子儒效篇、勸學篇》在第二章內。

註二　《論語子張篇》叔孫武叔語大夫於朝曰，子貢賢於仲尼。子服景伯以告子貢，子貢曰，譬之宮牆，賜之牆也及肩，窺見室家之好，夫子之牆數仞，不得其門而入，不見宗廟之美，百官之富。……。

註三　《潛研堂文集》卷二十四〈經義雜志序〉

註四　《漢學師承記》卷一，半塘清安邑人。

註五　見朱子〈答楊元範書〉

註六　清惠棟《九經古義論語疏》

註七　《戴東原文集》卷九

註八　《戴東原文集》卷十

註九　《潛研堂文集》卷二十四《左傳古注輯存》序。

註一〇　江藩《漢學師承記》卷四。

註一一　《朱子語類》卷七十二

註一二　朱子文集〈答黃直卿書〉

註一三　朱子文集〈答李公晦書〉

註一四　朱子文集〈答張敬夫書〉

註一五　《朱子語類》卷一百三十七

註一六　《朱子語孟集義序》

註一七　《朱子語類》卷八十七

註一八　江藩《經解入門》說經必先通訓詁第二十三

註一九　《朱子論孟要義目錄序》

註二〇　《朱子語類》卷五十九

註二一　《朱子語類》卷一百二十九

註二二　《潛研堂文集》卷二十四《經籍纂詁序》

註二三　《錢大昕關中金石記序》

註二四　《潛研堂文集卷二十五山左金石記序》

註二五　吳璵著《甲骨學導論》正經傳節

註二六　漢《趙歧孟子題辭序》

註二七　陳澧《東塾讀書記》卷二

註二八　同上。

註二九　《周易恆卦九二爻辭》下有「貞吝」二字。

註三〇　《大學傳三章》《詩》云緡蠻黃鳥，止於丘隅。子曰，於止知其所止，可以人而不如鳥乎？

註三一　《論語子張篇》子貢曰博學而篤志，切問而近思，仁在其中矣。

註三二　皆見《史記太史公自序》

註三三　《詩小雅北山之什》

註三四　《史記》十二諸侯年表

註三五　南宋易祓撰《周官總義》三十卷，直就經文研治。

註三六　朱子《周易本義》本句下釋義。

註三七　《詩小雅十月之交之什》

註三七　《周易泰卦九三爻辭象傳》下程伊川注。

第五章 用經

五經爲往聖先哲德慧心智之總匯，於後世人文之啓沃，至深且鉅！蓋能延續宇宙之慧命，開創萬世之太平，固有資於經學。數千年來，群經義理，已深入我民族之生活，而融爲一體，主導士林之思想而密契無間。綿綿翼翼，未嘗須臾離，人顧不之察耳。莊子曰「魚相忘乎江湖，人相忘乎道術（註一）。」相忘乎道術之人，爲篤行睿智之君子，沈潛經義之久，不自覺其與道術爲一，所謂堯舜性之（註二），安而行之者也（註三）。至《易大傳》曰：「仁者見之謂之仁，知者見之謂之知，百姓日用而不知（註四）。」日用即是用經，然日用經義而不知，則非「相忘乎道術」，而不知道術（經義）之有益於人，有裨於身心之受用耳。故孟子曰：「行之而不著焉，習矣而不察焉，終身由之而不知其道者衆也（註五）。」又曰「民日遷善而不知爲之者（註六）。」孟子不勝歎惋。然而譽髦斯士，四民之首，固不能謂衆人之不知，我何庸知？故竊立「用經」之說，當思群經之微言大義，吾人日常用之而不匱，取之而左右逢其原，必先資之深（註七）。所以用經之方，有所在耳。茲分一、經教。二、德基說。三、修己治人。四、宏揚人道。五、建立倫紀。六、窮理盡性至命。七、一天人合內外等目以申用經之例，蓋經之爲用至大，而用經之事類殊，要用經之義訓以致修齊治平之功，本經義以明人倫而立人極，開創永葉無疆之休祜則一，其用誠大矣哉！

壹、經教

法象莫大乎天地，天地有自然之風教《說文一篇上示部》曰：

天，(垂)象，見吉凶，所㠯示人也，從二(上)，三𠂹，日月星也。觀乎天文，㠯察時變(註八)，示神事也。

許氏即「示」字明天垂法象，教人趨吉避凶，以爲自然之風教，《禮記》引孔子曰：

天有四時，春秋冬夏，風雨霜露，無非教也，地載神氣，神氣風霆，風霆流形，庶物露生，無非教也(註九)。

右言四時運行，風散雨潤，品物繁生皆是，而以六經爲教，則自周代始《禮記王制篇》

樂正崇四術，立四教，順先王《詩》《書》《禮》《樂》以造士，春秋教以《禮》《樂》，冬夏教以《詩》《書》(註一〇)

《禮記經解篇》孔子曰：

入其國教可知也。其爲人也溫柔敦厚，《詩》教也；疏通知遠《書》教也；廣博易良，《樂》教

> 也；絜靜精微，《易》教也；恭儉莊敬，《禮》教也；屬辭比事，《春秋》教也。

自溫柔敦厚至屬辭比事，皆治化之美盛，經教之宏效。然孔子又揭其失曰：

> 故《詩》之失愚；《書》之失誣；《樂》之失奢；《易》之失賊；《禮》之失煩；《春秋》之失亂。

經無失，不善學者乃有失，失猶蔽也，蔽由於不學。孔子曰：

> 好仁不好學，其蔽也愚；好知不好學，其蔽也蕩；好信不好學，其蔽也賊；好直不好學，其蔽也絞；好勇不好學，其蔽也亂；好剛不好學，其蔽也狂（註一一）。

「好仁不好學其蔽也愚」與《詩》溫柔敦厚之失「愚」正同，蓋敦厚太過，如溺愛不明，姑息養奸之類，則失之愚昧。六言：仁、知、信、直、勇、剛，皆德之美者，不得言蔽，其蔽由於不學，經之言「失」，由於不善學，不明經之本義。教也者，長善而救其失者也（註一二）。善教、善學，則經義明，化民成俗之功著矣。

貳、德基說

德，為立國、立人之大本。國無基不固，人無本不立。襄二十四年《左傳》鄭子產告晉宣子曰：

> 德，國家之基也。有基無壞，無亦是（德）務乎！有德則樂，樂則能久（註一三）。《詩》云「樂

只君子，邦家之基（註一四）」有令德也夫！

左昭元年《傳》趙孟曰：

秦君（秦后子）何如？對曰：無道。趙孟曰：亡乎？對曰：何爲？一世無道，國未艾（絕）也。國於天地，有與立焉。不數世淫，弗能斃也。

后子謂國於天地，必有所立，言立德也。雖一世無道，猶未能亡，世德餘蔭未已。若數世怙惡，其亡必矣。襄二十八年《傳》

及慶氏亡，與晏子邶殿（註一五），弗受。……對曰且夫富如布帛之有幅焉，爲之制度，使無遷也。夫民生厚而用利，於是正德以幅之，使無黜嫚（註一六）。

晏子言「德」可以防民貪利之欲，如布帛之有幅，以爲之節，否則利欲熏心，暴亂必作矣。《禮記大學篇》：

是故君子先愼乎德，有德此有人；有人此有土；有土此有財，有財此有用。德者本也；財者末也。外本內末，爭民施奪！

按德爲根本，財爲末事。內外，輕重也。言若輕其本而重末事，則必引起爭鬥，是教民以劫奪之行也。本末倒置，其害至大！要言立國之道，以德爲基石。故孟子曰：

周（足也）於德者，邪世不能亂（註一七）。

又曰：

輔世長民莫如德也（註一八）。

叁、修己治人

欲治人必先修己。是故君子有諸己而後求諸人；無諸己而後非諸人（註一九）。孔子曰：

君子求諸己；小人求諸人（註二〇）。

又曰：

躬自厚而薄責於人，則遠怨矣（註二一）。

韓退之謂古之君子其責己也重以周；其責人也輕以約（註二二）。責己重乃能克己而收治人之效。顏淵問仁，孔子曰：

克己復禮爲仁，一日克己復禮，天下歸仁焉（註二三）。

朱《註》：

一日克己復禮，則天下之人皆與其仁，極言甚速而至大也。故長國家者必先正己，而以身先之。

季康子問政於孔子，孔子對曰：

政者正也，子帥以正，孰敢不正（註二四）？

孔子又曰：

其身正，不令而行；其身不正，雖令不從（註二五）。

又曰：

苟正其身矣，於從政乎何有？不能正其身，如正人何（註二六）？

然修己非徒責之於爲政者，任人莫不然。故孟子曰：

身不行道，不行於妻子；使人不以道，不能行於妻子（註二七）。

孟子又總結修己治人之事，而曰：

有大人者，正己而物正者也（註二八）。

此儒家特重人治之實例。至修己之方，則主敬是也。子路問君子，孔子曰：

修己以敬。曰如斯而已乎？曰修己以安人。曰如斯而已乎？曰修己以安百姓，修己以安百，堯舜其猶病諸（註二九）。

安百性，治人之極致，堯舜猶以爲難。敬，則持守之功，修己若此，治人不難矣。

肆、宏揚人道

人道者，人所當由之路，當行之事也。旨在發揚人性，擴充仁德。基於相生相養，相安相樂之原則，敬老慈幼，養生送死，使人類各遂其生，各得其所，以開太平大順之盛世也。

一、人道一詞首見於《易》

《周易謙卦彖傳》：

人道惡淫而好謙。

《周易繫辭傳下第八章》曰：

《易》之爲書也，廣大悉備，有天道焉，有人道焉。

二、人道之本為仁義

《周易說卦傳》

立天之道曰陰與陽；立地之道曰柔與剛；立人之道曰仁與義。

三、人道以政為大，以正人倫為首

《大戴記哀公問於孔子第四十一》孔子侍坐於哀公，哀公問曰，敢問人道誰爲大？孔子對曰：

人道政爲大。公曰，敢問爲政如之何？孔子對曰：夫婦別，父子親，君臣嚴，三者正，則民從之矣。

按「夫婦別，父子親，君臣嚴」。居五倫之三，爲五倫之大端，是爲政首重倫理也。

四、人道以尊尊親親為原理

《禮記大傳》曰：

禮不王不禘，王者禘其祖之所自出，以其祖配之。……上治祖禰，尊尊也；下治子孫，親親也。旁治昆弟，合族以食，序以昭穆，別之以禮義，人道竭矣。聖人南面而治天下，必自人道始矣。

按尊尊親親，爲儒學之要義，自「旁治昆弟」以下數句，皆推本尊尊親親之義而言，聖人南面而治天下，必自人道始，是治平亦以人道爲先務矣。

五、人道重所生所養所教

《國語晉語一》武公伐翼，殺哀侯，止欒公子曰：苟無死，吾以子見天子，命爲上卿，割（制）晉國之政，欒子辭曰：

臣聞之，民生於三（父、師、君），事之如一。父生之，師教之，君食之。非父不生，非食不長，非教不知，故壹事之，唯其所在，則致死焉。報生以死，報賜以力，人之道也。臣敢以私禮廢人之道。

欒子以死報父、君、師三者，謂爲人之道，此與《荀子禮論》禮有之三本之意同。《禮論》曰「禮有三本：天地者，生之本也；先祖者，類之本也；君師者，治之本也。無天地惡生？無先祖惡出？無君師惡治？三者偏亡（無其一），焉（於是）無安人。故禮上事天，下事地，尊先祖而隆君師，是禮之三本也。」又曰「禮者，人道之極也。」禮重三本，即人道重所生、養、教之大義也。

六、《禮》《樂》皆在建立人道

《禮記樂記》曰：

先王之極禮樂也，非以極口腹耳目之欲也，將以教民平好惡而反人道之正也。

禮以建立秩序，樂以和悅情性，禮樂爲爲治之具，於人道之輔翼，爲用至大，故孔子曰

移風易俗，莫善於樂；安上治民，莫善於禮（註三〇）。

伍、建立倫紀

一、倫紀原於天叙天秩

倫紀者，倫常綱紀之謂。即維護人倫，敦厲親睦，修明人際關係之大經大法也。

《書臯陶謨》臯陶答禹問九德之事，曰：

天敘有典，勑我五典五惇哉；天秩有禮，自我五禮有庸哉。

天敘，天意所定之倫序。典，常。勑，謹。惇，厚。謂天所定之五倫，人當惇厚篤行。天秩，天所定之爵秩。五禮：天子、諸侯、卿大夫、士、庶五等之禮。庸，常。謂自天子以至於庶民五等之禮，亦天所定，是爲常道。要謂天所定之倫理，有其常法，人當惇厚奉行，天所定之爵位，有其常禮，人當維持其禮法。《易繫傳上第一章》曰

天尊地卑，乾坤定矣；卑高以陳，貴賤位矣。

貴賤之位，因尊卑而定，即明倫紀原於自然之序也。人法自然，倫紀由此而建立。

二、倫紀以禮義為體

《禮記禮運篇》曰：

今大道既隱，天下爲家，各親其親，各子其子，貨力爲己，大人世及以爲禮，城郭溝池以爲固，禮義以爲紀：以正君臣，以篤父子，以睦兄弟，以和夫婦，以設制度。……。

《記》明言「禮義以爲紀。」即據禮義以立倫紀。是倫紀以禮義爲體也。繼之以正君臣，篤父子，睦兄弟，和夫婦，則五倫之分目也。

三、倫紀與治道相關至切

《禮記樂記》文侯問古樂今樂之異，子夏對曰：

夫古者天地順而四時當，民有德而五穀昌，疾疢不作而無妖祥，此之謂大當，然後聖人作，爲父子君臣，以爲紀綱，紀綱既正，天下大定。天下大定，然後正六律，和五聲，弦歌詩頌，此之謂德音，德音之謂樂。

聖人爲「父子君臣以爲紀綱」。父子君臣，倫常也，紀綱既正，天下大定，大定然後有德音，王者功成作樂也。此倫紀之密契於治道也。《周易家人卦彖傳》曰：

家人，女正位乎內；男正位乎外。男女正，天地之大義也。家人有嚴君焉，父母之謂也。父父、子子、兄兄、弟弟、夫夫婦婦而家道正，正家而天下定矣。

按男女正，各正其位，盡其天職也。父父、子子。……等各盡其分，此家之綱紀，故家道以此正（家齊），正家而天下定，與《大學》修齊治平之理同，倫理與治道之關係，何其密切也。

四、倫理為教育之總目標

《孟子滕文公上》滕文公問爲國，孟子曰：

設爲庠序學校以敎之。庠者養也，校者敎也，序者射也。夏曰校，殷曰序，周曰庠，學則三代共之，皆所以明人倫也。人倫明於上，小民親於下。有王者起，必來取法，是爲王者師也。

孟子言三代之學皆所以明人倫，明人倫爲教育之總目標。昌明人倫之教，則百姓親睦，暴戾之氣自戢，臻於昇平之盛世。倫紀之建立有賴於教育，倫紀之宏效，由此而益章著矣。

陸、窮理盡性至命

窮理之「理」，當兼人理、物理而言。必先窮理而後能盡其性，盡其性則知命矣。《周易說卦傳》

昔者聖人之作《易》也，將以順性命之理。

又曰：

和順於道德而理於義，窮理盡性以至於命

《易》言性命之本原，〈乾彖傳〉曰：

大哉乾元！萬物資始，乃統天，雲行雨施，品物流形。……乾道變化，各正性命，保合太和乃利貞。

乾元爲天地之元氣，萬物之本始。雲行雨施，大化之流行也，故曰「品物流形」（流布成形），人自在其中，乾爲天，乾道即天道，天道因陰陽二氣之交遇媾合，而萬品各得正其性命，各遂其生，此明性命之本原，來自天地也。又〈繫傳上第四章〉曰：

一陰一陽之謂道，繼之者，善也；成之者，性也。仁者見之謂之仁，知者見之謂之知，百姓日用不知，故君子之道鮮矣。

繼之、成之兩「之」字，緊承上句「道」字，明言性原於「道」，與〈乾彖傳〉言性命之原於「乾道變化」（天道化育萬物，人在其中）正同。《易》言性命之本源，至爲明悉。吾人率性而行，以上達天命，所以順性命之理也。率性如何？當由道德之涵泳，優游浸潤，令其日進於和順，和順積中，則英華發外（註三一），和順於道德而義理精熟，則其理窮而可以盡性知命。伊川曰：

盡性至命者，就天所賦而言，則謂之命。就人所受而言，則謂之性。其實一理也。物與無妄謂之賦，各一其性謂之受。此理人所同其，初無欠缺。盡，是盡此理而不遺；至，是至此理而不過。盡以周帀無餘爲義，至以密合無間爲義（註三二）。

伊川分別性命至悉，本《中庸》「天命之謂性」而言，是性命管天人之際，不過賦受之別耳。乃知理者，主指性命之理，而事物之理，自寓乎其中。《孟子盡心上》孟子曰：

萬物皆備於我矣。

《朱注》

此言理之本然也。大則君臣父子，小則事物細微，其當然之理皆備於我。

然備於我之理，來自何所？

《中庸章句》：

> 道之大原出於天而不可易，其實體備於己而不可離。

即申孟子之義，而盡性之「盡」，擴而充之之謂。孟子曰：

> 凡有四端於我者，知皆擴而充之矣。若火之始然，泉之始達，茍能充之，足以保四海。……。

窮理盡性，擴充其本然之善也。伊川又曰：

> 盡性至命必本於孝弟（註三三）。

孝經曰：

> 孝弟之至，通於神明，光於四海，無所不通（註三四）。

孝弟純乎天性，此本然之善，性體純全，上達天德，則知命不難，近人熊十力曰：

> 《易》曰「窮理盡性至命」即實證性體（註三五）。

誠然。《論語末章》孔子曰：

> 不知命無以爲君子也。

孔子又自謂「五十而知天命（註三六）」知命即至命，爲聖賢之德業，吾人當勉之矣。

柒、一天人合內外

《禮記中庸》曰：

> 思知人不可以不知天。

不知人不足以應事宜，不知天不足以察時變（註三七）。知人乃能知天，天人之理本一，《易乾文言傳》

> 夫大人者與天地合其德，與日月合其明，與四時合其序，與鬼神合其吉凶。

是天人之合一，於《易》有徵。合內外者，《中庸第二十五章》

> 誠者，非自誠己而已也，所以成物也。成己，仁也；成物，知也，性之德也，合外內之道也，故時措之宜也。

仁以成己；知以成物。孟子曰：

> 君子所性，仁義禮智根於心（註三八）。

故曰「性之德也。」儒家稱道德範圍之內修工夫，名曰性命之學；稱知識範圍之外修工夫，命曰經世之學，兩者均衡與統一，即合內外之道（註三九）。此爲學術之最高標準，亦即人類理智發展之至高境界，學術之在天地間者畢矣。今申言「一天人」之理。《論語憲問篇》孔子曰：

> 下學而上達。

孔注：

> 下學人事，上達天命。

同篇孔子又曰：

> 君子上達，小人下達。

上達之極，乃以「達天德（註四〇）」也。孔子自謂：

天生德於予，桓魋其如予何（註四一）？

天德之在我者，本極自然，《禮記禮運篇》：

故人者，其天地之德，陰陽之交，鬼神之會，五行之秀氣也。

足徵天人一體，人具天德矣。然天地之德爲何？蓋即天地生物之心也。〈復卦彖傳〉：

復，其見天地之心乎！

明言天地有心，此心，即天地生物之心也。〈復卦〉經〈剝〉極而陽氣漸近澌滅，至〈復〉而一陽來復，地氣上揚發越，而草木萌芽，庶類繁生。故〈下繫第一章〉曰：

天地之大德曰生。

〈上繫第五章〉曰：

生生之謂易。

中國學術之活水源頭在此。天地有生物之心，民秉天地之靈（註四二），故人即有仁民愛物之心，孟子曰：

仁，人心也（註四三）。

天心至仁，人具仁心，不僅天人之德同，天人之心畢同，則天人之際，不待合而自合矣。天爲宇宙，爲自然。人與自然，必相協調，即天人之和諧也。藉使天人不和諧，則天人必舉蒙其害，非啻人禍！

其害之大，幾無言可喻！即以今日科學獨裁，工業專制之時代言，高度工業化，超高工業化，令環境污染，大地變色，宇宙氣溫，普遍升高，科學家所謂「溫室效應」，人處熱氣烝騰之中者，造成嚴重乾旱，水源枯竭，人心惶怖，不可終日，據科學家之研究分析，其主因，即在天人之決裂，不知天人和諧之足以相安相樂，更不知天人之相與，有相互牽動，相互影響之密切關係。昧乎此，何足與言天人之理乎？此「一天人」，在當前世界之現實作用，無人可以否定者也。

次申言合內外，內外者，內己外物，其實，則內聖外主之學也。《莊子天下篇》：

> 天下大亂，賢聖不明，道德不一，天下多得一察焉以自好。……判天地之美，析萬物之理，察古人之全，寡能備於天地之美，稱神明之容，是故內聖外主之道，闇而不明，鬱而不發，天下之人，各爲其所欲焉以自爲方悲夫！

莊子揭示內聖外王之道，以此爲道術（學術整體），而謂其餘百家，不過方術而已。內聖，即成己工夫；外王，即成物之學。內以修己，以聖人爲宗，聖人，人倫之至也（註四四）。聖人，百世之師也（註四五）。聖人，即道之所在，故荀子曰：

> 聖人，道之極也。故學者，固學爲聖人也。非特學爲無方之民也。（註四六）

此內聖之功也。外王者，帝王郅治之大業，實則王道，仁政，故孟子曰：

> 三代之得天下也以仁；其失天下也以不仁，國之所以廢興存亡者亦然。（註四七）

仁政爲天下國家興亡之所繫，外王之重要可知。經學之大用，爲一天人，合內外，然一天人合內外，非二事也。《中庸第一章》：

喜怒哀樂之未發謂之中；發而皆中節謂之和。中也者，天下之大本也；和也者，天下之達道也。致中和，天地位焉，萬物育焉。

今按「未發爲中」，內也（心體澄瑩）；中節爲和，外也（與人）。中和一體，內外合一。致中和，「天地位焉，萬物育焉」，則天人和諧美滿之境畢見，是一天人，合內外之本爲一物事，又昭昭然矣。近人熊十方曰：

合內外，當由內達外，乃合內外之道也。由內達外，源在內也。聖人之心非外也，爲其與己之心爲一體；天地之心非外也。孟子曰：「上下與天地同流（註四八）」者，己之心與天地之心本不二，得此眞源，即通內外爲一，故曰合內外之道也。（註四九）

此言合內外，即兼天人言之，甚是！而以人心爲眞源，尤具隻眼。要之，經學夙已與我民族之語文、思想、生活融合爲一，不可分割，不能須臾離。民非水火不生活（註五〇），經學之切日用，尤遠踰水火，不必言用，而自爲我用矣。今人治學，每趨功視近，以爲經學無用，蓋拙於用大（註五一），而不知無用之用，無用而後有大用也。蓋學無當於一物，而百物弗得不治，經不效於一時，而萬世咸利賴之，唯經學爲然。

【附　注】

註　一　《莊子內篇大宗師》子貢曰：敢問其方？孔子曰：魚相造乎水，人相造乎道，相造乎水者，穿池而養給。相造乎道者，無事而生（讀爲性）定。故曰：魚相忘乎江湖，人相忘乎道術。

註　二　《孟子盡心下篇》孟子曰：堯舜性者也，湯武反之也。……。

註　三　《中庸第二十章》哀公問政。……子曰：或安而行之，或利而行之，或勉強而行之，及其成功一也。

註　四　《周易繫辭傳上第四章》一陰一陽之謂道，繼之者善也，成之者性也，仁者見之謂之仁；知者見之謂之知，百姓日用而不知。……

註　五　《孟子盡心上篇》孟子曰行之而不著焉，習矣而不察焉，終身由之而不知其道者衆也。

註　六　同右篇孟子曰：王者之民皞皞如也。殺之而不怨，利之而不庸，民民日遷善而不知爲之者。……。

註　七　《孟子離婁下篇》孟子曰君子深造之以道，欲其自得之也，自得之則居之安，居之安則資之深，資之深，則取之左右逢其源。……。

註　八　《周易賁卦彖傳》觀乎天文以察時變，觀乎人文以化成天下。

註　九　《禮記孔子閒居第二十九》子夏曰敢問何謂三無私，孔子曰，天無私覆，地無私載。……天有四時，春秋冬夏，風雨霜露無非敎也。……云云。

註一〇　《禮記王制篇第五》。……命鄉論秀士升之司徒曰選士，司徒論選士之秀者而升之學曰俊士……樂正崇四術，立四敎，順先王詩書禮樂以造士春秋敎以禮樂，冬夏敎以詩書。

註一一　《論語陽貨篇》子曰由也女聞六言六蔽矣乎？對曰未也。居吾語女，好仁不好學，其蔽也愚；好知不好學其蔽也蕩。……云云。

註一二　《禮記學記篇第十八》學者有四失，教者必知之，人之學也，或失則多，或失則寡，或失則易，或失則止，此四者心之莫同也。知其心然後能救其失也。教也者長善而救其失者也。

註一三　《左傳襄二十四年》鄭子產告晉宣子，晉宣子即范宣子，晉執政大夫，范文子之子，德，國家之基也，有基無壞。……云云。

註一四　《詩小雅南山有臺之什》言君子之足樂美，以其爲邦家之基。君子爲令德之君子，以證德，爲國家之基也。

註一五　邶殿，鄭邑名，鄭嘉其勳，故以此邑與之。

註一六　黜嫚，放肆慢易之義，言自檢束節制也。

註一七　見《孟子盡心下篇》朱《注》「言以德爲盾，雖邪世何懼。」

註一八　見《孟子公孫丑下篇》孟子告齊王曰「天下有達尊三，爵一、齒一、德一，朝廷莫如爵，鄉黨莫如齒，輔世長民莫如德。……。」

註一九　《禮記大學篇》朱子章句，大學傳第九云云。

註二〇　《論語衛靈公篇》子曰：君子求諸己；小人求諸人。

註二一　同上篇，子曰，躬自厚而薄責於人，則遠怨矣。

註二二　見韓昌黎文集原毀篇

註二三　《論語顏淵篇》顏淵問仁，子曰：克己復禮爲仁，一日克己複禮，天下歸仁焉。

註二四 同篇，季康子問政於孔子，孔子對曰，政者正也。子帥以正，孰敢不正？

註二五 《論語子路篇》子曰，其身正不令而行，其身不正，雖令不從。

註二六 同上篇，子曰，苟正其身矣，於從政乎何有？不能正其身，如正人何？

註二七 《孟子盡心下篇》孟子曰身不行道，不行於妻子；使人不以道，不能行於妻子。

註二八 《孟子盡心上篇》孟子曰，有事君人者，事是君，則爲容悅者也。……。有大人者，正己而物正者也。按此「物」字，兼人而言。

註二九 《論語憲問篇》子路問君子，子曰，修己以敬，曰，如斯而已乎？曰修己以安人，曰，如斯而已乎？曰，修己以安百姓，修己以安百姓，堯舜其猶病諸。

註三〇 《孝經廣要道章第十二》子曰教民親愛莫善於孝，教民禮順，莫善於悌，移風易俗，莫善於樂，安上治民，莫善於禮。

註三一 《禮記樂記篇》是故情深而文明，氣盛而化神，和順積中而英華發外，惟樂不可以爲僞。

註三二 見伊川所作〈明道先生行狀〉。

註三三 同上注。

註三四 《孝經感應第十六章》宗廟致敬，鬼神著矣。孝悌之至，通於神明，光於四海，無所不通。

註三五 見熊十力先生《讀經示要》。卷一。

註三六 《論論爲政篇》子曰，吾十有五而志於學，三十而立，四十而不惑，五十而知天命，六十而耳順，七十而從心所欲不踰矩。

註三七　《周易賁卦彖傳》曰「觀乎天文，以察時變。」

註三八　《孟子盡心上篇》孟子曰，廣土衆民，君子欲之，所樂不存焉。……君子所性，仁義禮智根於心。……。

註三九　見先總統蔣公中正〈科學的學庸〉一文。

註四〇　《中庸第三十二章》唯天下至誠，爲能經綸天下之大經，立天下之大本。……苟不固聰明聖知達天德者，其孰能知之。

註四一　《論語述而篇》子曰：天生德於予，桓魋其如予何？

註四二　《宋書謝靈運論》民秉天地之靈，含五常之德。……。

註四三　《孟子告子上篇》孟子曰，仁，人心也；義，人路也。……。

註四四　《孟子離婁上篇》孟子曰，規矩方員之至也，聖人，人倫之至也。……。

註四五　《孟子盡心下篇》孟子曰，聖人，百世之師也，伯夷柳下惠是也。……。

註四六　《荀子禮論篇》故天者，高之極也，地者，下之極也，無窮者，廣之極也，聖人者，道之極也，故學者，固學爲聖人也，非特學爲無方之民也。

註四七　《孟子離婁上篇》孟子曰三代之得天下也以仁；其失天下也以不仁，國之所以廢興存亡者亦然。……。

註四八　《孟子盡心上篇》孟子曰霸者之民，驩虞如也。……夫君子所過者化，所存者神，上下與天地同流，豈曰小補之哉？

註四九　見熊十力先生《讀經示要》卷二

註五〇　《孟子盡心上篇》孟子曰易其田疇。……民非水火不生活，昏暮叩人之門戶，求水火無弗與者，至足矣。……。

註五一　見《莊子逍遙遊》莊子評惠子之語。

第六章　五經通義

小　引

群經之義相通，以經爲義理之學，據理而言，初無先後終始之分，小大精粗之跡，其條貫無不通也。言其相通，則如本枝之相爲連理，源委之涇流一貫，以其聲氣之相引，脈息之一致也。群經敷暢義理，理有本有末，有源有委，而一本散爲萬殊，萬殊復歸一本；一源分爲百川，百川朝宗於海。前者伊川所謂「體用一源」，後者伊川所謂「顯微無閒」也（註一）請以治道隅舉，史公曰：「六藝於治，一也」。（註二）。如《詩》以諷諭感發；《書》示牧民之要；《易》以開物成務，《禮》以規範行爲；《春秋》以立王者之大法，同趨於治化，其歸則一也，此其相通之一方也。

孔孟皆舉相通之事，孔子兩言吾道一以貫之，一語曾子曰：

參乎：吾道一以貫之，曾子曰唯……（註三）。

一謂子貢曰：

賜也，女以予爲多學而識之者與？對曰然。非與？曰非也。予一以貫之（註四）。

此道當是「仁」。如何一以貫之，孔子未明言。又答哀公問政：

天下之達道五，所以行之者三……知仁勇三者，天下之達德也，所以行之者，一也。

又曰：

凡爲天下國家有九經，曰修身也，尊賢也……所以行之者，一也（註五）。

右兩「一」字朱註皆曰「誠」，此當指本原之理。至孟子於「一」，則明言其爲「仁」，孟子曰：

居下位不以賢事不肖者，伯夷也；五就湯五就桀者，伊尹也；不惡汙君，不辭小官者，柳下惠也，三子者不同道，其趨一也，一者何？曰仁也。君子亦仁而已矣，何必同？（註六）

蓋伯夷之淸，伊尹之任，柳下惠之和，三子所由塗轍不同，而其趨於淑世之仁，則一也。孟子又曰：

君子之於物也，愛之而弗仁，於民也，仁之而弗親，親親而仁民，仁民而愛物（註七）。

親親（施由親始），仁民愛物，有本末先後之殊？其爲仁之理則一也。又曰：

堯舜之仁，不徧愛人，急親賢也（註八）。

堯舜發政施仁，亦有輕重緩急之分，然而皆推仁之理，而一以貫之者也。

孟子復言經義相通之理，基於人心之所同然。孟子曰：

故凡同類者，舉相似也……口之於味也，有同耆焉；耳之於聲也，有同聽焉；目之於色也，有同美焉，至於心獨無所同然乎，心之所同然者何也？謂理也義也，聖人先得我心之所同然耳。故理義之悅我心，猶芻豢之悅我口（註九）。

理義爲人心之所同然，經載理義，後人讀經，深契於理義之敎，今古有此同感，古人之言戚戚焉實獲我心，蓋於義理之認可，此心同，此理同也。不過聖人先得我心之所同然。我嘗欲言之而未能（辭不足以舉），聖人即爲我直道吾心之所欲言，心之歡慶，豈不愈於芻豢之悅我口哉？是人心之有同然者，其理固相通也。

經自孔子董理刪約，以爲定本，總先聖先王覺世牖民之嘉言懿行，體國經野之大經大法，修己立人之準繩，天人性命之幾微畢具於是。謂群經爲往古聖哲德慧睿智之總匯，其誰曰不宜。歷代治經，每重其專義，即篤守一經之義訓以立言垂敎，而於群經之大義，尠有撮其宏綱，綜其機要，合其歸極，以觀其會通者，本章名曰通義，務在觀其會通，抉其大者，由是而執其環中以應乎無窮者也。

嘗思學術之產生，始於人類之求生存，天下之生久矣，其初爲欲適應環境，以遂其生，自力求謀生之道，於是水則資舟，陸則資車，海利魚鹽，山利畜牧，應其所需，是以力求知識，以維生計。迨人物交際往來之久，而知其有所不足也，進而追求學問，以健全其生活，迨人事紛繁，物競天擇，愛惡相攻而利害滋生，人則難以自爲也。有聖人作，力謀人類相與生存之道，俾能生生自庸，而學術應之而興，故昌黎謂：

古之時人之害多矣！有聖人者立，然後教之以相生養之道，爲之君，爲之師，驅其蟲蛇禽獸而處之中土。爲之禮以次其先後，爲之樂以宣其壹鬱，爲之政以率其怠勧，爲之刑以鋤其強梗（註十）。

禮樂政刑立，治道具矣，而學術由之而蔚起，往古聖哲每以通天人之幾微，洞性命之本原之學，名之曰「道」，又曰「道術」（註十一），曰「學」（註十二），曰「義學」（註十三），曰「術學」（註十四），後世總名之曰「學術」。然「學術」一詞之嬗衍，每與《經學》相因，班〈志〉稱：

六藝之文，《樂》以和神，《詩》以正言，《禮》以明體，《書》以廣聽，《春秋》以斷事，五者蓋五常之道，相須而備，而《易》爲之原，至於五學，世有變改，古之學者耕且養，三年而通一藝，存其大體玩經文而已。

觀孟堅以六藝爲「道」、爲「學」、爲「經」，而明言經以載道者。又曰：

儒家者流，游文於六經之中，留意於仁義之際，宗師仲尼以重其言，於道爲最高，惑者既失精微，而辟者又隨時抑揚，違離道本，是以五經乖析，儒學寖衰。

文中「道」字承上「六經」，又下續「五經」之文，「道」，爲經中之道，經所以載道之義至明。又《後漢書·魯丕傳》，丕上〈疏〉曰：

臣聞說經者，傳先師之言，不得相讓，相讓則道不明。

丕言說經所以明道，經固所以載道也。至經學一名，始見於《漢書·儒林傳》曰：

又曰：

（兒）寬有俊材，初見武帝，語《經學》……。

諸儒始得修其《經學》。

學術總薈於群經，歷代賢智之士，鑽研玩索，寢饋其中，發揚昌大，經類之著作益多，而《經學》遂爲傳統文化之中心矣。

今日治經復當留意者數事：

一曰孔子刪定五經之功。

裴松之曰：

臣松之以爲孟軻稱宰我之辭曰：以予觀於夫子，賢於堯舜遠矣。又曰生民以來，未有盛於孔子也。若乃經緯天人，立言垂制（按謂刪定五經），百王莫之能違，彝倫資之以立，誠一人而已。夫能光明三五之道，以成百世之功，齊天地之無窮，等日月之久照，豈不有踰於群聖哉（註十五）！

松之言孔子刪定五經之功，令三皇五帝立人經世之道彰著於後世，與日月合其明，侔天地之無窮，其推尊可云至矣！

二曰淑世必資經常之道。

蓋經常之道，歷萬變而不可移易者也。亦必有弛張之具，隨時而制其宜者，今日工業霸世，經濟獨裁，科學技術，應時而起，吾人當知科技者，適亦弛張之具耳，而所以爲改弦更張者，要不可離經常之道，群經所載者是也。人類苟不自毀，其必率由五經之教無疑，蓋經義廣大精微，所謂範圍天地之化而不過，曲成萬物而不遺（註十六）。唯聖智明哲，覃思殫慮、游息脩藏，饜飫其中，眞積力久，誠有味於五經之教，乃見其字字句句，皆切於人生實用，而不可須臾離也。

三曰經學為義理之學。

離義理豈別有所謂經學。若離經學而言義理，則爲無根之言；離義理而言經學，則徒章句之知、記問之學而已。而義理絕非空疏無當，遠離事物。蓋理事不二，未有外於事物之理，亦未有不合於理之事，知此則知事物之不得其當者，胥由於義理不明之故也。

四曰物論是非當折衷於經義。

史公曰「學者載籍極博，猶考信於六藝。（註十七）」考信、非徒取資於史實，蓋藉以覈其是非也。莊子謂「此一亦是非，彼亦一是非」（註十八）謂世俗之言是非，非確乎不可易之理。然眞是眞非，則不雜纖毫私見，一惟折衷於經義，所謂「無適無莫，義之與比」（註十九）而所謂是者，要非義精仁熟，深知經義者，亦未足以認定也。

五曰百氏之學，皆出於五經。

經學爲傳統學術思想之主導。莊子謂「道術無乎不在，其在於《詩》、《書》、《禮》、《樂》者，鄒魯之士，搢紳先生多能明之」（註二十）此謂經學之爲「道術」，傳自儒家。又謂「道術」之裂爲方術，諸子各得一察焉以自好，「後之人不幸不見天地之純，古人之大體」（註二一）《漢・志》以「九家之言，皆六藝之支與流裔」（註二二）後世群言淆亂，涇渭莫辨，若折衷於聖人，攝之以五經，而其眞僞得失，灼然立見，經學爲學術思想之主導，信矣。

六曰經義之實踐。

漢儒首倡通經致用之說，保存古訓，服膺經義，實踐經訓，以匡濟時艱，朝廷政令及疑獄，無不本之經義，其尊崇經訓，期見之實行，雖冒萬死而不辭，如眭孟蓋寬饒輩、爲申張經義，面折廷爭，至死而不悔，其熱愛眞理之誠有如是，今日治經當實踐經義，非徒誦習章句而已。

七曰經學之大用，直關世運之興衰，治化之隆污，風俗之厚薄。《後漢書・儒林傳》論曰：

> 自光武中年以後，干戈稍戢，專事經學，自是其風世篤焉。其服儒衣稱先王，遊庠序，聚橫（黌）塾者，蓋布之於邦域矣。若乃經生所處，不遠萬里之路，精廬暫建，贏糧動有千百，其耆名高義，開門受徒者，編牒不下萬人，皆專相傳祖，莫或訛雜……夫書理無二，義歸有宗……然所談者仁義，所傳者聖法也。故人識君臣父子之綱，家知違邪歸正之路。自桓靈之間，君道秕僻（秕，穀不成也，以喻教化之惡），朝綱日陵，國隙屢起，自中智以下，靡不審其崩離，而權彊之臣息其闚盜之謀，豪傑之夫，屈於鄙生之議者，人誦先王言，下畏逆順埶也。至如張溫皇甫嵩之徒，功定天下之半，聲馳四海之表，俯仰顧盼，則大業可移，猶鞠躬昏主之下，狼狽折札（簡）之命，散成兵，就繩約而無悔心。曁乎剝橈自極，人神數盡，然後群英乘

其運，世德終其祚，迹衰敝之所由致，而能多歷年所者？斯豈非學之效乎（言猶有儒學，故能長久也）！故先師重典文，褒勵學者之功篤矣！

史臣極論經學之大用，君臣父子之綱紀立，人知正邪之分野，雖有彊權，不敢肆其姦宄。明章光武，講經論道，敦悅詩書，學風、士氣之丕振，乃有如是之宏效，豈可忽哉！

司馬溫公又即此而論教化風俗之關鍵而曰：

教化、國家之急務也，而俗吏慢之；風俗、天下之大勢也，而庸君忽之。夫惟明智君子，深識長慮然後知其爲益之大，而收功之遠也！光武遭漢中衰……征伐四方，日不暇給，乃能敦尚經術，賓延儒雅，開廣學校，修明禮樂，繼以孝明孝章，臨雍拜老，橫經問道，自公卿大夫至於郡縣之吏，咸選用經明行修之人，虎賁衛士，皆習學經，是以教立於上，俗成於下，自三代既亡，風化之美，未有若東漢之盛者也。及孝和以降，貴戚擅權，嬖倖用事，賢愚渾殽，是非顚倒，可謂亂矣？然猶綿綿不至於亡者？上則有公卿大夫袁安楊震……李膺之徒，面引廷爭，用公議以扶其危；下則有布衣之士符融郭泰許邵之流，立私論以救其敗，是以政治雖濁，而風俗不衰……夫豈數子之賢哉？亦光武明章之遺化也……由是觀之，教化安可慢，風俗安可忽哉？

（註二三）

溫公謂三代以降風俗之美，未有盛於東漢者，其偁揚可謂至矣！而此風俗仍以學風爲主，當時文武，無不誦習經籍，在朝有公卿之公議；在野有布衣之與論，共挽衰隤之趨勢，固光武明章之遺化，收學術之宏效？其幾，則是光武之敦尚經術，學統之領導治統，惟此時爲然。然學風之開啓，西京已肇其端，《漢書·匡衡傳》：望之：奏衡「經學精習」，長安令楊興稱衡「材智有餘，經學絕倫」。成帝即位，衡上〈疏〉曰：

臣聞六經者，聖人所以統天地之心，使不悖於其本性者也。故審六藝之指，則天人之理可得而知，草木昆蟲可得而育，此永永不易之道也。及《論語》《孝經》，聖人言行之要，宜究其意。（註二四）

匡衡以六經所載，所以統天地之心，足知人者天地之心（註二五），人上合天地之心，天地固自有心，〈復·彖傳〉謂「復其見天地之心乎」是也。又謂明悉六經之旨，施於政教，可以和天人，育萬物，則「天地位焉，萬物育焉（註二六），可致中和之美盛，則經學之極詣，蔑以加於此矣。由右述乃知儒學在中國常爲中心之思想，爲學術發展之主導，而確乎其不可拔者？以其植根於中華之民族性，有至大至深之基石也。本文分八目：一曰道，二曰天人，三曰內外，四曰性命，五曰德行，六曰倫紀，七曰治平，八曰結語，分述於後：

壹、道

一、釋　名

《說文》二篇下〈辵部〉曰：

道，所行道也。從辵首。一達謂之道。

是道爲道路，人所由行，故孟子曰：

夫道若大路然，豈難知哉，人病不求耳。（註二七）

按「道」、爲德性義理之會歸，學術整全之代偁，中國傳統文化之精神在「道」字，實萬有之本原，人類蘄嚮之所止。凡自然規律，倫理法則，靡不賅備。按字訓，本爲道路，人所由行，而天體運動，星漢曜光，顯呈自然美妙之天體秩序；人類在覆載之間，則有倫常綱紀，相與維繫，親愛精誠，互助合作，而有和諧融洽之社會秩序，是天人所共由之路，乃一和諧秩然有序之大道也。則道由道路而爲天人所共循之法則也。天不言而四時行、百物生，裁成化育，順帝之則，仍在乎人，人類苟知善盡自我，自強不息，固能與天地參矣。

二、道之別名

㈠天　道

群經均言道，道本一物，孟子曰：

夫道，一而已矣。（註二八）

莊子謂之：

天地之純，古人之大體（即全體）。（註二九）

荀子則曰：

君子知夫不全不粹之不足以爲美也……天見其明，地見其光（廣通），君子貴其全也。（註三十）

均以道爲整全之名，是道無天人之分，天人一也。曰天道，曰至道，曰大道，皆贊之之辭。《周易·謙·彖傳》立天道、人道之名曰：

天道虧盈而益謙，人道惡淫而好謙。

《繫傳下》第八（註三一）〈說卦傳〉（註三二）同，其具形上義者有

1. 太　極

〈繫傳上〉第十一章曰：

是故《易》有太極，是生兩儀，兩儀生四象，四象生八卦，八卦定吉凶，吉凶生大業。

「太極」爲宇宙之絕對本體，萬有皆此一本體之作用，鄭康成《易注》釋太極曰：「極中之道，淳和未分之氣也。」（註三三）鄭以中訓「極」，以極釋「太」，謂太極爲至大至中之道，覈其實則爲「淳和未分之氣。」及其已分，則爲陰陽二儀，「太極」創生天地萬物，〈傳〉文兩儀以下所生是也。說見小箸《周易鄭氏學》一四七頁，文繁不具引。

2. 乾　元

《周易·乾卦·彖傳》：

大哉乾元！萬物資始，乃統天。

〈乾・卦辭〉：「元亨利貞。」〈彖傳〉因釋元而美之曰：「大哉乾元！萬物資始。」明「乾元」爲萬物之本始，萬有之所由來。元者，天地之元氣也。乾爲陽氣，〈乾・初九・爻辭〉曰：

潛龍勿用。

〈象傳〉即曰：

潛龍勿用，陽氣潛藏。

明乾之爲陽氣。元，古訓氣，《公羊・隱元年注》：

元者，氣也。無形以起，有形以分，造起天地，天地之始也。

《九家易注》：（註三四）

元者，氣之始也。

皆明元氣爲萬物之本始，富形上義，因天地之元氣在太空流行、鼓盪，以之涵泳化育萬物也。謹案後世於〈易傳〉偶有微辭，不知《荀子・大略篇》已引〈咸・彖傳〉之文凡十餘句，《戰國策》卷六引〈未濟・彖傳〉之文一句。《荀子》與《國策》極可信。班〈志〉言「孔氏爲之〈彖〉〈象〉〈繫辭〉〈文言〉〈序卦〉之屬十篇。」《史記・孔子世家》謂「孔子晚而喜《易》，〈序〉〈彖〉〈繫〉〈象〉〈說卦〉〈文言〉，讀《易》韋編三絕。」馬班號良史，皆言孔子作傳。自宋歐陽修作《易童子問》以〈繫傳〉〈文言〉有子曰字，始疑非孔子作，今細審〈易傳〉除引子曰等文必爲七十子後學所傳述外，餘亦多與儒家思想密契。孟子稱「盡信書則不如無書」（註三五）可疑者疑之，要不可過，過則後人無書可讀，亦一罪也。按天地化育，基於變化，其爲變化之主因者有：

1. 對待

對待爲《易》之精蘊，六十四卦，皆兩相對待，〈睽·彖傳〉特發此義曰：

睽，火動而上，澤動而下，二女同居，其志不同行……天地睽而其事同也；男女睽而其志通也；萬物睽而其事類也，睽之時用大矣哉！

按睽卦☲☱（兌下離上，顯寓對待之理，上離爲火，下兌爲澤，火動而上（火炎上），澤動而下（澤含水，水性就下），其事固相乖迕，對待在自然界，天尊地卑，高下懸絕，此對待也，於人事，男女對待之名也。然相待者，每相反相成，故天地雖睽，而其生物之事同，男女雖睽，而其相求之志則通，萬物形殊而同秉天地之氣以生則相類也，陰陽實爲對待之顯例。《禮記·昏義》則申對待相須之理而曰：

古者天子后立六官。…以聽天下之內治。…故天下內和而家理。天子立六官。…以聽天下之外治。…故外和而國治。故曰天子聽男教，后聽女順。天子理陽道，后治陰德。…外內和順，國家理治。…故天子之與后，猶日之與月，陰之與陽，相須而后成者也。

2. 終始

終始之義，於卦爻可見，凡六位成章之卦，初爻爲始，〈坤·初六〉曰：

履霜堅冰至。

〈象傳〉曰：

履霜堅冰，陰始凝也。

上爻爲終，〈否·上九〉曰：

傾否，先否後喜

〈象傳〉曰：

否終則傾，何可長也。

此一卦之終始也，卦之有終始，〈彖傳〉於〈乾〉，已開明之曰：

大明終始，六位時成。

終始所以紀時，亦天行（天道）之常，〈傳〉於〈蠱卦〉，則直抒其義曰：

先甲三日，後甲三日，終則有始，天行也。

先儒以甲爲創作新令之日，先甲後甲，告曉丁寧，取反復申警之義，以象天道之終而復始，故曰「天行」。終始之義，〈恆·彖傳〉言之綦詳曰：

恆亨無咎利貞（卦辭），久於其道也。天地之道，恆久不已也。利有攸往，終則有始也。日月得天而能久照，四時變化而能久成……。

〈傳〉明終則有（又）始，爲天地恆久之至道，四時之變化，春夏之次，冬春相嬗之律則，終而復始之理，此其尤大彰明顯著者也。《禮記·禮運篇》曰：

故天秉陽垂日星；地秉陰竅於山川，播五行於四時，和而後月生也，是以三五而盈，三五而闕，五行之動，迭相竭也，五行四時十二月，還相爲本也。

動，運行。竭，盡也、終也。本，始也。五行之運於四時，迭相終而還相始，終則有始，如環之無端，此隱寓「終始」之義。終始亦曰反復。

3. 反　復

〈復·卦辭〉曰：

復亨，出入無疾，朋來無咎，反復其道，七日來復。

〈彖傳〉曰：

反復其道，七日來復，天行也。

經文曰「反復其道」，明天道有反復之理，故〈傳〉即曰：「天行」也。〈泰卦·九三·爻辭〉曰：

無平不陂，無往不復。

〈泰卦·上六·爻辭〉曰：

城復於隍。

《正義》：「隍，城下池也。」城可復而爲隍，亦證天道反復之義。《說文》二下「復，往來也。」段《注》「往而仍來。」往而復來，四時運行，日月代明，皆其顯例，天道本自如此。按今人有謂周易經文不言天道，易傳乃專言天道，此耳食之語，未細讀《周易》。右舉三事，皆是經文，尚不止此，後人以此而詆〈易傳〉，余不能不言。人間無是非（莊子語），學術誠有是非，亦不可不明。

4. 不　息

《禮記・哀公問》敢問君子何貴乎天道也？孔子對曰：

> 貴其不已，如日月東西相從而不已也，是天道也。

不已即不息，《中庸》「故至誠無息（前章曰：誠者，天之道也）（註三六），不息則久」。右舉①對待，②終始，③反復，④不息，皆天道之變化，所以生物之爲也，觀《大戴記・哀公問》第四十四曰：

> 大道者，所以變化而凝成萬物者也。

唯變化乃能生物，而變化之主力則爲陰陽，陰陽之有消息是也。〈剝卦・彖傳〉曰：

> 剝，剝也。柔變剛也。不利有攸往，小人長也。

〈夬卦・彖傳〉曰：

> 夬，決也，剛決柔也。

按剝卦䷖坤下艮上，五陰剝蝕一陽，爲以陰消陽也；夬卦䷪乾下兌上，五陽決（排斥義。《孟子》決汝漢，排淮泗。（註三七）朱《注》：「決，排去其壅塞也」）去一陰，此以陽消陰也。此消則彼息，彼息則此消，明陰陽之有消息也。〈彖傳〉發明《易》之大義處，尤足珍貴。實則《周易》一言以蔽之曰：「陰陽消息而已」。左氏於此謂之盈必毀，《左・哀十一年傳》曰：

吳將伐齊，越子率其衆以朝，子胥諫曰：越在我，心腹之患也……吳其亡乎？三年，吳始弱矣，盈必毀，天之道也。

盈毀與消息一義，息爲盈，消爲毀，盈虛消息，乃天之道。消息、爲對待二者相反之一面。對待之理相反相成，故陰陽又有相交之理勢，此二氣之感應也。〈咸・卦辭〉：「咸亨利貞取女吉」〈彖傳〉曰：

咸，感也。柔上而剛下，二氣感應以相與，止而說，男下女，是以亨利貞，取女吉也。天地感而萬物化生……。

柔上剛下，於咸恆二卦反對之象可見（參小著《易說通考》九八頁有說，此略）。相與者，密契交感之意，「與」訓黨與，有親比之義，二氣感應以相與，所以化生萬物，故傳下句曰「天地感而萬物化生」也。《禮記・月令》言交感之事曰：

是月（孟春）也，天氣下降，地氣上騰，天地和同，草木萌動。

天氣地氣，即陰陽二氣，下降上騰，則二氣之交合也。天地和同，陰陽二氣之和同，陰陽和而後萬物生，故曰「草木萌動」也。若其不交，則萬物不育，故〈歸妹卦・彖傳〉曰：

天地不交而萬物不興。

〈姤卦・彖傳〉直曰：

天地相遇，品物咸章。

天地，皆指二氣言，《禮記・郊特牲》曰：

天地合而後萬物興焉。

蓋大化流行之主因，是陰陽交感，〈繫傳上〉第一章：

是故剛柔相摩，八卦相盪，鼓之以雷霆，潤之以風雨，日月運行，一寒一暑，乾道成男，坤道成女。

在《易》、乾坤、剛柔、陰陽爲一事，剛柔相摩，即二氣之相摩盪，成男成女，人以之生，物類亦莫不然，此陰陽合德之事，〈益卦·彖傳〉言之尤悉曰：

天施地生。

使天無所施，則地亦何由生？所謂孤陰孤陽之不能生長也。〈繫傳上〉第四章：

一陰一陽之謂道。

明道已渾含陰陽，此天地之生德也，故〈繫傳下〉第一章曰：

天地之大德曰生。

〈繫傳上〉第五章曰：

生生之謂易。

生物必資二氣，天地之生德，固係天道無疑。

(二)人　道

孔子曰：

道不遠人，人之爲道而遠人，不可以爲道（註三八）。

人道，固人之所當奉行，當篤守者，舍此不爲人道。中庸首揭：

天命之謂性，率性之謂道。

人受性於天，天命之性，猶有天命在，而率性之事，循性固有之明德而爲之，則直人道耳。然天道遠，而人道在己，固當先修人道，《左·昭十八年·傳》：

壬午、宋衛陳鄭皆火，來告火，裨竈曰：「不用吾言，鄭又將火！」鄭人請用之（用瓘斝以祓之）。子產不可。子太叔曰：「寶以保民，若有火，國幾亡，可以救亡，子何愛焉？」子產曰：「天道遠，人道邇，非所及也，竈焉知天道，是亦多言矣。」遂不與，亦不火。

子產之意，謂當修人道以勝天道，達人之言也。至人道當以仁爲主。〈里仁〉篇孔子曰：

參乎！吾道一以貫之。曾子曰唯，子出、車人問曰何謂也？曾子曰：夫子之道，忠恕而已矣。

仁道至大，孔子不常以仁許人。故曾子就其切近而易行者言之，曰「忠恕」而已。盡己推己，人所易知易行，實踐忠恕，庶幾於仁，故孟子曰：

強恕而行，求仁莫近焉。（註三九）

其次爲君子之道，所以特許子產者。子謂子產：

有君子之道四焉：其行己也恭，其事上也敬，其養民也惠，其使民也義。（註四〇）

恭、敬、惠、義，修己治人之事具，故治道爲要，《穀梁·桓六年·經》「秋八月壬午大閱」，〈傳〉：

大閱者何？閱兵車也，修教明諭，國道也。

《注》：

修先王之教以明達於民，治國之道也。

孟子曰：

不愆不忘，率由舊章，遵先王之法而過者，未之有也。（註四一）

范注言修先王之教，與孟子言遵先王之法同，此治道、亦人道之大者。《穀梁·僖二年·經》「二年春王正月城楚丘」《傳》：

楚丘者何？衛邑也……其言城之者，專辭也。故非天子不得專封諸侯，雖通其仁，以義而不與也。故曰仁不勝道。

《注》：

存衛是桓之仁，義不可以專封。仁，謂存亡國，道，謂上下之體。

注謂「道，上下之體」。體者體制，即君臣上下之綱紀，正名分之大義，尤治道，人道之大者。然人道有經有權，又不可不知。《公羊·桓十一年·經》「九月宋人執鄭祭仲」《傳》：

祭仲者何？鄭相也。……何賢乎祭仲？以爲知權也……宋人執之，謂之曰：爲我出忽而立突，祭仲不從其言，則君必死、國必亡，從其言、則君可以生易死，國可以存易亡。權者何？反於經也，然後有善者也。行權有道，自貶損以行權，不害人以行權，殺人以自生，亡人以自存，君子不爲也。

據《傳》，則道有經有權，又論行權之道：不害人以行權等爲應變權宜之計，與戰國權謀之徒，以詭詐相尙者大異？《穀梁》又爲權立一界義，僖二十二年《經》「宋師敗績。」《傳》：

《春秋》二十有四戰，未有以尊敗乎卑，以師敗乎人者也……宋公與楚人戰於泓水之上，司馬子反曰：楚衆我少，鼓險而擊之，勝無幸焉。襄公曰：君子不推人危，不攻人厄，須其出，既出，旌亂於上，陳亂於下。子反曰：楚衆我少，擊之，勝無幸焉。襄公曰：不鼓不成列，須其成列而後擊之，則衆敗而身傷焉，七月而死。（疾其信而不道，以取大辱）。倍則攻，敵則戰，少則守，信之所以爲信者，道也。信而不道，何以爲道？道之貴者時，其行勢也。

《注》：

凱曰：道有時，事有勢，何貴於道？貴合於時。何貴於時？貴順於勢。宋公守匹夫之狷介，徒蒙恥於夷狄，焉識大通之方，至道之術哉？

此言道貴時，時者時中、時措之宜也。此論襄公之敗，與《公羊》不同，本傳謂其不諳時勢，拘守愚信，似不若公羊之持議正也。右言人道貴知權。孔子曰：

可與立，未可與權。（註四二）

知權之難如是。孟子曰：

權然後知輕重，度然後知長短，物皆然，心爲甚。

言吾心當有權度，以審知其是非得失也。

道體眞實，雖無聲無臭，然體物而不可遺，故天有常道，荀子曰：

㈢常　道

天行有常，不爲堯存，不爲桀亡。天有常道矣，地有常數矣，君子有常體矣。君子道其常，而小人計其功。(註四三)

按荀子謂天人皆有常道是也。天道眞常，萬變之所自出，人道爲事理之當然，通古今中外，而未可或易，故天人均有常，《左·昭三十二年·傳》：

公薨於乾侯，趙簡子問於史墨曰：季氏出其君而民服，君死於外，而莫之罪，(史墨)對曰：魯君世役其失；季氏世修其勤，民忘君矣。社稷無常奉，君道無常位，自古以然。故《詩》曰：「高岸爲谷，深谷爲陵（《詩·小雅·十月之交》，言高下有變易)。三后之姓，於今爲庶，主所知也。在〈易卦〉、雷乘乾爲大壯☳☰（乾下震上，震在乾上，故云雷乘乾），天之道也(乾爲天子，震爲諸侯，而在乾上，君道易位)。

按史墨以君臣易位爲天之道。明天道有變易之理。於《易》、《易》有三義：曰簡易，曰變易，曰不易。而以變易爲之樞。然人道亦有常有變，《禮記·大傳第十六》曰：

聖人南面而治天下，必自人道始矣。立權度量，考文章，改正朔，易服色，殊徽號，異器械，別衣服，此其所得與民變革者也；其不可得變革者則有矣，親親也，尊尊也，長長也，男女有別，此其不可得與民變革者也。

親親、尊尊、長長、男女有別，此倫紀之原理，爲天道之大經（倫紀原於天常），人倫之大法，無論何時、何地，但爲人類，決無可變之理，所謂天常者，《左·哀六年·傳》：

是歲也，有雲如衆赤鳥，夾日以飛三日，楚子使問諸周太史，周太史曰：其當王身乎！若禜（禳祭）之，可移於令尹司馬，王曰：除心腹之疾而寘諸股肱，何益？不穀不有大過，天其夭諸？有罪受罰，又焉移之？遂弗禜。初，昭王有疾，卜曰：河爲祟，王弗祭。大夫請祭諸郊，王曰：三代命祀，祭不越望（竟內三川星辰），江、漢、睢、章，楚之望也。禍福之至，不是過也。不穀雖不德，河非所獲罪也。遂弗祭。孔子曰：楚昭王知大道矣！其不失國也宜哉！《夏書》曰：惟彼陶唐，帥彼天常（逸《書》言堯循天之常道）。有此冀方。今失其行，亂其紀綱，乃滅而亡（滅亡謂桀唐虞及夏同都冀州，不易地而亡，由不知天道故。按僞《古文尚書·夏書·五子之歌》其三曰：「惟彼陶唐，有此冀方，今失厥道，亂其紀綱，乃底滅亡。」雖點竄原文，其勦襲之跡顯然可見）又曰：允出茲在茲，由己率常可矣。

按昭王不移禍於股肱，不淫祀河，自責而不逃禍，故孔子以爲知大道，大道即天常，一國之紀綱肖之，在己之循常而已，他非所望也。又昭十八年《左傳》曰：

十二月，齊侯田於沛，招虞人（掌山澤）以弓，不進，公使執之，辭曰：「昔我先君之田也，旃以招大夫，弓以招士，皮冠以招虞人，臣不見皮冠，故不敢進。」乃舍之。仲尼曰：守道不如守官（君招當往，道之常也；非物不進，官之制也），君子韙（是也）之。

右謂道有常，守官是權，《春秋》與權，言當通其變也。

㈣理

理之古訓，本有文理、條理之意。《中庸》：

文理密察，足以有別也。（註四四）

孟子曰：

始條理者，智之事也；終條理者，聖之事也。（註四五）

《說文》「理」訓治玉，實則理字當訓玉之文理，玉之文理，內外一致，與他物殊。《樂記》：

人化物也者？滅天理而窮人欲者也。

天理與人欲相對。天理，謂人心所同然之公理，今人或名之曰眞理，觀載籍言「道」字，時幾與「理」字一義，《左．成十八年．傳》：

己丑，公薨於路寢，言道也。

杜預《注》曰：

在路寢，得君薨之道。

此「道」字，蓋指常理而言。《左．襄三十一年．傳》：

穆叔曰：太子死，有母弟則立之，無則立長，年鈞擇賢，義鈞（賢等）則卜，古之道也。

此「道」字，亦即常理斷之也。又《穀梁·僖十四年·經》「八月辛卯沙鹿崩」。《傳》：

林屬（連）於山爲鹿（山足）。沙，山名也。無崩道而崩，故志之。其日，重其變也。

山因久雨、危巖而崩，是常理，無故而崩，蓋無是理。道，猶理也。今人猶「道理」二字連言，蓋古語。本傳成五年《經》「梁山崩」。《傳》：

不日何也？高者，有崩道也。

山高崒危，故易崩。道，猶理也。與前條同。按理與事不相離，理爲眞實之物事，通常分析一切事物，而得其原理、法則，無有差謬，名曰眞理，儒學所指眞理，每斥宇宙之眞際，宋儒謂之曰實理，爲絕對之體，非止於條理、文理而已。

三、經　學

《周易·賁·彖傳》：

觀乎人文，以化成天下。

《正義》曰：

人文，《詩》《書》《禮》《樂》之謂。

群經爲人文學術之正宗。人文思想，人文精神，爲我中華立國之大本，自三代即以經學設教。《禮記·王制篇》：

> 樂正崇四術，立四教，順先王《詩》《書》《禮》《樂》以造士，春秋教以《禮》《樂》，冬夏教以《詩》《書》。

孔子特明示經教之宏效。《禮記·經解篇》引孔子曰：

> 入其國，其教可知也，其爲人也，溫柔敦厚，《詩》教也；疏通知遠，《書》教也；廣博易良，《樂》教也；絜靜精微，《易》教也；恭儉莊敬，《禮》教也；屬辭比事，《春秋》教也。
>
> 故《詩》之失愚；《書》之失誣；《樂》之失奢；《易》之失賊；《禮》之失煩；《春秋》之失亂。其爲人也，溫柔敦厚而不愚，則深於《詩》者也；疏通知遠而不誣，則深於《書》者也；廣博易良而不奢，則深於《樂》者也；絜靜精微而不賊，則深於《易》者也；恭儉莊敬而不煩，則深於《禮》者也；屬辭比事而不亂，則深於《春秋》者也。

《記》又續言其失及匡正之方曰：

右言六經之失。然非經之失，不善學者則有失，教也者長善而救其失者也。六教所以致失？如《詩》之失愚，敦厚過，則姑息溺愛是也；《書》之失誣者，《書》載事，事難覈實，過信則誣也；《樂》之失奢者？《樂》主和樂，過樂則入奢泰也；《易》之失賊者？易言天道，天道有生有殺（春生秋殺），用刑太過，則失之殘賊也；《禮》之失煩者？禮有本有文，偏於文，文勝質，則失之煩也；《春秋》之失亂者？春秋屬辭比事，事與辭協，不睹其紛紛，竊取之義，一以貫之也。若各因其失而豫防之，則深得經義，化民成俗，其必由學乎！昔孔子告子路以六言六蔽，孔子曰：

由也、女聞六言六蔽矣乎？對曰未也。居吾語女，好仁不好學，其蔽也愚；好知不好學，其蔽也蕩；好信不好學，其蔽也賊；好直不好學，其蔽也絞；好勇不好學，其蔽也亂；好剛不好學，其蔽也狂。

按六敎之失與六言之蔽，事有類似者，如「詩之失愚」，則與「好仁不好學其蔽也愚」之義全同。記所言之失，爲不善學之失，論語之六蔽，乃不好學之蔽，不好學，不能深明其理。朱子於六蔽之下注曰：「六言皆美德，然徒好之，而不學以明其理，則人各有所蔽。」甚是。六經有何失？不善讀經，不好學以明其理，非經之過也。按儒者宗師仲尼，孔子身兼師儒之尊，《周禮·天官宰第一》太宰之職，掌建邦之六典以九兩繫（鄭注兩猶耦也。所以協耦萬民，繫，聯綴也）邦國之民：

三曰師，以賢得民；四曰儒，以道得民。

孔子師表萬世，儒學所宗。孔子刪定五經，儒家之道在經，經即儒學之眞際。孟子曰：

聖人，人倫之至也！（註四六）

荀子更謂聖人與道爲一體而曰：

聖也者，道之管也（管籥，即鑰匙）。

又謂天下之道畢集於儒學曰：

天下之道管是矣，百王之道一是矣，故《詩》《書》《禮》《樂》之（道）歸是矣（楊《注》：是，儒學。劉台拱曰「之」下當有「道」字）。（註四七）

荀子不宜阿其所好，群經即儒學之眞際，經學爲中華立國之根本，根本不固，則枝葉焉依，《詩·大雅·蕩》之什：

人亦有言，顛沛之揭（顛，仆也。沛，拔也。揭，樹根蹶起也），枝葉未有害，本實先撥（撥，絕、斷。），殷鑒不遠，在夏后之世。

枝葉二句，言大樹之拔倒而根蹶起者，枝葉並無病害，實因其根先斷絕也。經學，我國家之根也。人不尋根則已，又何忍自拔其根，自斷其根乎！今人治經，有今古文之爭，乃說經家之異議，於本經無與。今文出口授，古文出壁中，偶有異文，無關宏旨，其中如僞古文尙書，雖出自纂輯，亦必有依據，其中嘉言至理，每有踰於今文經者，多不可輕廢。又有漢宋之分，漢學一詞，本起於清人之反宋明，因而上溯兩漢考據之業。宋學本指兩宋濂洛關閩諸儒心性之學，兩者各有所長，漢學精析名物，宋學擅言義理，難分軒輊，昔康成注經，今古文兼採，不失爲通儒，淸季道咸以降，漢宋合流。說經者，以通經爲主，擇善而從，袪除私見，言天下之公言爲是，不問其爲今文古文，又何必界其漢宋乎？要之，義理必以五經爲宗，學問不本於經，謂之爲無根柢可也。經載常道，常道者，確乎其不可拔之眞理也。儒家祖述堯舜，憲章文武，其道之大，誠致廣大而盡精微，極高明而道中庸，諸子百氏之所自出，文化思想之本原，凡眞學問當綜萬殊之理而觀其會通，融智慧、道德、生活而爲一，始可名之曰眞學問，要令後世知人道之尊崇，中華文化之優越，所以究天人之故，明大化之原者，咸在於斯，發揚昌大，固今日之急務也。

四、民族精神

中華民族由五千年博厚高明之文化涵育培植，乃有堅苦卓絕、不屈不撓之精神，剛健不息，奮發進取之毅力，環顧宇內，罕有與之倫匹者，據群經所載，分一、勤勞。二、戒懼以述之：

㈠勤　勞

《周易·乾卦·象》曰：

> 天行健，君子以自強不息。

天道剛健不息，《詩·周頌·維天之命》：

> 維天之命，於穆不已。

自孔子始一生學而不厭，誨人不倦，故曰：

> 若聖與仁，則吾豈敢，抑為之（聖與仁）不厭，誨人不倦，則可謂云爾已矣。（註四八）

孔子已秉此義拳拳服膺而弗失之矣。復當知我民族含宏廣大之德量又深受坤象之影響。《坤·象》曰：

> 地勢坤，君子以厚德載物。

所謂坤厚載物德合無疆者也。古有勤箴，《左·宣十二年·經》「楚子圍鄭。」《傳》：

> 欒武子曰：楚自克庸以來，其君無日不討（治也）國人而訓之。……訓之以若敖蚡冒篳路藍縷，以啓山林，箴之曰：民生在勤，勤則不匱。

篳路藍縷以啓山林，令子孫知創業之艱難，箴之曰民生在勤勤則不匱，知民生之不易，必先難而後乃有獲也。〈周頌·敬之〉之什：

日就月將，學有緝熙（繼續）於光明。

此勉人求學之勤，宜日有所成，月有所進，而後乃至於光明（深造之以道）。子夏曰：

日知其所亡，月無忘其所能，可謂好學也已矣。（註四九）

子夏所言，亦深契詩人之意：《書·皐陶謨》皐陶曰：

無教逸欲有邦，兢兢業業，一日二日萬幾，無曠庶官，天工，人其代之。

此皐陶告禹言天子當以勤儉率諸侯，不可以逸欲先之也。故後世聖君無不夙興夜寐，以理庶政，《詩·齊風·雞鳴》曰：

雞既鳴矣，朝既盈矣。東方明矣，朝既昌（盛也）矣。

皆深警之詞，後世迄清，猶有早朝之制，蓋由來久矣，至〈周書·無逸〉周公告成王曰：

嗚呼！君子所其無逸，先知稼穡之艱難，乃逸，則知小人之依，相小人，厥父母勤勞稼穡，厥子乃不知稼穡之艱難……周公曰：嗚呼！我聞曰：昔在殷王中宗（太戊），嚴共（恭）寅畏，不敢荒寧，肆中宗之享國，七十有五年；其在高宗，時舊勞于外，不敢荒寧，嘉靖殷邦，肆高宗之享國，五十有九年……自時厥後，立王生則逸，不知稼穡之艱難，不聞小人之勞，惟耽樂之從，亦罔或克壽，或十年，或七八年，或五六年，或四三年。周公曰嗚呼！厥亦惟我周太王王季，克自抑畏，文王卑服（惡衣服），即康功田功（安民、養民之功），自朝至于日中昃，不遑暇食，用咸和萬民，厥享國五十年。嗚呼！繼自今後嗣王，則其無淫（過）于觀、于逸、于遊、于田，以萬民惟正之供……。

此成王初政，周公懼其好逸，故作是書以訓之。天子當知稼穡之艱難者？中華向以農立國，迄今猶然。稼穡、小民之所持之爲生者也。王者首重民食，民以食爲天。〈豳風·七月〉歷述周之先人，力田桑麻之勤，與本篇同。又舉殷中宗高宗周文王享國久遠，以其勤勞，不敢荒寧，自貽其咎也。周室享祚八百餘年，曠絕中外古今，胥由於勤勞不逸，此我民族精神之所在，其可忽哉？

㈡戒　懼

除勤勞而外，戒慎恐懼，亦我民族特具之精神，歷數千年來，身心修養之所秉持，行止語默之所兢兢者在茲。《中庸》第一章曰：

道也者不可須臾離也，可離非道也，是故君子戒慎乎其所不睹，恐懼乎其所不聞。

君子之心常存敬畏，雖不睹不聞，亦不敢怠肆，《周易乾·九三·爻辭》曰：

君子終日乾乾，夕惕若厲无咎。

〈文言傳〉釋之引孔子曰：

君子進德修業，忠信所以進德也；修辭立其誠，所以居業也……故乾乾因其時而惕，雖危無咎矣。

惕者，憂懼之意，自朝至夕，常懷戒懼之心，雖遇困危，終必无咎。「懼以終始，其要无咎。」（註五十），此之謂《易》之道。故《震·象》曰：

洊雷震，君子以恐懼修省。

震卦☳☳震下震上，重雷故曰洊。洊，頻仍義，經文曰：

震來虩虩，震驚百里。

《彖傳》曰：

震來虩虩，恐致福也」「震驚百里，驚遠而懼邇也。

霹靂頻仍，人懷恐懼，因以反躬修省而自求多福。《詩·小雅·小旻》：

戰戰兢兢，如臨深淵，如履薄冰。

《周頌·我將》：

我其夙夜畏天之威，于時保之。

天命威嚴，固當敬畏。孔子曰：

君子有三畏：畏天命，畏大人，畏聖人之言。（註五一）

三畏以畏天命爲首，故常存臨淵履薄之心，以加深憂患之意，《周易·繫傳下》第六章曰：

《易》之興也，其於中古乎！作易者其有憂患乎！

《周易·繫傳下》第八章又曰：

《易》之興也，其當殷之末世，周之盛德邪？當文王與紂之事邪？是故其辭危。

《易》爲衰世之學，憂患之書。我民族歷經異族入侵，驚濤駭浪，終能突破險難，而履道坦坦，豈非善處憂患乎？《周易·否卦·九五·爻辭》曰：

其亡，其亡！繫于苞桑。

《正義》曰：

凡物繫於桑之苞本，則牢固也。常以危亡自警，則心甚安泰。

越王卧薪自呼，正此等憂患意識之啓示，《繫傳下》第四引孔子曰：

危者，安其位者也；亡者，保其存者也；亂者，有其治者也。故君子安而不忘危，存而不忘亡，治而不忘亂，是以身安而國家可保也。

居安思危，治不忘亂，於後世處豐持盈，明哲保身之啓示至大，故我族乃有莊敬自強之毅力。《禮記·表記》第三十二曰：

君子莊敬日強，安肆日偷。君子不以一日使其身儳焉（集說：儳者參錯不齊貌，心無所檢束，而紛紜雜亂，按謂不知所爲也），如不終日。

當我國往者退出聯合國時，國人岌岌自危，先總統　蔣公以「莊敬自強處變不驚」勉全國，終於躍然奮起，卓爾自立，而履險若夷，國益以安。吾人今日豈可安肆日偷以自棄乎？孟子曰：

天將降大任於是人也，必先苦其心志，勞其筋骨……。（註五二）

孔子戒子路曰：

必也臨事而懼，好謀而成者也。（註五三）

何以群經多憂患之語，蓋先聖往哲勉人之意，至深切矣。

貳、天 人

吾人戴天而履地，在三才之中（〈繫傳〉以天人地爲次），爲萬物之秀，固不能外天地而生存，人在天地之間，一瞬目，一投足，凡耳目所及，無非天象，天人之密契至矣！故首有敬天之思想，〈大雅·板〉第八章曰：

敬天之怒，無敢戲豫（逸樂也）；敬天之渝（變也），無敢馳驅（馳馬出遊）。

由敬天畏天而法天。

一、法 天

考其初，法天，本自然之勢。《詩·大雅·皇矣》曰：

不識不知，順帝之則。

帝，指上帝，本篇首章即曰：

皇矣上帝，臨下有赫，監觀四方，求民之莫（莫，定也。欲安定下民）。

不識不知，有「帝力於我何有哉」（註五四）之意，後世聖人制禮作樂，亦取法於天地。〈樂記〉：

樂者，天地之和也；禮者，天地之序也。和故百物皆化，序，故群物皆別。樂由天作，禮以地制，過制則亂，過作則暴，明於天地，然後能興禮樂也。

又申《樂》象天地之事曰：

是故清明象天，廣大象地，終始象四時，周旋象風雨。

《樂》象天地之和，《禮》象天地之序，按〈鄉飲酒義〉曰：

天地溫厚之氣，始於東北，而盛於東南，此天地之盛德氣也，此天地之仁氣也。

溫厚之氣，當是和氣，《中庸》言「致中和，天地位焉」，是天地之和也。《禮》象天地之序者？天尊地卑，有高下尊別之別，是自然之序〈皐陶謨〉曰「天秩有禮」，尤足明《禮》法天秩而作也。又清明象天四句，廣及四時風雨，法天地而制作之意尤明，〈繫傳上〉第十一章直曰：

是故天生神物，聖人則之。天地變化，聖人效之。天垂象，見吉凶，聖人象之。河出圖，洛出書，聖人則之。

按《正義》曰：「天生神物聖人則之者，謂天生蓍龜，聖人則之以爲卜筮也。天地變化聖人效之者，四時生殺，賞以春夏，刑以秋冬，是聖人效之。天垂象見吉凶聖人效之者，若璿璣玉衡（按見〈堯典〉）以齊七政，是聖人象之也。」此釋象法天地之事至悉。仲尼祖述堯舜而曰：

大哉堯之爲君，巍巍乎！唯天爲大，唯堯則之！（註五四）

是法天之事，堯時已著。

二、天人一理

《禮記·樂記》天理人欲並舉而曰：

人生而靜，天之性也。感於物而動，性之欲也。物至知知，然後好惡形焉，好惡無節於內，知誘於外，不能反躬，天理滅矣。夫物之感人無窮，而人之好惡無節，則是物至而人化物也。人化物也者，滅天理而窮人欲者也。

《記》言天理人欲相待而生。天理存則人欲淨；人欲熾則天理滅矣。天理本在吾心，人生而靜，則天理在焉，靜者，好惡未發之中也（心靜性全）。發而中節謂之和，和者，天理之發用，曰「好惡無節於內，知誘於外，不能反躬，（則）天理滅矣。」若能反躬自省，好惡有節（好善惡惡，是非之心在）則天理自然呈現，是天理固在吾心，待物化之後，天理乃滅，是外誘使之然。足知天理不在外，而在吾心，良知是也。理而曰天者，天人一源，人心即天心，天人一理也。《左·昭二年·傳》：

鄭公孫黑將作亂，子產使吏數之曰，伯有之亂（在襄三十年）以大國之事，而未爾討也。爾有亂心無厭，國不女堪。專伐伯有，爾罪一也；昆弟爭室，而（爾同）罪二也（謂爭徐吾犯之妹）；薰隧之盟，女矯君位，而罪三也（謂使太史書七子）。有死罪三，何以堪之，不速死，大刑將至。辭曰：死在朝夕，無助天爲虐？子產曰人誰不死，凶人不終，命也。作凶事，爲凶人，不助天，其助凶人乎？不速死，司寇將至！

按天道福善禍淫；人道勸善懲惡。天誅凶人，人亦殛凶人，是天人之理一也。《左·昭三年·傳》：

小邾穆公來朝，季武子欲卑之，穆叔曰：不可！曹滕二邾，實不忘我好，敬以逆之，猶懼其貳，又卑一睦焉，逆群好也，其如舊而加敬焉。志曰：「能敬無災。」又曰「敬逆來者，天所福也！」季孫從之。

敬爲禮之本，曲禮首曰「毋不敬」。敬爲美德，天之所福，是天佑有德，德孚衆望，人亦歸有德，是天人之理同。《左·定元年·傳》曰：

城（城成周）三旬而畢，乃歸諸侯之戍（不必戍）。齊高張後，不從諸侯（後期，不及役）。晉女叔寬曰：周萇弘、齊高張，皆將不免。萇弘違天，高子違人（天既厭周德萇弘欲遷都以延其祚，故曰違天；諸侯相帥以崇天子，而高子後期，故曰違人）。天之所壞，不可支也；衆之所爲，不可奸（犯）也。

天意若此不可違，人意若彼，亦不可違，不過順理而已。順理者昌，取其合於理也。《穀梁·莊六年·經》「三月夫人孫于齊」《傳》：

孫之爲言猶孫也，諱奔也。接練（小祥）時，錄母之變，始人之也。不言氏姓，貶之也。人之於天也，以道受命，於人也，以言受命，不若於道者，天絕之也，不若於言者（言不順），人絕之也，臣子大受命。

右言君臣、夫婦之道（親親尊尊），天人所共循，不順此理，天人咸棄絕之，是天人之理，一也。按天人一理，天人合德也。《周易．乾．文言傳》曰：

夫大人者，與天地合其德，與日月合其明，與四時合其序，與鬼神合其吉凶……。

言大人（聖人）與天地合德，日月、四時、鬼神，申言合德之目。〈謙．彖傳〉即言合德之事。〈謙．卦辭〉「謙亨，君子有終。」〈彖傳〉：

天道虧盈而益謙；地道變盈而流謙；人道惡淫而好謙。

據《傳》則天人均尚謙，天道虧盈者，所謂「日中則昃，月盈則食」（註五六）是，地道變盈者，如「高岸為谷」（註五七）之類是也。人道好謙者，「謙謙君子，卑以自牧」（註五八），滿招損謙受益（註五九），是天人之德同，經具此義也。孔子嘗謂：

如有周公之才之美，使驕且吝，其餘不足觀也已。（註六〇）

周公尚不能驕，自昔尚謙讓，其來久矣。

三、天人之際

天人有感通之理，首發於〈咸　．彖傳〉：

天地感而萬物化生；聖人感人心而天下和平。觀其所感，而天地萬物之情可見矣。

天地感而萬物化生者？因「二氣感應以相與」（已見上文），聖人感人心而天下和平，是治化之績效。漢之文景，唐之貞觀開元，史述昭然，不待詞費，而曰「天地萬物之情可見矣」者，言感通之理，通乎天人萬有。人與天地鬼神，人與人，人與物皆然。此爲宇內普徧之原理（所謂哲理，眞理），常人自不之察。《易》於〈恆〉、〈萃〉二卦，皆著「觀其所恆（所萃），而天地萬物之情可見」一句是。天人之感者，《書·堯典》之「光（廣同）被四表，格于上下」又曰「八音克諧，無相奪倫，神人以和。」是。人與人之感，在於至誠，孟子曰：「誠者，天之道也，思誠者，人之道也。至誠而不動者，未之有也！不誠，未有能動者也。」（註六一）

按誠與思誠，即天人之際也。人之有感，孔子言之至明，孔子曰：

> 清明在躬，氣志如神，耆欲將至，有開必先。（註六二）

有開必先者，人所願欲之事，先有徵兆以見其幾，即《中庸》：

> 至誠之道，可以前知。國家將興，必有禎祥；國家將亡，必有妖孽，見乎蓍龜，動乎四體（如面熱心動）。禍福將至，善，必先知之；不善必先知之，故至誠如神。（註六三）

常人所以無感者，以心志昏濁，日汩其平旦清明之氣也。人之與物者，如「夔曰，於！予擊石拊石，百獸率舞（言樂聲之和，感及鳥獸。按此十二字，乃〈皐陶謨〉之文，因簡亂而重見於此。）又〈中孚·經〉曰「豚魚吉」〈彖傳〉曰：

> 豚魚吉，信及豚魚也。

言誠信感及豚魚也。群經所載感通之例，不具舉。《中庸》曰：

誠者，天之道也；誠之者，人之道也。

此與《孟子》略同。誠之者，人事之所當盡，人力之所能爲，此則天人之際也。察天人之所以相通，其幾在乎人之心。《禮記禮運篇》曰：

故人者，天地之心也，五行之端也，食味別聲被色而生者也。

人秉天地之德而生，故上文曰：

故人者，其天地之德，陰陽之交，鬼神之會，五行之秀氣也。

據右引知人實具天地之德，則人心即天地之心，天有心乎？《復·彖傳》「復其見天地之心乎！」復承剝，一陽來復，天地生物之心已肇，此天地生德之發用（天地之大德曰生，前已引），天地生物之心，即天心之仁（以天擬人），孟子則曰「仁人心也」（註六四）。是天人之心同（人達天德（註六六））「人者，天地之心也」句，已通天人而爲一，此語緊切之至！然天人之際，仍以人爲主，《左·襄十八年·傳》曰：

晉人聞有楚師，師曠曰：不害，吾驟歌北風，又歌南風，南風不競，多死聲（以樂音審知，孟子所謂師曠之聰是（註六七）），楚必無功。董叔曰：天道多在西北，南師不時，必無功。叔向曰：在其君之德也（言天時地利不如人和）。

右言天道因人而異。皇天無親，惟德是輔。天人之際，仍以人爲主也。《詩·小雅·十月之交》第七章

曰：

下民之孽，匪降自天，噂沓背憎（噂噂沓沓，多言以相悅而背則憎之，小人之行），職競由人（職、主。競、力。）。

災害非由天降，主由人之自爲，《書·酒誥》曰：

天非虐，惟民自速辜。

言非天有意降災，咎由人自取之耳。孟子曰：

禍福無不自己求之者（註六八），詩云永言配命，自求多福。（註六九）

天人之際，主在於人，人當自求多福也。

四、天人相應

天人相應，捷若影響。故民之所欲，天必從之（註六九）。《公羊·成五年·經》「梁山崩」。〈傳〉：

梁山者何？河上之山也……何異爾？大也。……梁山崩壅河，三日不沶（玉篇古文流字），此何以書？爲天下記異也。

《注》：

山者陽精，德澤所由生，君之象。河者，四瀆所以通道中國，與王道同。託山崩壅河者？此象諸侯失勢，王道絕，大夫擅恣，爲海內害。自是之後，六十年之中，弑君十四，亡國三十一，故湨梁之盟，偏剌天下之大夫。

《注》謂此象諸侯失勢，大夫擅恣，爲天下害，故梁山崩，天以象警示於人，言天人相應之速。六十年之中，弒君十四，亡國三十二，天所以警大夫也。故古之明君，上對天命，則應時（天時）而施政。《禮記·月令》曰：

是月（孟春）也，不可以稱（舉也）兵，稱兵必有天殃……毋變天之道，毋絕地之理，毋亂人之紀（生德盛時用兵，是以殺戮逆生育之氣，亂生民之紀敘）。是月（仲春）也，安萌芽，養幼少。存孤獨……是月（季春）也，生氣方盛，陽氣發泄，句者畢出，萌者盡達，不可以內（納同吝嗇閉藏）……是月（孟夏）也，繼長增高，毋起土功，毋發大衆（妨農桑之事，故禁止之）……仲冬之月，是月也，日短至，陰陽爭……去聲色，禁耆欲，安形性，事欲靜，以待陰陽之所定。……。

此皆順月令施政之事，所以奉天時，《易》曰「後天而奉天時」（註七一）是也。上帝寵綏下民，惟監觀四方，《書·皐陶謨》皐陶曰：

天聰明，自我民聰明；天明畏，自我民明威，達于上下，敬哉有土。

天因民之視聽以爲聰明，因民之好惡，以爲明威。「達于上下」者？言天人一體，聲息相通，而無少閒也。《書·康誥》王若曰：

孟侯、朕其弟，小子封！惟乃丕顯文王，克明德愼罰，不敢侮鰥寡，庸庸、祇祇、威威、顯民，用肇造我區夏，越我一二邦，以修我西土，惟時怙，冒聞于上帝，帝休！天乃大命文王，殪戎殷，誕受厥命。

言文王之德，上聞於天帝，帝休美之，天乃降大命於文王。又〈文侯之命〉平王嘉文侯之功，王若曰：

父義和（文侯字）！丕顯文武，克愼明德，昭升于上，敷聞于下，惟時上帝集厥命于文王。……。

仍言文王武王光明之德，昭然升聞於天上，萬民莫不聞知，上帝因而降大命（國運）於文王之身，又《書·君奭篇》周公告召公曰：

君奭！我聞在昔，成湯既受命，時則有若伊尹，格于皇天；在太甲，時則有若保衡；在大戊，時則有若伊陟、臣扈，格于上帝。……故殷禮陟配天，多歷年所。

言成湯既受天命，又有如伊尹，能以精誠感格皇天。太甲時有保衡，大戊時有伊陟、臣扈等以精誠感通上帝，故殷之國祚，多歷年所，天人之應，一何速哉！

五、參贊化育

化育爲天地之盛德，唯聖人足以參贊天地，以輔成其大業，《中庸》第二十二章曰：

唯天下至誠爲能盡其性，能盡其性，則能盡人之性，能盡人之性，則能盡物之性，能盡物之性，則可以贊天地之化育，可以贊天地之化育，則可與天地參矣。

《禮記·樂記》曰：

天高地下，萬物散殊，而《禮》制行矣；流而不息，合同而化，而《樂》興焉。春作夏長，仁也；秋斂冬藏，義也。仁近於《樂》，義近於《禮》。《樂》者，敦和率神而從天；《禮》者別宜居鬼而從地。故聖人作樂以配天，制禮以配地，禮樂明備，天地官矣。

右言聖人制《禮》作《樂》，本自然之法則，協合天地之德業。春作夏長，爲天地之仁；秋斂冬藏，爲天地之義。天地有仁義之氣，《禮記·鄉飲酒義》曰：

天地嚴凝之氣，始於西南而盛於西北，此天地之尊嚴氣也，此天地之義氣也；天地溫厚之氣，始於東北而盛於東南，此天地之盛德氣也，此天地之仁氣也。

《樂》象天地之仁，《禮》象天地之義，而「安上治民，莫善於《禮》，移風易俗，莫善於《樂》（註七二）。」禮樂明備，則天地亦各得其職，即《中庸》「天地位焉」之意，制禮樂，參贊天地之大功也。

《樂記》又曰：

是故大人舉禮樂，則天地將爲昭焉，天地訢（欣同）合，陰陽相得，煦嫗化育萬物，然後草木茂，區萌達，羽翼奮，角觡生，蟄蟲昭蘇，羽者嫗伏，毛者孕鬻（育同），胎生者不殰，而卵生者不殈，則《樂》之道歸焉耳。

按天地訢合，陰陽相得，即聖人以禮樂昭明天地化育之德，然後萬物化育，而各遂其生，各得其所，皆歸於《禮》《樂》之道，總言參翊之功。〈禮運〉篇則總結其事，而曰：

故聖人參於天地，並於鬼神，以治政也。

鬼神者，造化之功能。程子曰：「鬼神者，天地之功用，而造化之跡也。」（註七三）並於鬼神，與鬼神並行其事，與參於天地爲一事。此皆所以治政，即所以參贊之事也。《周易》又言裁成輔相之宜。〈泰卦·象傳〉曰：

天地交泰，后以財成天地之道，輔相天地之宜，以左右民。

天地之道，《正義》曰：

冬寒夏暑，春生秋殺之道。天地之宜者，天地所生之物，各有其宜。

按即土性所宜，如黍宜高燥，稻宜卑溼也。財裁通，裁成天地之道者，順時施政，說見前，輔相天地之宜，分別土性、農時，以令其暢茂，此皆養民、愛民之政，故以之佐佑吾民也。《書》曰：天工人其代之，聖人之德，固與天地參矣。

叁、內　外

內外，即成己成物之德業也。《禮記·中庸》曰：

誠者，非自成己而已也，所以成物也。成己，仁也；成物，知也。性之德也，合外內之道也，

故時措之宜也。（註七四）

仁知，性德之所固有。先有諸己，而後能及人，有諸內而後形諸外，此即內聖外王之業也。內聖外王之名，出自《莊子》，莊子學於田子方，田子方受業於子夏（註七五）。而孔子之勉子貢曰：

夫仁者，己欲立而立人；己欲達而達人。

立己立人，達己達人，亦內外之事。本章分甲內聖、修己。乙、外王、安民、述之於次：

一、內聖 修己

修己、所以爲安百姓也。子路問君子，子曰：

修己以敬。曰：如斯而已乎？曰：修己以安人。曰：如斯而已乎？曰：修己以安百姓。修己以安百姓，堯舜其猶病諸。（註七六）

《禮記．中庸》孔子亦言：

知斯三者（知仁勇），則知所以修身，知所以修身，則知所以治人，知所以治人，則知所以治天下國家矣。（註七六）

明言修己，即修身。安百姓，即所以治天下國家也。皆由內以及外，即由內聖以成外王之業也。然必由修己始。又謂知「知仁勇三達德，乃知所以修身」，明修己實大非易事，故曰內聖。修己當自治心始。

㈠治　心

心、爲一身之主宰，荀子名之曰「天君」（註七七）。又曰：「心者，形之君也，而神明之主也」（註七八）。治心當研窮樂理，〈樂記〉君子曰：

> 禮樂不可斯須去身，致樂以治心，則易直子諒（從朱子讀爲慈良）之心油然生矣。易直子諒之心生則樂，樂則安，安則久，久則天，天則神，天則不言而信，神則不怒而威，致樂以治心者也。

《記》言致樂以治心，可臻神化之境。心治則正，《大學》又謂意誠而後心正，而誠意又須愼獨。

㈡愼　獨

《大學傳》第六曰：

> 所謂誠其意者，毋自欺也。如惡惡臭，如好好色，此之謂自謙（謙讀爲慊，快也足也）故君子必愼其獨也。小人閒居爲不善，無所不至，見君子而後厭然（厭、鄭讀爲黶厭然，消沮閉藏之貌），掩其不善而著其善，人之視己，如見其肺肝然，則何益矣。此謂誠於中，形於外，故君子必愼其獨也。

愼獨，不自欺，好惡乃得其正。如惡惡臭，好好色，則足以克己。

㈢克　己

《周易·損卦·象傳》曰：

> 山下有澤，損，君子以懲忿窒欲。

〈損卦〉䷨兌下艮上，山下有澤，澤氣上烝，以潤山之草木，損下以益上，損人以利己，不可！君子當懲忿窒欲，有克己之功也。如此則無欲自得矣。〈詩·陳風衡門〉：

> 衡門之下，可以棲遲，泌之洋洋，可以樂飢。

衡門，橫木爲門，蓬戶甕牖，貧之至也，而可以棲遲游息，泌水洋洋（盛貌），可以觀賞而忘其飢，無欲自得，隱士之高行也。由治心、愼獨、克己而後容止可觀，進退可度，而謹言又宜務勉。

(四)謹　言

〈詩·大雅·抑之什〉曰：

> 愼爾出話，敬爾威儀，無不柔嘉。白圭之玷（缺也），尚可磨也，斯言之玷，不可爲也。無易由言，無曰苟（草率）矣，莫捫朕舌，言不可逝（及也）矣。無言不讎（答），無德不報。

……

〈周易·繫傳上〉第七章孔子曰：

> 亂之所生也，則言語以爲階（梯）。君不密則失臣，臣不密則失身，幾事不密則害成，是以君子愼密而不出也。

此孔子釋〈節·初九〉「不出戶庭无咎」。謂亂之所生，由於言語不謹，尤以愼密爲要，王〈注〉謂「愼密不失，然後事濟而无咎」是也。治心、愼獨、克己、謹言，所以反身修德也。〈蹇卦·象〉曰：

山上有水蹇，君子以身修德。

〈蹇卦〉䷦艮下坎上、上山難，山上有水，行之尤難，君子惟有自反也。反身修德，反求諸己也。

《中庸》孔子曰：

射有似乎君子，失諸正鵠，反求諸其身。

反求諸身者，求必有得，孟子曰：

求則得之，舍則失之，是求有益於得也，求在我者也（註八〇）。

所求則爲放心，孟子曰：

仁，人心也；義，人路也。舍其路而弗由，放其心而不知求，哀哉！人有雞犬放，則知求之，有放心而不知求，學問之道無他，求其放心而已矣。（註八一）

孟子又曰：

行有不得者，皆反求諸己。（註八一）

由右、則修己之事備矣。

一、外王 安民

莊子謂「百家往而不反，必不合矣（不合於道），道術將爲天下裂，是故內聖外王之道，闇而不明，鬱而不發，天下之人各爲其所欲焉以自爲方，悲夫！」（註八二）莊子傷王業之難見，蓋王者以德行仁，人之仰望，如春風化雨之及時，故孟子曰：

以德行仁者王……以德服人者，中心悅而誠服也，如七十子之服孔子也。（註八四）

王業之足貴若是，茲分述其要如下：

㈠愛　民

王者視民如傷，若保赤子然。《書．康誥》王曰：

封！若有疾，惟民其畢弃咎（免於疾苦）。若保赤子，惟民其康乂（平安）。

王者愛民如赤子，不忍見其飢寒，故重民食，《公羊．宣十年．經》「饑」。《傳》：

何以書？以重書也。

《注》：

民食不足，百姓不可復興，危亡將至，故重而書之，明當自損減，贍振之。

《公羊．宣十五年．經》「初稅畝。」《傳》：

初稅者何？始也。稅畝者何？履畝而稅也……。古者什一而藉，什一者，天下之中正也。多乎什一，大桀小桀也……什一而頌聲作矣。

《穀梁》同年《傳》：

初者始也，古者什一，初稅畝，非正也……非公之去公田而履畝，十取一也。以公之與民爲已悉矣（悉、盡其力）。

《公》《穀》譏稅畝，以其多取，民食自不足也。故經書災，《公羊·隱五年·經》「螟」，《傳》：

何以書？記災也。（災者有害於人）。

書雨。《穀梁·僖三年·經》「夏四月不雨。」《傳》：

一時言不雨者，閔雨也。

《注》曰：

經一時輒言不雨，憂民之至！閔，憂也。

又《經》「六月雨。」《傳》曰：

雨云者？喜雨也。喜雨者，有志乎民者也。

書年。《穀梁·宣十五年·經》「冬，大有年。」《傳》曰：

五穀大熟爲大有年。

按《說文》七下禾部曰：「年，穀孰也。從禾，千聲。《春秋傳》曰：『大有年』」。即用《穀梁傳》之文。春秋愛民故重民，《穀梁·僖十六年·經》「是月六鷁退飛過宋都」《傳》：

石，無知之物，鷁，微有知之物。君子之於物，無所苟而已矣。石鷁且猶盡其辭，而況於人乎？故五石六鷁之辭不設，則王道不亢矣。

《注》：

不遺微細，則王道可舉，民所聚曰都。

王道重民，微細尚不遺，而況於民乎！重民故惜民力，《公羊·隱七年·經》「夏，城中丘。」《傳》曰：

何以書？以重書也。

《注》曰：

發衆城之，猥苦百姓，空虛國家，昭其功重。

王者用民之力，歲不過三日，此重惜民力也。《公羊·僖二十六年·經》「冬，楚人伐宋，圍緡。」《傳》曰：

邑不言圍，此其言圍何？刺道用師也。

《注》曰：

時以師與魯未至，又道用之，於是惡其視百姓之命若草木，不仁之甚也。

此不知重民，惡其不仁之甚也。故〈小雅·車攻〉詠王師曰：

徒御不驚。又之子于征，有聞無聲。

言王師所至，民不驚擾，愛民重民之至也。

(二)尚德賤力

《公羊·隱五年·經》「宋人伐鄭圍長葛。」《傳》曰：

邑不言圍，此其言圍何？彊也。

《注》曰：

至邑雖圍當言伐，惡其彊而無義也。必欲爲得邑，故知其意，言圍也。

春秋以義斷事，王者尙德賤力，故惡恃彊陵弱，且誅其意。《公羊·僖九年·經》「九月戊辰，諸侯盟于葵丘。」《傳》：

桓之盟不日，此何以日？危之也。貫澤之會，桓公有憂中國之心，不召而至者，江人、黃人也。葵丘之會，桓公震而矜之，叛者九國。震之者何？猶曰振振然，矜之者何？猶莫若我也。

按王者尙德，不以力威懾人，以力服人者，心必不服，故叛者九國，其失大矣！當知武德有七，《左·宣十二年·傳》：

楚子曰：夫文、止戈爲武。武王克商作《頌》，又作《武》，其六曰：綏萬邦，屢豐年。夫武：禁暴、戢兵、保大、定功、安民、和衆、豐財者也。故使子孫無忘其章（著之篇章，使子孫不忘）。

按武德有七，未聞尙力。《左·襄二十七年·傳》曰：

晉楚爭先（爭先歃血），叔向謂趙孟曰：諸侯歸晉之德只，非歸其尸（主）盟也。子務德，無爭先，楚爲晉細（自謙讓），不亦可乎？乃先楚人。

言諸侯歸德，不在主盟。《左·昭四年·傳》：

楚椒舉如晉求諸侯，晉侯欲勿許。司馬侯曰：晉楚唯天所相，不可與爭，君其許之：而修德以待其歸，若歸于德，吾猶將事之，況諸侯乎，若適淫虐，楚將棄之（不以爲君），吾又誰與爭？曰：晉有三不殆（危），其何敵之有？國險而多馬，齊楚多難，有是三者，何鄉而不濟？對曰：恃險與馬，而虞鄰國之殆，是三殆也。四嶽、三塗、陽城、太室、荊山、中南、九州之險也，是不一姓。冀之北土，馬之所生，無興國焉，恃險與馬，不可以爲固也，從古以然。是以先王務修德音，以享神人，不聞其務險與馬也？

右言爭諸侯，在德不在險，險不可終恃也。《穀梁·僖七年·經》「秋七月，公會齊侯宋公……鄭世子華于寧母。」〈傳〉：

衣裳之會也。

明非兵車之會、衣冠文物，尙德而賤力也。

㈢修禮義

《春秋》者，禮義之大宗也（註八四）。故修明禮義，凡無禮則書。《公羊·桓二年·經》「夏四月取郜大鼎于宋，戊申，納于太廟。」〈傳〉：

何以書？譏。何譏爾？遂亂受賂，納于太廟，非禮也。

以其公納賂器於太廟，辱及祖先，非禮之至！《公羊·桓三年·經》「春王正月公即位」〈傳〉：曰

繼弒君不言即位，此其言即位何？如其意也。

《注》曰：

弒君欲即位，故如其意，以著其惡。

桓北面君事隱，欲早即位，故弒隱，春秋誅其意，明其不義也。

㈣尊　王

《春秋》大一統，嚴君臣之義，故尊王。《公羊·僖二十八年·經》「公朝于王所。」《傳》曰：

曷爲不言公如京師？天子在是也。曷爲不言天子在是？不與致天子也。

《注》曰：

時晉文公年老，恐霸功不成，故上白天子曰：諸侯不可卒致，願王居踐土……迫使正君臣，明王法，雖非正，起時可與。

不與致天子者，以臣召君，不可爲訓，故不許，尊王也。又《公羊·二十八年·經》「天王狩于河陽。」

《傳》曰：

狩不書，此何以書？不與再致天子也。

《注》曰：

一失禮尚愈，再失禮重，故深其義，使若天子自狩，非致也。

《公羊·宣元年·經》「冬，晉趙穿帥師侵柳。」《傳》曰：

柳者何？天子之邑也。曷爲不繫乎周？不與伐天子也。

《注》曰：

絕、正其義，使若兩國自相伐。

《穀梁·僖九年·經》「九月戊辰諸侯盟于葵丘。」《傳》曰：

桓盟不日，此何以日？美之也。爲見天子之禁，故備之也。葵丘之盟，陳牲而不殺，讀書加於牲上，壹明天子之禁曰：毋雍泉，毋訖糴，毋易樹子，毋以妾爲妻，毋使婦人與國事。

《傳》曰彰明天子之所禁，尚知尊王，故美之。孟子載此事曰：

葵丘之會諸侯，束牲載書而不歃血，初命曰：誅不孝，無易樹子，無以妾爲妻。再命曰：尊賢育才，以彰有德。三命曰：敬老慈幼，無忘賓旅。四命曰：士無世官，官事無攝，取士必得，無專殺大夫。五命曰：無曲防，無遏糴，無有封而不告。曰：凡我同盟之人，既盟之後，言歸於好。（註八七）

五命同，而內容則孟子較詳備，故附錄於此。

(五)興滅繼絕

《論語·堯曰篇》曰：「興滅國，繼絕世。舉逸民，天下之民歸心焉。」此春秋之大義也。《公羊·隱二年·經》「無駭率師入極。」《傳》曰：

無駭者何？展無駭也。何以不氏？貶，曷爲貶？疾始滅也。始滅昉於此乎？前此矣，前此，則曷爲始乎此？託始焉爾。曷爲託始焉爾？春秋之始也。

《注》曰：

春秋託王者始，起所當誅也。諸滅復見不復貶，皆從此取法，所以省文也。

《公羊‧隱八年‧經》「冬，十有二月，無駭卒」《傳》：

此展無駭也。何以不氏？疾始滅也。

《中庸》曰：

繼絕世，舉廢國，治亂持危，朝聘以時，厚往而薄來，所以懷諸侯也」（註八八）

按絕世尚繼，廢國尚舉之，況滅人之國乎？兩言「疾之」，重之也。

㈥嚴 夷夏

夷夏進退，春秋之義，內諸夏而外夷狄。爲保衛中華傳統之文化，以安濟天下之民。其別夷夏也，以有禮與否爲斷，不計其種類與國土也。《公羊‧僖三年‧經》楚屈完來盟于師，盟于召陵。」《傳》曰：

屈完者何？楚大夫也。何以不稱使？尊屈完也。何爲尊屈完？以當桓公也。……楚有王者則後服；無王者則先叛，夷狄也而亟病中國，南夷與北狄交（交亂中國），中國不絕若線，桓公救中國而攘夷狄，卒帖（懷也）荆，以此爲王者之事也。

《注》曰：

言桓公先治其國以及諸夏，始諸夏以及夷狄，此王者爲之，故云。

《春秋》，天子之事也。（註八九）夷狄交侵，天子當衛中國而攘夷狄。內夏外夷之大義也。《穀梁‧宣元年‧經》「宋公陳侯衛侯曹伯會晉師于棐林。伐鄭。」《傳》曰：

列數諸侯而會晉趙盾，大趙盾之事也。（大其衛中國攘夷狄）。其曰師何也？以其大之也。

〈注〉曰：
以諸侯大趙盾之事故言師。師者，衆大之辭。
與前條同，大其攘夷狄以存中國。存中國，爲天子之事，《左·定十年·傳》：
春及齊平，夏公會齊侯於祝其，實夾谷，孔丘相，齊侯使萊人以兵劫魯侯，孔丘以公退，曰：士兵之（以兵擊萊人），兩君合好，而裔夷之俘，以兵亂之，非齊君所以命諸侯也。裔不謀夏，夷不亂華，俘不干盟，兵不偪好，於神爲不祥，於德爲愆義，於人爲失禮，君必不然！齊侯遽辟之（去萊兵）。
不許夷之亂華，嚴夷夏之防也。信不干盟，兵不偪好，干神人之怒，則以愆義失禮責齊桓，大義凜然矣。然夷狄而憂中國者，則亦進之，《穀梁·僖十八年·經》「邢人狄人伐衛。」《傳》曰：
狄，其稱人何也？善累而後進之。伐衛，所以救齊也。功近而德遠矣。
〈注〉曰：
伐衛，功近耳。夷狄而憂中國，其德遠也。
狄尚知救中國，故進之而稱人，夷有救中國之功，其恤中國之德又遠大，故當進之，是以德禮爲進退也。孔子嘗許管仲之仁，謂其：
相桓公伯諸侯，一匡天下，民到於今受其賜，微管仲，吾其被髮左衽矣。」（註九〇）
此嚴夷夏之防也。孟子深知《春秋》者，而曰：「吾聞用夏變夷者，未聞變於夷者也。」（註九一）其意遠矣。

㈦愛人類

王者以德行仁，推愛親愛民以及人類，《公羊·莊三十年·經》「齊人伐山戎。」〈傳〉：

> 此齊侯也，其稱人何？貶，曷爲貶？子司馬子曰，蓋以操之爲已蹙矣（操、迫也，已、甚也，蹙、痛也。迫殺之甚痛）！春秋敵者言戰，桓公之與戎狄，驅之爾。

《注》曰：

> 時桓公力，但可驅逐之而已，戎，亦天地之所生，而乃迫殺之甚痛，故去戰、貶。見其事，惡其不仁也。

桓公力能驅之，不驅，乃迫而殺之，不仁之至！天地之大德曰生（引見前），春秋愛人類，戎狄亦人類，故貶而稱人。《春秋》尊王業，王者公天下之心，如天地之無不覆載，子夏問三王之德何以參於天地？孔子曰：

> 奉三無私以勞（存撫之）天下，子夏曰敢問何謂三無私？孔子曰：天無私覆，地無私載，日月無私照，奉斯三者以勞天下，此之謂三無私。（註九二）

孔子又美虞帝之不可及曰：

> 後世雖有作者，虞帝弗可及也已矣！君天下，生無私，死不厚其子，子民如父母，有憯怛之愛，有忠利之教。（註九三）

王者慈民如父母，故《詩·周頌·武》曰：

勝殷遏劉（止殺），耆定爾功。

言武王勝殷止殺，致定其功。孟子言天下之定於一曰：

孰能一之？不嗜殺人者能一之。（註九四）

《詩·大雅·江漢之什》曰：

矢其文德，洽此四國。

言陳敷文德，則四方和洽，安恃武功？故孔子曰：

遠人不服，則修文德以來之。（註九五）

孟子深知《春秋》，故曰：

保民而王，莫之能禦也。（註九六）

又曰：

仁者無敵（註九七）

觀此，則外王之業，春秋之大義，思過半矣。

肆、性　命

性命一詞，《禮記·中庸》一言以蔽之曰「天命之謂性。」儒學、經義之重心在是。

一、性命本原

人之生命，來自天地。《禮記·禮運》第九曰：

故人者，其天地之德，陰陽之交，鬼神之會，五行之秀氣也。

按陰陽、鬼神、五行，皆統於天地。在《易》、天地、陰陽爲一事，陰陽，主司化育者也（愚於《易說通考》中論陰陽至詳請參閱）。天地之大德曰生（引見上），天地不僅生人，亦生萬品，曰交，曰會，所謂妙合而凝也。人具靈明之性，則其所稟之秀氣，所以優於庶類者也。《穀梁·莊三年·經》「五月葬桓公」《傳》曰：

改葬也……獨陰不生，獨陽不生，獨天不生，三合然後生。

《注》曰：

徐邈曰：古人稱萬物負陰而抱陽，沖氣以爲和（按二句見《老子》第四十二章）。然則傳所謂天，蓋名其沖和之功，而神理所由也。會二氣之和，極發揮之美者，不可以柔剛滯其用，不得以陰陽分其名，故歸於冥極，而謂之天。凡生靈稟靈智於天，資形於二氣，故又曰獨天不生，必三合，而形神生理具矣。

《注》本《傳》意論人之生命來自天地之理甚備。人其天地之德，資二氣之和以賦形，其靈智，則屬天地之神理，故曰三合而後生，實皆天地之功化，宇宙人物之生元，一而已矣。《左·成十三年·傳》曰：

三月公如京師，公及諸侯朝王，遂從劉康公成肅公晉侯伐秦？成子受脤於社，不敬，劉子曰：吾聞之，民受天地之中以生，所謂命也。……

按天地之中，當指中和之氣。天地有溫厚之氣，此天地之盛德氣，天地之仁氣（見〈鄉飲酒義〉已引見上）也。「民受天地之中以生所謂命也。」命，直斥「生命」而言也。《詩·大雅·烝民之什》首章曰：

天生烝民，有物有則，民之秉彝（常），好是懿德。

按有物有則，物，指形色，則，指天性。孟子曰：

形色，天性也，惟聖人然後可以踐形。（註九八）

孟子所言與〈烝民〉之詩意同，孟子引烝民詩以證人之性善，甚是。後世訓則爲法，義涉泛。孔子曰：

天生德於序，桓魋其如予何。（註九九）

性命本原，來自天地，其理至明。

二、分　述

(一) 命

命，淺言之，即人之生命（見前）《禮記‧祭法》曰：

大凡生於天地之間者，皆曰命。

更進而有天命之意。孔子曰：

道之將行也與，命也；道之將廢也與，命也。公伯寮其如命何？（註一〇〇）

《中庸》：

故君子居易以俟命；小人行險以徼幸。（註一〇一）

孟子曰：

堯舜性者也，湯武反之也。動容周旋中禮者，盛德之至也。哭死而哀，非爲生者也，經德不回，非以干祿也，言語必信，非以正行也，君子行法以俟命而已矣。（註一〇二）

按居易俟命，行法俟命，皆聖人立身用舍之大節所在，歷代重之，諸引「命」字，似皆指天命，「命」有限定之義。

㈡ 心

《說文解字》十下釋「心」字曰：

心，人之藏也。在身之中，象形。

此言血氣之心也。至人之心，實爲一身之主宰，即良知良能是也。孟子謂之「本心」，亦曰「良心」（註一〇三）。此即《樂記》之善心也。《樂記》曰：

先王恥其亂，故制雅頌之聲以道之，使其聲足樂而不流，使其文足論（論、倫通，倫、理也）而不息，使其曲直繁瘠廉肉節奏，足以感動人之善心而已矣。

是則人有善心，孟子謂之四端，孟子曰：

惻隱之心，仁之端也；羞惡之心，義之端也；辭讓之心，禮之端也；是非之心，智之端也。人之有是四端也，猶其有四體也（註一〇四）……。

以其天眞爛漫，又曰赤子之心。孟子曰：

大人者，不失其赤子之心者也（註一〇五）。

皆就人之本心言，人之本心，爲生生不息之實體，與天地萬物爲一，亦即萬化之大源處，人盡其心，即見天地之心，然平時亦當涵養。孟子曰：

養心莫善於寡欲，其爲人也寡欲，雖有不存焉者（本心）寡矣；其爲人也多欲，雖有存焉者寡矣。（註一〇六）

孟子又主操持，故曰：

苟得其養，無物不長，苟失其養，無物不消。孔子曰操則存，舍則亡，出入無時，莫知其鄉（向之本字），惟心之謂與。（註一〇七）

吾心常爲主宰，常存義理，而後可以處憂患、歷困厄而當大任也。

(三) 性

《說文解字》十下心部釋「性」字曰：

> 性，人之昜（陽本字）气，性。善者也。從心，生聲。

據〈易傳〉，則性受於天，〈繫傳上〉第四曰：

> 一陰一陽之謂道。繼之者，善也；成之者，性也。仁者見之謂之仁；知者見之謂之知，百姓日用而不知，故君子之道鮮矣。

繼之、成之兩「之」字皆承「道」而言，道，具形上義，是性當受之於天也。故有仁、知之見。〈傳〉承上文又曰：

> 顯諸仁。

則性之發用為仁無疑。而載籍言性又有生長之義，《左·襄十四年·傳》曰：

> 晉侯曰：衛人出其君，不亦甚乎？對曰：或者其君實甚。良君將賞善而刑淫，愛民如子，蓋之如天，容之如地，民奉其君，愛之如父母，仰之若日月。天生民而立之君使司牧之，而失其性……天之愛民甚矣，豈其使一人肆（放）於民上，以從（縱）其淫，而棄天地之性，必不然矣。

《傳》文兩「性」字，皆含生長之義。天地生養萬民，是天地之生德，令其自然生長，不令夭傷也。又《左·昭十八年·傳》：

> 楚人城州來，沈尹戌（戌，莊王曾孫，葉公諸梁父也）曰：吾聞撫民者，節用於內，而樹德於

外，民樂其性而無寇讎，今宮室無量，民人日駭，勞罷死轉（遷徙）？忘寢與食，非撫之也。

《傳》文「性」字，亦生長之義。性，自然生長之性，性與生義近。至性與心之別，孟子曰：

盡其心者，知其性也。知其性，則知天矣。（註一〇八）

盡其心者，充其心之量。孟子曰：

凡有四端於我者，知皆擴而充之矣。若火之始然，泉之始達……。（註一〇九）

充其心之量，即可知性，蓋性即心之體，心即是性，不過賴心以顯性，因性之顯現，必資心之自覺活動，性潛在而不易顯現。凡言性，均即心而告曉之，故即主體之發用言，謂之心，即客體之存在言，謂之性。質言之，心即是性，心性非二也。孔子曰：

性相近也，習相遠也。（註一一〇）

相近者，相近於善，蓋謂人性相去不遠也。

(四) 情

《說文解字·十下心部》曰：

情，人之侌气，有欲者。從心，青聲。

《禮記·禮運》言人之情有七：

何謂人情？喜、怒、哀、懼、愛、惡、欲。七者，弗學而能。

七情弗學而能，然有禮以治之，則情亦能得其正，故又曰：

聖人之所以治人七情，修十義（父慈子孝、兄良弟弟、夫義婦聽、長惠幼順、君仁臣忠，見上文），講信修睦，尚辭讓去爭奪，舍禮何以治之。

(五) 欲

今推欲之所由生《禮記·樂記》曰：

人生而靜，天之性也。感於物而動，性之欲也。

言人性常平靜，及其感於外物而動，則欲生矣。曰：性之欲者，明言欲出於性，為人性所固有。《左·襄三十年·傳》曰：

子產為政，有事伯石，賂與之邑。子太叔曰：國，皆其國也。奚獨賂焉？子產曰：無欲實難，皆得其欲，以從其事而要其成，非我有成，其在人乎？何愛於邑，邑將焉往？

子產意謂人孰無欲，故曰：「無欲實難」。蓋言欲者，人性所固有之也。故《禮記·禮運》曰：

飲食男女，人之大欲存焉；死亡貧苦，人之大惡存焉。故欲惡者，心之大端也。

人有七情，欲惡為其大者。而曰「心之大端也」者，言欲生於心也。〈樂記〉言欲出於性，〈禮運〉言欲生於心，心統性情，言人莫不有欲，子產之言是也。然「欲」非全是惡，亦未必是私。宋儒過重視「欲」，以人欲、天理對舉，防之太過，似違人情，待斟酌。如人之願欲，鼓舞人之進取，否則生活何以日臻於善境也。但「欲」稍涉放肆，則入邪僻，方為私欲，故《禮記·曲禮篇》曰：

欲不可從（縱）

本節述性命本中庸「天命之謂性」，非天命之外別有性，無聲無臭謂之天，流行曰命。流行者，天德之顯用也。大化流行，人秉之而生則爲性，性與天命爲一，所謂上下與天地同流（註一一二）者也。大化流行，本具生機，人性亦具生生不息之理，則「仁」是也。孟子曰「仁，人心也」（引見前）天人之幾在此。《周易·說卦傳》曰：

昔者聖人之作易也，將以順性命之理。

此先聖作易之本旨，吾人當三復斯言。

伍、德　行

一、釋　義

《周禮·地官·司徒教官之職》，師氏以三德教國子，一曰至德以爲道本。二曰敏德，以爲行本。三曰孝德，以知逆惡；教三行：一曰孝行以親父母，二曰友行，以尊賢良，三曰順行，以事師長。《鄭注》：

德行，內外之稱。在心爲德，施之爲行。

《禮記·樂記》：

德者，得也。

《鄉飲酒義》曰：

德也者，得於身也。故曰：古之學術道者，將以得身也。是故聖人務焉。

按《鄭注》以內外分釋德行，是也。〈樂記〉〈鄉飲酒義〉更申之曰得之於身，謂行而有得也。《周易·大畜卦象傳》曰：

天在山中大畜，君子以多識前言往行以畜其德。

德既有益於身，君子當常畜其德，何以有益？《禮記·大學》：

富潤屋，德潤身（註一一三）

先哲於德行極爲重視，《禮記·樂記》曰：

樂者，非謂黃鍾大呂弦歌干揚也，樂之末節也，鋪筵席，陳尊俎，列籩豆，以升降爲禮者，禮之末節也……是故德成而上，藝成而下；行成而先，事成而後。是故先王有上有下，有先有後，然後可以有制於天下也。

此先民極重視德行之明證，上下先後，序其輕重也。以德爲上，以行爲先。德行之實踐，遂爲我中華文化之特徵，孔門四科，首列德行（註一一四）可知，德行並重，而行尤急，〈禮記·仲尼燕居〉孔子曰：

制度在禮，文爲在禮，行之，其在人乎！

《禮記·表記》第三十二曰：

是故君子恥服其服而無其容；恥有其容而無其辭；恥有其辭而無其德；恥有其德而無其行。

《詩·大雅·烝民》之什曰：

德輶（輕也）如毛，民鮮克舉之！

故《周易》勉人之實踐曰：

默而成之，不言而信，存乎德行（註一一五）。

二、仁統諸德

仁統諸德，兼百行，會衆理，備萬善，其孳生也：衍而爲二曰忠恕、曰仁義；衍而爲三曰知、仁、勇，衍而爲四曰仁義禮智；衍而爲五曰仁義禮智信，衍而爲六曰：知、仁、聖、義、中、和（用馬一浮先生說，見復性書院講錄卷一），是諸德皆統於仁也。《禮記·儒行》曰：

溫良者，仁之本也；敬愼者，仁之地也；寬裕者，仁之作也；孫（遜）接者，仁之能也；禮節者，仁之貌也；言談者，仁之文也；歌樂者，仁之和也；分散者，仁之施也。儒者皆兼而有之，猶且不敢言仁也，其尊讓有如此者。

右言儒者內畜仁德，見之於外有如此，所謂有諸內必形諸外（註一一六），和順積中而英華發外（註一一七），仁之不可揜如此夫。孔子則言行仁之難曰：

仁之爲器重，其爲道遠，舉者莫能勝也，行者莫能致也。取數多者仁也，夫勉於仁者，不亦難乎！（註一一八）

行仁之方，亦復不同，記又曰：

仁者安仁，知者利仁，畏罪者強仁。（註一一九）

此《中庸》所謂：

或安而行之，或利而行之，或勉強而行之，及其成功一也（註一二〇）。

故人當勉於仁，至乎沒而後止，孔子曰：

中心安仁者，天下一人而已矣。〈大雅〉曰德輶如毛，民鮮克舉之，我儀圖之，惟仲山甫舉之，愛莫助之（註一二一）。〈小雅〉曰高山仰止，景行行止（註一二二）。子曰詩（詩人）之好仁如此，鄉道而行，中道而廢（此當有誤），忘身之老也，不知年數之不足也，俛焉日有孳孳，斃而後已。（註一二三）

孟子亦勉人行仁曰：

夫仁、天之尊爵也，人之安宅也。（註一二四）又居天下之廣居。（註一二五）

吾人當知仁在吾心（仁，人心也）（註一二六），則人之生機活潑，與天地同流矣。朱子謂：

仁者，心之德，愛之理」（註一二七）

此語誠允洽之至。

㈠惡不仁

《論語·里仁篇》孔子曰：

我未見好仁者，惡不仁者，惡不仁者，其爲仁矣！

《春秋》以王者之仁心愛人，故痛惡不仁，孔子修《春秋》，力秉斯旨，即作俑亦深非之。《禮記·檀弓篇》引孔子曰：

哀哉！死者而用生者之器也，不殆於用殉乎哉。其曰明器，神明之也。塗車、芻靈，自古有之，明器之道也。孔子謂爲芻靈者善，爲俑者不仁，不殆於用人者哉？

孔子意謂以泥爲車，束草爲人形尚可，作俑過於象人，非仁者之爲。孟子曰：

仲尼曰：始作俑者，其無後乎！

爲其象人而用之也。（註一二八）正詳述其事也。《公羊·僖十九年·經》「己酉、邾婁人執鄫子，用之。」《傳》曰：

惡乎用之？用之社也。其用之社何？蓋叩其鼻以血社也。

《注》曰：

惡無道也，不言社者，本無用人之道，言用之已重矣，故絕其所用處也。

聖人不忍言其地。注曰「絕其所用處」。蓋深惡之也。《公羊·僖二十三年·經》「春，齊侯伐宋，圍緡。」《傳》曰：

邑不言圍，此其言圍何？疾重故也。

《注》曰：

疾，痛也。重故，喻若重故創矣。襄公欲行霸守正履信，爲楚所敗，諸夏之君，宜雜然助之。

乃因其困而伐之，痛與重故創無異，故言圍以惡其不仁也。

諸夏之君，因宋之困而伐之，是乘人之危也，諺所謂投阱下石，不仁之甚者也。《公羊·宣十八年秋·經》「七月邾婁人戕鄫子于鄫。」《傳》：

戕鄫子于鄫何？殘賊而殺之也。

《注》曰：

支解節斷之，故變殺言戕，戕則殘賊，惡無道也。于鄫者，刺鄫無守備。

孔子特書戕，以其殘賊之至，太不仁也！《公羊·昭十一年·經》「冬十有一月丁酉楚師滅蔡，執蔡世子友以歸，用之。」《傳》曰：

惡乎用之？用之防也。其用之防奈何？蓋以築防也。

《注》曰：

持其足以頭築防，惡不以道，孔子曰：「人而不仁，疾之已甚，亂也。」（註一二九）

以人築防，視人若物，故深惡之。《穀梁》僖十九年《經》「鄫子會盟于邾。己酉，邾人執鄫子，用之。」《傳》曰：

微國之君因邾以求與之盟，人因己以求與之盟，己迎而執之，惡之，故謹而日之也。用之者，叩其鼻以衈社也。

《注》曰：

衈者，釁也。取鼻血以釁祭社器。

用人爲牲，殘忍之至，況以鼻血爲釁乎！季康子問政，孔子告之曰：

子爲政，焉用殺？（註一二八）

又曰：

善人爲邦百年，亦可以勝殘去殺矣。（註一二九）

聖人惡不仁之心，昭昭明矣。

(二)賢改過

孔子曰「過則勿憚改」（註一三〇）又曰：「苟志於仁矣，無惡也」（註一三一）又曰：「人之過也，各於其黨，觀過斯知仁矣」（註一三二）由過知仁，故賢改過。《公羊》文十二年《經》「秦伯使遂來聘。」

《傳》曰：

遂者何？秦大夫也。秦無大夫，此何以書？賢繆公也。何賢乎繆公？以爲能變也。……惟諓諓善竫言（諓諓，薄貌。竫，猶撰也）其心休休（美大貌）能有容（能含容賢者逆耳之言）是難也（是難行也）。

《注》曰：

繆公自傷前不用百里奚蹇叔之言，感而自變悔，遂霸西戎，故因其能聘中國，善而與之。

「其心休休」，休休當以鄭注寬容爲愈，繆公能納逆耳之言改悔自厲，春秋賢其改過，特書美之。《公羊·宣十一年·經》「納公孫林父于陳。」《傳》曰：

> 此皆大夫也。其言納何？納公黨與也。

《注》曰：

> 書者，美楚能變悔改過，以遂前功，卒不取其國而存陳。

美楚不利陳之國土，納其大夫，改其前者入陳之過。《左·襄七年·傳》：

> 衛孫文子來聘，公登亦登（禮、登階，臣後君一等），叔孫穆子相，趨進曰：諸侯之會，寡君未嘗後衛君（敵體並登），今吾子不後寡君，寡君未知所過？吾子其少安（徐）！孫子無辭，亦無悛容，穆叔曰：孫子必亡！爲臣而君，過而不悛，亡之本也。

孫文子聘魯，以臣而僭君禮，又不納穆子忠告，無悛容，穆子斥其必亡，絕之也。《易·益卦·象》曰：

> 風雷益，君子以見善則遷，有過則改。

益卦䷩震下巽上，震雷巽風，雷聲震，風助其勢，相益之象，遷善改過肖之，改過即是遷善，故春秋賢之。孔子曰：

> 過而不改，是謂過矣。（註一三五）

又自厲曰：

> 不善不能改，是吾憂也。（註一三六）

孔子特許顏淵爲好學者，以其不遷怒，不貳過也（註一三七）又美之曰：

> 顏氏之子，其殆庶幾乎！有不善未嘗不知，知之未嘗復行也（註一三八）

《易復卦初九》「不遠復」。王注「不遠而復，幾悔而反」改過宜速，易有明訓，故孔子曰「五十以學易，可以無大過矣」（註一三九）聖人尚思改過，況其下焉者乎？

三、孝

唐虞號稱盛世，因其以孝治天下也。故孟子曰「堯舜之道，孝弟而已矣。」（註一四〇）又曰：「大孝終身慕父母，五十而慕者，予於大舜見之矣。」（註一四一）曾子嘗釋「孝」之義曰：

> 孝有三：大孝尊親，其次弗辱，其下能養。公明儀曰：夫子可以爲孝乎？曾子曰：是何言與（不敢當孝之名）！君子之所謂孝者，先意承志，諭父母於道。參直養者也，安能爲孝乎？（註一四二）

曾子又申言不辱其親之事曰：

> 居處不莊，非孝也；事君不忠，非孝也；涖官不敬，非孝也；戰陳無勇，非孝也。五者不遂，烖及其親，敢不敬乎！（註一四三）

五者皆易辱及其親，然五者亦後人所宜深思之事。又言孝爲諸德之本，曰：

與儒家思想密契。孟子稱「盡信書則不如無書」（註三五）可疑者疑之，要不可過，過則後人無書可讀，亦一罪也。按天地化育，基於變化，其爲變化之主因者有：

1. 對　待

對待爲《易》之精蘊，六十四卦，皆兩相對待，〈睽·彖傳〉特發此義曰：

睽，火動而上，澤動而下，二女同居，其志不同行……天地睽而其事同也；男女睽而其志通也；萬物睽而其事類也，睽之時用大矣哉！

按睽卦☲☱（兌下離上，顯寓對待之理，上離爲火，下兌爲澤，火動而上（火炎上），澤動而下（澤含水，水性就下），其事固相乖迕，對待在自然界，天尊地卑，高下懸絕，此對待也，於人事，男女對待之名也。然相待者，每相反相成，故天地雖睽，而其生物之事同，男女雖睽，而其相求之志則通，萬物形殊而同秉天地之氣以生則相類也，陰陽實爲對待之顯例。《禮記·昏義》則申對待相須之理而曰：

古者天子后立六官。……以聽天下之內治。……故天下內和而家理。天子立六官。……以聽天下之外治。……故外和而國治。故曰天子聽男教，后聽女順。天子理陽道，后治陰德。……外內和順，國家理治。……故天子之與后，猶日之與月，陰之與陽，相須而后成者也。

2. 終　始

終始之義，於卦爻可見，凡六位成章之卦，初爻爲始，〈坤·初六〉曰：

履霜堅冰至。

〈象傳〉曰：

履霜堅冰，陰始凝也。

上爻爲終，〈否·上九〉曰：

傾否，先否後喜

〈象傳〉曰：

否終則傾，何可長也。

此一卦之終始也，卦之有終始，〈彖傳〉於〈乾〉，已闡明之曰：

大明終始，六位時成。

終始所以紀時，亦天行（天道）之常，〈傳〉於〈蠱卦〉，則直抒其義曰：

先甲三日，後甲三日，終則有始，天行也。

先儒以甲爲創作新令之日，先甲後甲，告曉丁寧，取反復申警之義，以象天道之終而復始，故曰「天行」。終始之義，〈恆·彖傳〉言之綦詳曰：

恆亨無咎利貞（卦辭），久於其道也。天地之道，恆久不已也。利有攸往，終則有始也。日月得天而能久照，四時變化而能久成……。

〈傳〉明終則有（又）始，爲天地恆久之至道，四時之變化，春夏之次，冬春相嬗之律則，終而復始之理，此其尤大彰明顯著者也。《禮記·禮運篇》曰：

故天秉陽垂日星；地秉陰竅於山川，播五行於四時，和而後月生也，是以三五而盈，三五而闕，五行之動，迭相竭也，五行四時十二月，還相爲本也。

動，運行。竭，盡也、終也。本，始也。五行之運於四時，迭相終而還相始，終則有始，如環之無端，此隱寓「終始」之義。終始亦曰反復。

3. 反　復

〈復·卦辭〉曰：

復亨，出入無疾，朋來無咎，反復其道，七日來復。

〈彖傳〉曰：

反復其道，七日來復，天行也。

經文曰「反復其道」，明天道有反復之理，故〈傳〉即曰：「天行」也。〈泰卦·九三·爻辭〉曰：

無平不陂，無往不復。

〈泰卦·上六·爻辭〉曰：

城復於隍。

《正義》：「隍，城下池也。」城可復而爲隍，亦證天道反復之義。《說文》二下「復，往來也。」段《注》「往而仍來。」往而復來，四時運行，日月代明，皆其顯例，天道本自如此。按今人有謂周易經文不言天道，易傳乃專言天道，此耳食之語，未細讀《周易》。右舉三事，皆是經文，尚不止此，後人以此而詆〈易傳〉，余不能不言。人間無是非（莊子語），學術誠有是非，亦不可不明。

4. 不　息

《禮記·哀公問》敢問君子何貴乎天道也？孔子對曰：

　　貴其不已，如日月東西相從而不已也，是天道也。

不已即不息，《中庸》「故至誠無息（前章曰：誠者，天之道也）（註三六），不息則久」。右舉①對待，②終始，③反復，④不息，皆天道之變化，所以生物之爲也，觀《大戴記·哀公問》第四十四曰：

　　大道者，所以變化而凝成萬物者也。

唯變化乃能生物，而變化之主力則爲陰陽，陰陽之有消息是也。〈剝卦·彖傳〉曰：

　　剝，剝也。柔變剛也。不利有攸往，小人長也。

〈夬卦·彖傳〉曰：

　　夬，決也，剛決柔也。

按剝卦䷖坤下艮上，五陰剝蝕一陽，爲以陰消陽也；夬卦䷪乾下兌上，五陽決（排斥義。《孟子》決汝漢，排淮泗。（註三七）朱《注》：「決，排去其壅塞也」）去一陰；此以陽消陰也。此消則彼息，彼息則此消，明陰陽之有消息也。〈彖傳〉發明《易》之大義處，尤足珍貴。實則《周易》一言以蔽之曰：「陰陽消息而已」。左氏於此謂之盈必毀，《左·哀十一年傳》曰：

> 吳將伐齊，越子率其衆以朝，子胥諫曰：越在我，心腹之患也……吳其亡乎？三年，吳始弱矣，盈必毀，天之道也。

盈毀與消息一義，息爲盈，消爲毀，盈虛消息，乃天之道。消息、爲對待二者相反之一面。對待之理相反相成，故陰陽又有相交之理勢，此二氣之感應也。〈咸·卦辭〉：「咸亨利貞取女吉」〈彖傳〉曰：

> 咸，感也。柔上而剛下，二氣感應以相與，止而說，男下女，是以亨利貞，取女吉也。天地感而萬物化生……。

柔上剛下，於咸恆二卦反對之象可見（參小著《易說通考》九八頁有說，此略）。相與者，密契交感之意，「與」訓黨與，有親比之義，二氣感應以相與，所以化生萬物，故傳下句曰「天地感而萬物化生」也。《禮記·月令》言交感之事曰：

> 是月（孟春）也，天氣下降，地氣上騰，天地和同，草木萌動。

天氣地氣，即陰陽二氣，下降上騰，則二氣之交合也。天地和同，陰陽二氣之和同，陰陽和而後萬物生，故曰「草木萌動」也。若其不交，則萬物不育，故〈歸妹卦·彖傳〉曰：

> 天地不交而萬物不興。

〈姤卦·彖傳〉直曰：

> 天地相遇，品物咸章。

天地，皆指二氣言，《禮記·郊特牲》曰：

天地合而後萬物興焉。

蓋大化流行之主因，是陰陽交感，〈繫傳上〉第一章：

是故剛柔相摩，八卦相盪，鼓之以雷霆，潤之以風雨，日月運行，一寒一暑，乾道成男，坤道成女。

在《易》、乾坤、剛柔、陰陽爲一事，剛柔相摩，即二氣之相摩盪，成男成女，人以之生，物類亦莫不然，此陰陽合德之事，〈益卦·彖傳〉言之尤悉曰：

天施地生。

使天無所施，則地亦何由生？所謂孤陰孤陽之不能生長也。〈繫傳上〉第四章：

一陰一陽之謂道。

明道已渾含陰陽，此天地之生德也，故〈繫傳下〉第一章曰：

天地之大德曰生。

〈繫傳上〉第五章曰：

生生之謂易。

生物必資二氣，天地之生德，固係天道無疑。

(二)人　道

孔子曰：

道不遠人，人之爲道而遠人，不可以爲道（註三八）。

人道，固人之所當奉行，當篤守者，舍此不爲人道。中庸首揭：

天命之謂性，率性之謂道。

人受性於天，天命之性，猶有天命在，而率性之事，循性固有之明德而爲之，則直人道耳。然天道遠，而人道在己，固當先修人道，《左．昭十八年．傳》：

壬午、宋衛陳鄭皆火，來告火，裨竈曰：「不用吾言，鄭又將火！」鄭人請用之（用瓘斝以祓之）。子產不可。子太叔曰：「寶以保民，若有火，國幾亡，可以救亡，子何愛焉？」子產曰：「天道遠，人道邇，非所及也，竈焉知天道，是亦多言矣。」遂不與，亦不火。

子產之意，謂當修人道以勝天道，達人之言也。至人道當以仁爲主。〈里仁〉篇孔子曰：

參乎！吾道一以貫之。曾子曰唯，子出、車人問曰何謂也？曾子曰：夫子之道，忠恕而已矣。

仁道至大，孔子不常以仁許人。故曾子就其切近而易行者言之，曰「忠恕」而已。盡己推己，人所易知易行，實踐忠恕，庶幾於仁，故孟子曰：

強恕而行，求仁莫近焉。（註三九）

其次爲君子之道，所以特許子產者。子謂子產：

有君子之道四焉：其行己也恭，其事上也敬，其養民也惠，其使民也義。（註四〇）

恭、敬、惠、義，修己治人之事具，故治道爲要，《穀梁．桓六年．經》「秋八月壬午大閱」，〈傳〉：

大閱者何？閱兵車也，修教明諭，國道也。

〈注〉：

修先王之教以明達於民，治國之道也。

孟子曰：

不愆不忘，率由舊章，遵先王之法而過者，未之有也。(註四一)

范注言修先王之教，與孟子言遵先王之法同，此治道、亦人道之大者。《穀梁·僖二年·經》「二年春王正月城楚丘」〈傳〉：

楚丘者何？衛邑也……其言城之者，專辭也。故非天子不得專封諸侯，雖通其仁，以義而不與也。故曰仁不勝道。

〈注〉：

存衛是桓之仁，義不可以專封。仁，謂存亡國，道，謂上下之體。

注謂「道，上下之體」。體者體制，即君臣上下之綱紀，正名分之大義，尤治道，人道之大者。然人道有經有權，又不可不知。《公羊·桓十一年·經》「九月宋人執鄭祭仲」〈傳〉：

祭仲者何？鄭相也。……何賢乎祭仲？以爲知權也……宋人執之，謂之曰：爲我出忽而立突，祭仲不從其言，則君必死、國必亡，從其言、則君可以生易死，國可以存易亡。權者何？反於經也，然後有善者也。行權有道，自貶損以行權，不害人以行權，殺人以自生，亡人以自存，君子不爲也。

據《傳》，則道有經有權，又論行權之道：不害人以行權等爲應變權宜之計，與戰國權謀之徒，以詭詐相尙者大異？《穀梁》又爲權立一界義，僖二十二年《經》「宋師敗績。」《傳》：

《春秋》二十有四戰，未有以尊敗乎卑，以師敗乎人者也……宋公與楚人戰於泓水之上，司馬子反曰：楚衆我少，鼓險而擊之，勝無幸焉。襄公曰：君子不推人危，不攻人厄，須其出，既出，旌亂於上，陳亂於下。子反曰：楚衆我少，擊之，勝無幸焉。襄公曰：不鼓不成列，須其成列而後擊之，則衆敗而身傷焉，七月而死。（疾其信而不道，以取大辱）。倍則攻，敵則戰，少則守，信之所以爲信者，道也。信而不道，何以爲道？道之貴者時，其行勢也。

《注》：

凱曰：道有時，事有勢，何貴於道？貴合於時。何貴於時？貴順於勢。宋公守匹夫之狷介，徒蒙恥於夷狄，焉識大通之方，至道之術哉？

此言道貴時，時者時中、時措之宜也。此論襄公之敗，與《公羊》不同，本傳謂其不諳時勢，拘守愚信，似不若公羊之持議正也。右言人道貴知權。孔子曰：

可與立，未可與權。（註四二）

知權之難如是。孟子曰：

權然後知輕重，度然後知長短，物皆然，心爲甚。

言吾心當有權度，以審知其是非得失也。

㈢常　道

道體眞實，雖無聲無臭，然體物而不可遺，故天有常道，荀子曰：

天行有常，不爲堯存，不爲桀亡。天有常道矣，地有常數矣，君子有常體矣。君子道其常，而小人計其功。(註四三)

按荀子謂天人皆有常道是也。天道眞常，萬變之所自出，人道爲事理之當然，通古今中外，而未可或易，故天人均有常，《左·昭三十二年·傳》：

公薨於乾侯，趙簡子問於史墨曰：季氏出其君而民服，君死於外，而莫之罪，（史墨）對曰：魯君世役其失，季氏世修其勤，民忘君矣。社稷無常奉，君道無常位，自古以然。故《詩》曰：「高岸爲谷，深谷爲陵（《詩·小雅·十月之交》），言高下有變易）。三后之姓，於今爲庶，主所知也。在《易卦》、雷乘乾爲大壯☳☰（乾下震上，震在乾上，故云雷乘乾），天之道也（乾爲天子，震爲諸侯，而在乾上，君道易位）。

按史墨以君臣易位爲天之道。明天道有變易之理。於《易》、《易》有三義：曰簡易，曰變易，曰不易。而以變易爲之樞。然人道亦有常有變，《禮記·大傳第十六》曰：

聖人南面而治天下，必自人道始矣。立權度量，考文章，改正朔，易服色，殊徽號，異器械，別衣服，此其所得與民變革者也；其不可得變革者則有矣，親親也，尊尊也，長長也，男女有別，此其不可得與民變革者也。

親親、尊尊、長長、男女有別，此倫紀之原理，爲天道之大經（倫紀原於天常），人倫之大法，無論何時、何地，但爲人類，決無可變之理，所謂天常者，《左·哀六年·傳》：

是歲也，有雲如衆赤鳥，夾日以飛三日，楚子使問諸周太史，周太史曰：其當王身乎！若禜（禳祭）之，可移於令尹司馬，王曰：除心腹之疾而寘諸股肱，何益？不穀不有大過，天其夭諸？有罪受罰，又焉移之？遂弗禜。初，昭王有疾，卜曰：河爲祟，王弗祭。大夫請祭諸郊，王曰：三代命祀，祭不越望（竟內三川星辰），江、漢、睢、章，楚之望也。禍福之至，不是過也。不穀雖不德，河非所獲罪也。遂弗祭。孔子曰：楚昭王知大道矣！其不失國也宜哉！《夏書》曰：惟彼陶唐，帥彼天常（逸《書》言堯循天之常道）。有此冀方。今失其行，亂其紀綱，乃滅而亡（滅亡謂桀唐虞及夏同都冀州，不易地而亡，由不知天道故。按僞《古文尚書·夏書·五子之歌》其三曰：「惟彼陶唐，有此冀方，今失厥道，亂其紀綱，乃底滅亡。」雖點竄原文，其勤褻之跡顯然可見）又曰：允出茲在茲，由己率常可矣。

按昭王不移禍於股肱，不淫祀河，自責而不逃禍，故孔子以爲知大道，大道即天常，一國之紀綱肖之，在己之循常而已，他非所望也。又昭十八年《左傳》曰：

十二月，齊侯田於沛，招虞人（掌山澤）以弓，不進，公使執之，辭曰：「昔我先君之田也，旃以招大夫，弓以招士，皮冠以招虞人，臣不見皮冠，故不敢進。」乃舍之。仲尼曰：守道不如守官（君招當往，道之常也；非物不進，官之制也），君子韙（是也）之。

右謂道有常，守官是權，《春秋》與權，言當通其變也。

四理

理之古訓，本有文理、條理之意。《中庸》：

文理密察，足以有別也。（註四四）

孟子曰：

始條理者，智之事也；終條理者，聖之事也。（註四五）

《說文》「理」訓治玉，實則理字當訓玉之文理，玉之文理，內外一致，與他物殊。《樂記》：

人化物也者？滅天理而窮人欲者也。

天理與人欲相對。天理，謂人心所同然之公理，今人或名之曰眞理，覩載籍言「道」字，時幾與「理」字一義，《左・成十八年・傳》：

己丑、公薨於路寢，言道也。

杜預《注》曰：

在路寢，得君薨之道。

此「道」字，蓋指常理而言。《左・襄三十一年・傳》：

穆叔曰：太子死，有母弟則立之，無則立長，年鈞擇賢，義鈞（賢等）則卜，古之道也。

此「道」字，亦即常理斷之也。又《穀梁·僖十四年·經》「八月辛卯沙鹿崩」。《傳》：

林屬（連）於山爲鹿（山足）。沙，山名也。無崩道而崩，故志之。其日，重其變也。

山因久雨、危巖而崩，是常理，無故而崩，蓋無是理。道，猶理也。今人猶「道理」二字連言，蓋古語。本傳成五年《經》「梁山崩」。《傳》：

不日何也？高者，有崩道也。

山高峷危，故易崩。道，猶理也。與前條同。按理與事不相離，理爲眞實之物事，通常分析一切事物，而得其原理、法則，無有差謬，名曰眞理，儒學所指眞理，每斥宇宙之眞際，宋儒謂之曰實理，爲絕對之體，非止於條理、文理而已。

三、經　學

《周易·賁·彖傳》：

觀乎人文，以化成天下。

《正義》曰：

人文，《詩》《書》《禮》、《樂》之謂。

群經爲人文學術之正宗。人文思想，人文精神，爲我中華立國之大本，自三代即以經學設教。《禮記·王制篇》：

樂正崇四術，立四教，順先王《詩》《書》《禮》《樂》以造士，春秋教以《禮》《樂》，冬夏教以《詩》《書》。

孔子特明示經教之宏效。《禮記·經解篇》引孔子曰：

入其國，其教可知也，其爲人也，溫柔敦厚，《詩》教也；疏通知遠，《書》教也；廣博易良，《樂》教也；絜靜精微，《易》教也；恭儉莊敬，《禮》教也；屬辭比事，《春秋》教也。

《記》又續言其失及匡正之方曰：

故《詩》之失愚；《書》之失誣；《樂》之失奢；《易》之失賊；《禮》之失煩；《春秋》之失亂。其爲人也，溫柔敦厚而不愚，則深於《詩》者也；疏通知遠而不誣，則深於《書》者也；廣博易良而不奢，則深於《樂》者也；絜靜精微而不賊，則深於《易》者也；恭儉莊敬而不煩，則深於《禮》者也；屬辭比事而不亂，則深於《春秋》者也。

右言六經之失。然非經之失，不善學者則有失，教也者長善而救其失者也。六教所以致失？如《詩》之失愚，敦厚過，則姑息溺愛是也；《書》之失誣者，《書》載事，事難覈實，過信則誣也；《樂》之失奢者？《樂》主和樂，過樂則入奢泰也；《易》之失賊者？易言天道，天道有生有殺（春生秋殺），用刑太過，則失之殘賊也；《禮》之失煩者？禮有本有文，偏於文，文勝質，則失之煩也；《春秋》之失亂者？春秋屬辭比事，事與辭協，不睹其紛紛，竊取之義，一以貫之也。若各因其失而豫防之，則深得經義，化民成俗，其必由學乎！昔孔子告子路以六言六蔽，孔子曰：

由也、女聞六言六蔽矣乎？對曰未也。居吾語女，好仁不好學，其蔽也愚；好知不好學，其蔽也蕩；好信不好學，其蔽也賊；好直不好學，其蔽也絞；好勇不好學，其蔽也亂；好剛不好學，其蔽也狂。

按六教之失與六言之蔽，事有類似者，如「詩之失愚」，則與「好仁不好學其蔽也愚」之義全同。記所言之失，為不善學之失，論語之六蔽，乃不好學之蔽，不好學，不能深明其理。朱子於六蔽之下注曰：「六言皆美德，然徒好之，而不學以明其理，則人各有所蔽。」甚是。六經有何失？不善讀經，不好學以明其理，非經之過也。按儒者宗師仲尼，孔子身兼師儒之尊，《周禮・天官宰第一》太宰之職，掌建邦之六典以九兩繫（鄭注兩猶耦也。所以協耦萬民，繫，聯綴也）邦國之民：

三曰師，以賢得民；四曰儒，以道得民。

孔子師表萬世，儒學所宗。孔子刪定五經，儒家之道在經，經即儒學之眞際。孟子曰：

聖人，人倫之至也！（註四六）

荀子更謂聖人與道為一體而曰：

聖也者，道之管也（管籥，即鑰匙）。

又謂天下之道畢集於儒學曰：

天下之道管是矣，百王之道一是矣，故《詩》《書》《禮》《樂》之（道）歸是矣（楊《注》：是，儒學。劉台拱曰「之」下當有「道」字）。（註四七）

荀子不宜阿其所好，群經即儒學之眞際，經學爲中華立國之根本，根本不固，則枝葉焉依，《詩·大雅·蕩》之什：

人亦有言，顛沛之揭（顛，仆也。沛，拔也。揭，樹根蹶起也），枝葉未有害，本實先撥（撥，絕、斷。），殷鑒不遠，在夏后之世。

枝葉二句，言大樹之拔倒而根蹶起者，枝葉並無病害，實因其根先斷絕也。經學，我國家之根也。人不尋根則已，又何忍自拔其根，自斷其根乎！今人治經，有今古文之爭，乃說經家之異議，於本經無與。今文出口授，古文出壁中，偶有異文，無關宏旨，其中如僞古文尙書，雖出自纂輯，亦必有依據，其中嘉言至理，每有踰於今文經者，多不可輕廢。又有漢宋之分，漢學一詞，本起於清人之反宋明，因而上溯兩漢考據之業。宋學本指兩宋濂洛關閩諸儒心性之學，兩者各有所長，漢學精析名物，宋學擅言義理，難分軒輊，昔康成注經，今古文兼採，不失爲通儒，淸季道咸以降，漢宋合流。說經者，以通經爲主，擇善而從，袪除私見，言天下之公言爲是，不問其爲今文古文，又何必界其漢宋乎？要之，義理必以五經爲宗，學問不本於經，謂之爲無根柢可也。經載常道，常道者，確乎其不可拔之眞理也。儒家祖述堯舜，憲章文武，其道之大，誠致廣大而盡精微，極高明而道中庸，諸子百氏之所自出，文化思想之本原，凡眞學問當綜萬殊之理而觀其會通，融智慧、道德、生活而爲一，始可名之曰眞學問，要令後世知人道之尊崇，中華文化之優越，所以究天人之故，明大化之原者，咸在於斯，發揚昌大，固今日之急務也。

四、民族精神

中華民族由五千年博厚高明之文化涵育培植，乃有堅苦卓絕、不屈不撓之精神，剛健不息，奮發進取之毅力，環顧宇內，罕有與之倫匹者，據群經所載，分一、勤勞。二、戒懼以述之：

(一)勤勞

《周易·乾卦·象》曰：

天行健，君子以自強不息。

天道剛健不息，《詩·周頌·維天之命》：

維天之命，於穆不已。

自孔子始一生學而不厭，誨人不倦，故曰：

若聖與仁，則吾豈敢，抑爲之（聖與仁）不厭，誨人不倦，則可謂云爾已矣。（註四八）

孔子已秉此義拳拳服膺而弗失之矣。復當知我民族含宏廣大之德量又深受坤象之影響。《坤·象》曰：

地勢坤，君子以厚德載物。

所謂坤厚載物德合無疆者也。古有勤箴，《左·宣十二年·經》「楚子圍鄭。」《傳》：

欒武子曰：楚自克庸以來，其君無日不討（治也）國人而訓之。……訓之以若敖蚡冒篳路藍縷，以啓山林，箴之曰：民生在勤，勤則不匱。

篳路藍縷以啓山林，令子孫知創業之艱難，箴之曰民生在勤勤則不匱，知民生之不易，必先難而後乃有獲也。〈周頌·敬之〉之什：

日就月將，學有緝熙（繼續）於光明。

此勉人求學之勤，宜日有所成，月有所進，而後乃至於光明（深造之以道）。子夏曰：

日知其所亡，月無忘其所能，可謂好學也已矣。（註四九）

子夏所言，亦深契詩人之意：《書·皐陶謨》皐陶曰：

無教逸欲有邦，兢兢業業，一日二日萬幾，無曠庶官，天工，人其代之。

此皐陶告禹言天子當以勤儉率諸侯，不可以逸欲先之也。故後世聖君無不夙興夜寐，以理庶政，《詩·齊風·雞鳴》曰：

雞既鳴矣，朝既盈矣。東方明矣，朝既昌（盛也）矣。

皆深警之詞，後世迄清，猶有早朝之制，蓋由來久矣，至〈周書·無逸〉周公告成王曰：

嗚呼！君子所其無逸，先知稼穡之艱難，乃逸，則知小人之依，相小人，厥父母勤勞稼穡，厥子乃不知稼穡之艱難……周公曰：嗚呼！我聞曰：昔在殷王中宗（太戊），嚴共（恭）寅畏，不敢荒寧，肆中宗之享國，七十有五年；其在高宗，時舊勞于外，不敢荒寧，嘉靖殷邦，肆高宗之享國，五十有九年……自時厥後，立王生則逸，不知稼穡之艱難，不聞小人之勞，惟耽樂之從，亦罔或克壽，或十年，或七八年，或五六年，或四三年。周公曰嗚呼！厥亦惟我周太王王季，克自抑畏，文王卑服（惡衣服），即康功田功（安民、養民之功），自朝至于日中昃，不遑暇食，用咸和萬民，厥享國五十年。嗚呼！繼自今後嗣王，則其無淫（過）于觀、于逸、于遊、于田，以萬民惟正之供……。

此成王初政，周公懼其好逸，故作是書以訓之。天子當知稼穡之艱難者？中華向以農立國，迄今猶然。稼穡、小民之所持之爲生者也。王者首重民食，民以食爲天。〈豳風·七月〉歷述周之先人，力田桑麻之勤，與本篇同。又舉殷中宗高宗周文王享國久遠，以其勤勞，不敢荒寧，自貽其咎也。周室享祚八百餘年，曠絕中外古今，胥由於勤勞不逸，此我民族精神之所在，其可忽哉？

㈡戒　懼

除勤勞而外，戒愼恐懼，亦我民族特具之精神，歷數千年來，身心修養之所秉持，行止語默之所兢兢者在茲。《中庸》第一章曰：

道也者不可須臾離也，可離非道也，是故君子戒愼乎其所不睹，恐懼乎其所不聞。

君子之心常存敬畏，雖不睹不聞，亦不敢怠肆，《周易乾·九三·爻辭》曰：

君子終日乾乾，夕惕若厲无咎。

〈文言傳〉釋之引孔子曰：

君子進德修業，忠信所以進德也；修辭立其誠，所以居業也……故乾乾因其時而惕，雖危無咎矣。

惕者，憂懼之意，自朝至夕，常懷戒懼之心，雖遇困危，終必无咎。「懼以終始，其要无咎。」（註五十），此之謂《易》之道。故〈震·象〉曰：

> 洊雷震，君子以恐懼修省。

震卦☳☳震下震上，重雷故曰洊。洊，頻仍義，經文曰：

> 震來虩虩，震驚百里。

〈彖傳〉曰：

> 震來虩虩，恐致福也」「震驚百里，驚遠而懼邇也。

霹靂頻仍，人懷恐懼，因以反躬修省而自求多福。《詩·小雅·小旻》：

> 戰戰兢兢，如臨深淵，如履薄冰。

〈周頌·我將〉：

> 我其夙夜畏天之威，于時保之。

天命威嚴，固當敬畏。孔子曰：

> 君子有三畏：畏天命，畏大人，畏聖人之言。（註五一）

三畏以畏天命爲首，故常存臨淵履薄之心，以加深憂患之意，《周易·繫傳下》第六章曰：

> 《易》之興也，其於中古乎！作易者其有憂患乎！

〈周易·繫傳下〉第八章又曰：

《易》之興也，其當殷之末世，周之盛德邪？當文王與紂之事邪？是故其辭危。

《易》爲衰世之學，憂患之書。我民族歷經異族入侵，驚濤駭浪，終能突破險難，而履道坦坦，豈非善處憂患乎？《周易·否卦·九五·爻辭》曰：

其亡，其亡！繫于苞桑。

《正義》曰：

凡物繫於桑之苞本，則牢固也。常以危亡自警，則心甚安泰。

越王卧薪自呼，正此等憂患意識之啓示，《繫傳下》第四引孔子曰：

危者，安其位者也；亡者，保其存者也；亂者，有其治者也。故君子安而不忘危，存而不忘亡，治而不忘亂，是以身安而國家可保也。

居安思危，治不忘亂，於後世處豐持盈，明哲保身之啓示至大，故我族乃有莊敬自強之毅力。《禮記·表記》第三十二曰：

君子莊敬日強，安肆日偷。君子不以一日使其身儳焉（集說：儳者參錯不齊貌，心無所檢束，而紛紜雜亂，按謂不知所爲也），如不終日。

當我國往者退出聯合國時，國人岌岌自危，先總統　蔣公以「莊敬自強處變不驚」勉全國，終於躍然奮起，卓爾自立，而履險若夷，國益以安。吾人今日豈可安肆日偷以自棄乎？孟子曰：

天將降大任於是人也，必先苦其心志，勞其筋骨……。（註五二）

孔子戒子路曰：

必也臨事而懼，好謀而成者也。（註五三）

何以群經多憂患之語，蓋先聖往哲勉人之意，至深切矣。

貳、天　人

吾人戴天而履地，在三才之中（〈繫傳〉以天人地爲次），爲萬物之秀，固不能外天地而生存，人在天地之間，一瞬目，一投足，凡耳目所及，無非天象，天人之密契至矣！故首有敬天之思想，〈大雅·板〉第八章曰：

敬天之怒，無敢戲豫（逸樂也）；敬天之渝（變也），無敢馳驅（馳馬出遊）。

由敬天畏天而法天。

一、法　天

考其初，法天，本自然之勢。〈詩·大雅·皇矣〉曰：

不識不知，順帝之則。

帝，指上帝，本篇首章即曰：

皇矣上帝，臨下有赫，監觀四方，求民之莫（莫，定也。欲安定下民）。

不識不知，有「帝力於我何有哉」（註五四）之意，後世聖人制禮作樂，亦取法於天地。〈樂記〉：

樂者，天地之和也；禮者，天地之序也。和故百物皆化，序，故群物皆別。樂由天作，禮以地制，過制則亂，過作則暴，明於天地，然後能興禮樂也。

又申《樂》象天地之事曰：

是故清明象天，廣大象地，終始象四時，周旋象風雨。

《樂》象天地之和，《禮》象天地之序，按〈鄉飲酒義〉曰：

天地溫厚之氣，始於東北，而盛於東南，此天地之盛德氣也，此天地之仁氣也。

溫厚之氣，當是和氣，〈中庸〉言「致中和，天地位焉」，是天地之和也。《禮》象天地之序者？天尊地卑，有高下尊別之別，是自然之序〈臯陶謨〉曰「天秩有禮」，尤足明《禮》法天秩而作也。又清明象天四句，廣及四時風雨，法天地而制作之意尤明，〈繫傳上〉第十一章直曰：

是故天生神物，聖人則之。天地變化，聖人效之。天垂象，見吉凶，聖人象之。河出圖，洛出書，聖人則之。

按《正義》曰：「天生神物聖人則之者，謂天生蓍龜，聖人則之以爲卜筮也。天地變化聖人效之者，四時生殺，賞以春夏，刑以秋冬，是聖人效之。天垂象見吉凶聖人效之者，若璿璣玉衡（按見〈堯典〉）以齊七政，是聖人象之也。」此釋象法天地之事至悉。仲尼祖述堯舜而曰：

大哉堯之爲君，巍巍乎！唯天爲大，唯堯則之！（註五四）

是法天之事，堯時已著。

二、天人一理

《禮記·樂記》天理人欲並舉而曰：

人生而靜，天之性也。感於物而動，性之欲也。物至知知，然後好惡形焉，好惡無節於內，知誘於外，不能反躬，天理滅矣。夫物之感人無窮，而人之好惡無節，則是物至而人化物也。人化物也者，滅天理而窮人欲者也。

《記》言天理人欲相待而生。天理存則人欲淨；人欲熾則天理滅矣。天理本在吾心，人生而靜，則天理在焉，靜者，好惡未發之中也（心靜性全）。發而中節謂之和，和者，天理之發用，曰「好惡無節於內，知誘於外，不能反躬，（則）天理滅矣。」若能反躬自省，好惡有節（好善惡惡，是非之心在）則天理自然呈現，是天理固在吾心，待物化之後，天理乃滅，是外誘使之然。足知天理不在外，而在吾心，良知是也。理而曰天者，天人一源，人心即天心，天人一理也。《左·昭二年·傳》：

鄭公孫黑將作亂，子產使吏數之曰，伯有之亂（在襄三十年）以大國之事，而未爾討也。爾有亂心無厭，國不女堪。專伐伯有，爾罪一也；昆弟爭室，而（爾同）罪二也（謂爭徐吾犯之妹）；薰隧之盟，女矯君位，而罪三也（謂使太史書七子）。有死罪三，何以堪之，不速死，大刑將至。辭曰：死在朝夕，無助天爲虐？子產曰人誰不死，凶人不終，命也。作凶事，爲凶人，不助天，其助凶人乎？不速死，司寇將至！

按天道福善禍淫；人道勸善懲惡。天誅凶人，人亦殛凶人，是天人之理一也。《左·昭三年·傳》：

小邾穆公來朝，季武子欲卑之，穆叔曰：不可！曹滕二邾，實不忘我好，敬以逆之，猶懼其貳，又卑一睦焉，逆群好也，其如舊而加敬焉。志曰：「能敬無災。」又曰「敬逆來者，天所福也！」季孫從之。

敬爲禮之本，曲禮首曰「毋不敬」。敬爲美德，天之所福，是天佑有德，德孚衆望，人亦歸有德，是天人之理同。《左·定元年·傳》曰：

城（城成周）三旬而畢，乃歸諸侯之戍（不必戍）。齊高張後，不從諸侯（後期，不及役）。晉女叔寬曰：周萇弘、齊高張，皆將不免。萇弘違天，高子違人（天既厭周德萇弘欲遷都以延其祚，故曰違天；諸侯相帥以崇天子，而高子後期，故曰違人）。天之所壞，不可支也；衆之所爲，不可奸（犯）也。

天意若此不可違，人意若彼，亦不可違，不過順理而已。順理者昌，取其合於理也。《穀梁·莊六年·經》「三月夫人孫于齊」《傳》：

孫之爲言猶孫也，諱奔也。接練（小祥）時，錄母之變，始人之也。不言氏姓，貶之也。人之於天也，以道受命，於人也，以言受命，不若於道者，天絕之也，不若於言者（言不順），人絕之也，臣子大受命。

右言君臣、夫婦之道（親親尊尊），天人所共循，不順此理，天人咸棄絕之，是天人之理，一也。按天人一理，天人合德也。《周易・乾・文言傳》曰：

夫大人者，與天地合其德，與日月合其明，與四時合其序，與鬼神合其吉凶……。

言大人（聖人）與天地合德，日月、四時、鬼神，申言合德之目。〈謙・彖傳〉即言合德之事。〈謙・卦辭〉「謙亨，君子有終。」〈彖傳〉：

天道虧盈而益謙；地道變盈而流謙；人道惡淫而好謙。

據《傳》則天人均尚謙，天道虧盈者，所謂「日中則昊，月盈則食」（註五六）是，地道變盈者，如「高岸爲谷」（註五七）之類是也。人道好謙者，「謙謙君子，卑以自牧」（註五八），滿招損謙受益（註五九），是天人之德同，經具此義也。孔子嘗謂：

如有周公之才之美，使驕且吝，其餘不足觀也已。（註六〇）

周公尚不能驕，自昔尚謙讓，其來久矣。

三、天人之際

天人有感通之理，首發於〈咸・彖傳〉：

天地感而萬物化生；聖人感人心而天下和平。觀其所感，而天地萬物之情可見矣。

天地感而萬物化生者？因「二氣感應以相與」（已見上文），聖人感人心而天下和平，是治化之績效。漢之文景，唐之貞觀開元，史述昭然，不待詞費，而曰「天地萬物之情可見矣」者，言感通之理，通乎天人萬有。人與天地鬼神，人與人，人與物皆然。此爲宇內普徧之原理（所謂哲理，眞理），常人自不之察。《易》於〈恆〉、〈萃〉二卦，皆著「觀其所恆（所萃），而天地萬物之情可見」一句是。天人之感者，《書·堯典》之「光（廣同）被四表，格于上下」又曰「八音克諧，無相奪倫，神人以和。」是。人與人之感，在於至誠，孟子曰：「誠者，天之道也，思誠者，人之道也。至誠而不動者，未之有也！不誠，未有能動者也。」（註六一）

按誠與思誠，即天人之際也。人之有感，孔子言之至明，孔子曰：

> 清明在躬，氣志如神，耆欲將至，有開必先。（註六二）

有開必先者，人所願欲之事，先有徵兆以見其幾，即《中庸》：

> 至誠之道，可以前知。國家將興，必有禎祥；國家將亡，必有妖孽，見乎蓍龜，動乎四體（如面熱心動）。禍福將至，善，必先知之；不善必先知之，故至誠如神。（註六三）

常人所以無感者，以心志昏濁，日汩其平旦清明之氣也。人之與物者，如「夔曰，於！予擊石拊石，百獸率舞（言樂聲之和，感及鳥獸。按此十二字，乃〈皐陶謨〉之文，因簡亂而重見於此。）又〈中孚·經〉曰「豚魚吉」〈彖傳〉曰：

> 豚魚吉，信及豚魚也。

言誠信感及豚魚也。群經所載感通之例，不具舉。《中庸》曰：

誠者，天之道也；誠之者，人之道也。

此與《孟子》略同。誠之者，人事之所當盡，人力之所能爲，此則天人之際也。察天人之所以相通，其幾在乎人之心。《禮記禮運篇》曰：

故人者，天地之心也，五行之端也，食味別聲被色而生者也。

人秉天地之德而生，故上文曰：

故人者，其天地之德，陰陽之交，鬼神之會，五行之秀氣也。

據右引知人實具天地之德，則人心即天地之心，天有心乎？《復·彖傳》「復其見天地之心乎！」復承剝，一陽來復，天地生物之心已肇，此天地生德之發用（天地之大德曰生，前已引），天地生物之心，即天心之仁（以天擬人），孟子則曰「仁人心也」（註六四）。是天人之心同（人達天德（註六六））「人者，天地之心也」一句，已通天人而爲一，此語緊切之至！然天人之際，仍以人爲主，《左·襄十八年·傳》曰：

晉人聞有楚師，師曠曰：不害，吾驟歌北風，又歌南風，南風不競，多死聲（以樂音審知，孟子所謂師曠之聰是（註六七）），楚必無功。董叔曰：天道多在西北，南師不時，必無功。叔向曰：在其君之德也（言天時地利不如人和）。

右言天道因人而異。皇天無親，惟德是輔。天人之際，仍以人爲主也。《詩·小雅·十月之交》第七章

曰：

> 下民之孽，匪降自天，噂沓背憎（噂噂沓沓，多言以相悅而背則憎之，小人之行），職競由人（職、主。競、力。）。

災害非由天降，主由人之自爲，《書·酒誥》曰：

> 天非虐，惟民自速辜。

言非天有意降災，咎由人自取之耳。孟子曰：

> 禍福無不自己求之者（註六八），詩云永言配命，自求多福。（註六九）

天人之際，主在於人，人當自求多福也。

四、天人相應

天人相應，捷若影響。故民之所欲，天必從之（註六九）。《公羊·成五年·經》「梁山崩」。《傳》：

> 梁山者何？河上之山也……何異爾？大也。……梁山崩壅河，三日不沠（玉篇古文流字），此何以書？爲天下記異也。

《注》：

> 山者陽精，德澤所由生，君之象。河者，四瀆所以通道中國，與王道同。託山崩壅河者？此象諸侯失勢，王道絕，大夫擅恣，爲海內害。自是之後，六十年之中，弒君十四，亡國三十一，

故湨梁之盟，偏刺天下之大夫。

《注》謂此象諸侯失勢，大夫擅恣，爲天下害，故梁山崩，天以象警示於人，言天人相應之速。六十年之中，弒君十四，亡國三十二，天所以警大夫也。故古之明君，上對天命，則應時（天時）而施政。《禮記·月令》：曰

是月（孟春）也，不可以稱（舉也）兵，稱兵必有天殃……毋變天之道，毋絕地之理，毋亂人之紀（生德盛時用兵，是以殺戮逆生育之氣，亂生民之紀敘）。是月（仲春）也，安萌芽，養幼少。存孤獨……是月（季春）也，生氣方盛，陽氣發泄，句者畢出，萌者盡達，不可以內（納同吝嗇閉藏）……是月（孟夏）也，繼長增高，毋起土功，毋發大眾（妨農桑之事，故禁止之）……仲冬之月，是月也，日短至，陰陽爭……去聲色，禁耆欲，安形性，事欲靜，以待陰陽之所定。……。

此皆順月令施政之事，所以奉天時，《易》曰「後天而奉天時」（註七一）是也。上帝寵綏下民，惟監觀四方，《書·皐陶謨》皐陶曰：

天聰明，自我民聰明；天明畏，自我民明威，達于上下，敬哉有土。

天因民之視聽以爲聰明，因民之好惡，以爲明威。「達于上下」者？言天人一體，聲息相通，而無少閒也。《書·康誥》王若曰：

孟侯、朕其弟，小子封！惟乃丕顯文王，克明德慎罰，不敢侮鰥寡，庸庸、祇祇、威威、顯

民，用肇造我區夏，越我一二邦，以修我西土，惟時怙，冒聞于上帝，帝休！天乃大命文王，殪戎殷，誕受厥命。

言文王之德，上聞於天帝，帝休美之，天乃降大命於文王。又〈文侯之命〉平王嘉文侯之功，王若曰：

父義和（文侯字）！丕顯文武，克愼明德，昭升于上，敷聞于下，惟時上帝集厥命于文王。……。

仍言文王武王光明之德，昭然升聞於天上，萬民莫不聞知，上帝因而降大命（國運）於文王之身，又《書·君奭篇》周公告召公曰：

君奭！我聞在昔，成湯既受命，時則有若伊尹，格于皇天；在太甲，時則有若保衡；在大戊，時則有若伊陟、臣扈，格于上帝。……故殷禮陟配天，多歷年所。

言成湯既受天命，又有如伊尹，能以精誠感格皇天。太甲時有保衡，大戊時有伊陟、臣扈等以精誠感通上帝，故殷之國祚，多歷年所，天人之應，一何速哉！

五、參贊化育

化育爲天地之盛德，唯聖人足以參贊天地，以輔成其大業，《中庸》第二十二章曰：

唯天下至誠爲能盡其性，能盡其性，則能盡人之性，能盡人之性，則能盡物之性，能盡物之性，則可以贊天地之化育，可以贊天地之化育，則可與天地參矣。

《禮記·樂記》曰：

天高地下，萬物散殊，而《禮》制行矣；流而不息，合同而化，而《樂》興焉。春作夏長，仁也；秋斂冬藏，義也。仁近於《樂》，義近於《禮》。《樂》者，敦和率神而從天；《禮》者別宜居鬼而從地。故聖人作樂以配天，制禮以配地，禮樂明備，天地官矣。

右言聖人制《禮》作《樂》，本自然之法則，協合天地之德業。春作夏長，爲天地之仁；秋斂冬藏，爲天地之義。天地有仁義之氣，《禮記·鄉飲酒義》曰：

天地嚴凝之氣，始於西南而盛於西北，此天地之尊嚴氣也，此天地之義氣也；天地溫厚之氣，始於東北而盛於東南，此天地之盛德氣也，此天地之仁氣也。

《樂》象天地之仁，《禮》象天地之義，而「安上治民，莫善於《禮》，移風易俗，莫善於《樂》（註七二）。」禮樂明備，則天地亦各得其職，即《中庸》「天地位焉」之意，制禮樂，參贊天地之大功也

《樂記》又曰：

是故大人舉禮樂，則天地將爲昭焉，天地訢（欣同）合，陰陽相得，煦嫗化育萬物，然後草木茂，區萌達，羽翼奮，角觡生，蟄蟲昭蘇，羽者嫗伏，毛者孕鬻（育同），胎生者不殰，而卵生者不殈，則《樂》之道歸焉耳。

按天地訢合，陰陽相得，即聖人以禮樂昭明天地化育之德，然後萬物化育，而各遂其生，各得其所，

(四) 政

《禮記・祭義》第二十四言治道曰：

> 先王之所以治天下者五：貴有德、貴貴、貴老、敬長、慈幼。此五者，先王之所以定天下也。

明言治天下之道有五，而貴德爲首。儒學向主德治，孔子曰：

> 爲政以德，譬如北辰，居其所而衆星共之。（註一七八）

言德治可以懷衆服遠，無思不服也。故主平時敎之以孝弟，孔子曰：

> 立愛自親始，立敬自長始，教民順也。教以慈睦，而民貴有親，教以敬長，而民貴用命。孝以事親，順以聽命，錯諸天下，無所不行。（註一七九）

孔子言孝弟之敎，爲治平之本，故曰「錯（措）諸天下無所不行」也。《禮記・孔子閒居》又言德行之深入民心，匪言可喻，孔子曰：

> 無聲之樂，氣志不違，無體之禮，威儀遲遲，無服之喪，內恕孔悲。無聲之樂，氣志既得。無體之禮，威儀翼翼，無服之喪，施及中國。無聲之樂，氣志既從，無體之禮，上下和同，無服之喪，以畜萬邦。無聲之樂，日聞四方，無體之禮，日就月將，無服之喪，純德孔明。無聲之樂，氣志既起，無體之禮，施及四海，無服之喪，施於孫子。

上文舉三無，曰無聲之樂，無體之禮，無服之喪，無訓，惟引《詩》以明其義，子貢問何詩近此義？

孔子曰：

夙夜其命宥密（夙、早。基、始。宥、寬。密、寧。《周頌・昊天有成命》篇，言文武夙夜憂勤以肇基天命，惟務行寬靜之政以安民。夫子以喻無聲之樂者，言人君政善，則民心自然喜悅，不在於鐘鼓管弦之聲也），無聲之樂也。威儀逮逮不可選也（逮逮、《詩》作棣棣，盛也。選、擇也。此〈邶風・柏舟之什〉，言仁人威儀之盛，自有常度，不容選擇，不待因物行禮而後可見，故以喻無體之禮）無體之禮也。凡民有喪，匍匐救之（匍匐、手足投地而行。此《邶風・谷風》之什言凡人有死喪之戚，必汲汲往救助之，此非爲有服屬之親，特周救其急耳，故以喻無服之喪也）無服之喪也。

孔子極美德行之深入人心，捷於影響，非任何政治力量所能比儗也。〈緇衣〉第三十三又言德化之優於政刑。孔子曰：

夫民，教之以德，齊之以禮，則民有格心；教之以政，齊之以刑，則民有遯心（逃避）。故君民者，子以愛之，則民親之。信以結之，則民不倍（背）。恭以蒞之，則民有孫心。《甫刑》曰：苗民匪用命，制以刑，是以民有惡德，而遂絕其世也。

此與《論語・爲政》篇同，彼處孔子曰：

道之以政，齊之以刑，民免而無恥；道之以德，齊之以禮，有恥且格。

爲政者當知所抉擇也。故古者以禮樂爲防而施教。《周禮・地官》司徒教官之職曰：

以五《禮》（吉、凶、軍、賓、嘉）防萬民之僞，而教之中（令其行得中）；以六《樂》（〈雲門〉、〈咸池〉、〈大韶〉、〈大夏〉、〈大濩〉、〈大武〉）防萬民之情，而教之和。

右言以禮樂爲防（不尙政刑），而教民以中和之德。子貢觀於〈蜡〉（祭名，見〈郊特牲〉），見一國之人皆若狂（狂歡），不以爲然，孔子正之曰：

百日之蜡，一日之澤（言百姓終歲勞苦，有一日之歡，乃人君之恵澤），非爾所知也。張而不弛，文武弗能也；弛而不張，文武弗爲也。一張一弛，文武之道也。（註一八〇）

孔子言治道當知所調節，偏張偏弛，皆非中道也。孟子曰「堯舜之道，不以仁政，不能平治天下」（見前）又曰：「輔世長民莫如德。」（註一八一）善爲政者，其知之矣。

四、政治秩序

人類不能離政治而生活，國家有元首，以爲一國領導之中心。人民有高度之向心力，上下一心，固若金湯，社會賴以安定、繁榮，此政治秩序之所以必須建立也。首須以倫紀爲治，自人道始。〈哀公問〉第二十七，孔子侍坐於哀公，哀公問人道誰爲大？孔子對曰：

政者，正也。君爲正，則百姓從之矣。君之所爲，百姓之所從也。君所不爲，百姓何從？公曰：敢問爲政如之何？孔子對曰：夫婦別、父子親、君臣嚴。三者正，則庶物從之矣。

三者皆倫紀之大端。爲政當自倫紀始，此一國之綱常也。《禮記·大傳》第十六曰：

人道：親親也。親親，故尊祖，尊祖故敬宗，敬宗故收族，收族故宗廟嚴，宗廟嚴，故重社

> 稷，重社稷故愛百姓，愛百姓故刑罰中，刑罰中故庶民安，庶民安故財用足，財用足故百志成，百志成故禮俗刑（刑，猶成也。）

按禮俗成，則政治之秩序立矣。仍自親親始，其次爲彰善癉惡。《公羊·隱四年九月·經》「衛人殺州吁于濮。」《傳》曰：

> 其稱人何？討賊之辭也。

《注》曰：

> 討者，除也。明國中人人得討之，所以廣忠孝之路。書者，善之也。

何《注》善發春秋之義曰：所以廣忠孝之路。與人爲善。善人多，則政治秩序穩固如磐石矣。《左·襄二十五年·傳》曰：

> 辛巳，公與大夫及莒子盟，太史書曰「崔杼弒其君」。崔子殺之，其弟嗣書，而殺者，二人（嗣，續也，並前有三人）。其弟又書，乃舍之。南史氏聞太史盡死，執簡以往，聞既書矣，乃還。

太史、南史爲正義而書。正義支拄宇宙，乃《春秋》大義之所寄。孟子曰：「孔子成《春秋》而亂臣賊子懼」（註一八二）此《春秋》之歷史精神。善人勸焉，淫人懼焉，則政治秩序，凜然而不可犯矣。

《公羊·隱十一年·經》「冬十有一月，壬辰，公薨。」《傳》曰：

> 此何以不書葬？《春秋》，弒君、賊不討，不書葬，以爲無臣子也。

是春秋重視討賊也。《公羊・隱十年・經》「夏翬帥師會齊人鄭人伐宋。」《傳》曰：

　　此公子翬也。何以不稱公子？貶，曷爲貶？隱之罪人也，故終隱之篇貶之也。

《注》：

　　明爲隱貶，所以起隱之罪人也。

㈠明興亡之理

爲政宜先明興亡之理。史冊亡國敗家相隨屬，皆不明此理之故，《禮記・禮運》第九曰：

　　故禮也者，人之大端也。所以講信修睦，而固人肌膚之會，筋骸之束也，所以養生送死，事鬼神之大端也，所以達天道、順人情之大竇也。故惟聖人爲知禮之不可以已也。故壞國、喪家、亡人，必先去其禮。

養生送死，爲王道之始，達天道、順人情，則天人和諧，此禮之大用。去禮，未有不自取滅亡也。《禮記・經解》第二十六曰：

　　故昏姻之禮廢，則夫婦之道苦，而淫辟之罪多矣；鄉飲酒之禮廢，則長幼之序失，而爭鬥之獄繁矣；喪祭之禮廢，則君臣之位失，諸侯之行惡，而倍畔侵陵之敗起矣。故禮之教化也微，其止邪也於未形，使人日徙善遠罪而不自知也，是以先王隆之也。

記明禮之不可廢，能止邪於未形，使人日徙善遠罪而不自知。此禮有潛移默化之功，所以化民成俗，廢禮，則取亡之道也。《左・襄元年・傳》曰：

> 陳逢滑謂陳懷公曰：臣聞國之興也以福，其亡也以禍。今吳未有福，楚未有禍。楚未可棄，吳未可從……公曰國勝君亡，非禍而何？（楚爲吳所勝）……臣聞國之興也，視民如傷，是其福也；其亡也，以民爲土芥（草），是其禍也。楚雖無德，亦不艾殺其民。吳日敝於兵，暴骨如莽，而未見德焉。天其或者正訓楚也（使懼而改過）。

視民如傷，愛民也；以民爲土芥，暴骨如莽，是殘民也。愛民者福，殘民者禍，是一國之興亡，取決於愛民或殘民也。孟子曰：

> 暴其民甚，則身弒國亡，不甚，則身危國削，名之曰幽、厲，雖孝子慈孫，百世不能改也。

（註一八二）

一國之興亡，孟子亦以愛民、暴民爲斷，甚是。《左·昭十八年·傳》曰：

> 秋，葬曹平公，往者見周原魯焉（原伯魯，周大夫），與之語，不說學。歸以語閔子馬，閔子馬曰：周其亂乎！夫必多有是說，而後及其大人（國亂俗壞故）。大人患失而惑，又曰可以無學，無學不害。不害而不學，則苟而可（皆懷苟且）。於是乎下陵上替，能勿亂乎！夫學、殖也，不學將落，原氏其忘乎！

《傳》言學以進德，不學則日墮落，以至下陵上替，取亡之道，此以不學爲取亡之道也。孟子曰：

> 上無禮，下無學，賊民興，喪無日矣（註一八三）

亦明上下無學，取亡之道也。《左·昭十八年·傳》曰：

二月乙卯，周毛得殺毛伯過而代之，萇弘曰：毛得必亡？是昆吾稔之日也。侈故之以（昆吾夏伯也，侈惡積熟以乙卯日誅），而毛得以纘於王都，不亡何待。

右言侈惡必亡。《左·昭元年·傳》曰：

叔向曰彊以克弱而安之，彊不義也。不義而彊，其斃必速……令尹爲王，必求諸侯，若獲諸侯，其虐滋甚，將何以終？夫以彊取，不義而克，必以爲道，道由淫虐，弗可久也矣。

右言淫虐爲取亡之道。《公羊·僖十九年·經》「梁亡。」《傳》：

此未有伐者其言梁亡何？自亡也。其自亡奈何？魚爛而亡也。

《注》曰：

梁君隆刑峻法，一家犯罪，四家坐之，一國之中，無不被刑者。百姓一旦相率俱去，狀若魚爛，魚爛從內發，明百姓得去之，君當絕也。

此濫用刑罰，殘民以逞，其亡固宜。《公羊·僖二年·經》「虞師晉師滅下陽。」《傳》曰：

虞微國也。曷爲序乎大國之上？虞首惡也，虞受賂，假滅國者道以取亡焉，虞公貪而好寶，見寶許諾，宮之奇諫，記曰：唇亡則齒寒。晉今日取郭，明日虞從而亡爾。君請勿許也！虞公不從其言，終假之道以取郭還，四年，反取虞。夏陽者何？郭之邑也。

此貪利倍鄰，自取滅亡也。《左·昭四年·傳》曰：

楚子示諸侯侈，椒舉曰：夫六王二公之事，皆所以示諸侯禮也。夏桀爲仍之會，有緡叛之，商紂爲黎之蒐，東夷叛之……皆所以示諸侯汏（過也奢也）也，諸侯所由棄命也。今君以汏，無乃不濟乎？王弗聽。子產見左師曰：吾不患楚矣，汏而愎諫，不過十年。

右言楚子汏而愎諫，故亡。《左·定十三年·傳》曰：

衛公叔文子朝而請享，退見史蝤而告之，史蝤曰：子必禍矣。子富而君貪，罪其及子乎？文子曰：若之何？史蝤曰無害，子臣可以免（言能執臣禮），富而能臣，必免於難。上下同之，戍也驕，其亡乎！（戍，文子之子）富而不驕者鮮。吾唯子之見，驕而不亡者，未之有也。

右謂驕必亡。《左·襄十四年·傳》曰：

晉侯問衛故於中行獻子（荀偃），對曰：不如因而定之。衛有君矣（剽已立）。伐之未可以得志，而勤諸侯，仲虺有言曰：亡者侮之，亂者取之，推亡固存，國之道也。

此言立國之道，有敗亡之跡者，亡之；有可存之理者，存之，至滅亡之主因，《書·多士》曰：

在今後嗣王（紂），誕罔顯于天，矧曰其有聽念于先王勤家。誕淫厥泆，罔顧于天顯民祇（矧、況。聽、察。誕、厥，皆詞。天顯、猶言天道。民祇、猶言民病也）。惟時上帝不保，降若茲大喪（亡國）。

《書》言滅亡之主因，不顧天理、民隱也。天道，即天理。《詩·小雅·天保》之什曰：

天保定爾，以莫不興。

興亡之理，一言決之，曰仁與不仁而已矣。孟子曰：

又曰：

三代之得天下也以仁；其失天下也以不仁。國之所以廢興存亡者亦然。天子不仁，不保四海，諸侯不仁，不保社稷，卿大夫不仁，不保宗廟，士庶人不仁，不保四體。今惡死亡，而樂不仁，是猶惡醉而強酒。

順天者存，逆天者亡。（註一八四）

興亡之理，昭昭若此，長國家者，當知所務。

㈡坊　亂

《禮記·經解》論禮之大用，明禮所以坊亂之理曰：

故朝覲之禮，所以明君臣之義也；聘問之禮，所以使諸侯相尊敬也；喪祭之禮，所以明臣子之恩也；鄉飲酒之禮，所以明長幼之序也；昏姻之禮，所以明男女之別也。夫禮禁亂之所生，猶坊止水之所自來也。故以舊坊爲無所用而壞之者必有水敗；以舊禮爲無所用而去之者，必有亂患。

禮之坊亂，猶坊之坊水。去坊則有水災，去禮必有亂患。《記》又引孔子曰：

小人貧斯約，富斯驕。約斯盜，驕斯亂，禮者，因人之情而爲之節文，以爲民坊者也。

右仍申禮之足以爲民之坊。《左·襄二十七年·傳》：

子罕曰：天生五材（金木水火土），民並用之，廢一不可，誰能去兵，兵之設久矣。所以威不軌，而昭文德也。聖人以興，亂人以廢。廢興、存亡、昏明之術，皆兵之由也。

右言兵不可廢，所以威不軌而昭文德，即謂亦可以止亂，在愼用之，不得已也。

五、政治極致

政治之極致，期於萬物各得其所，萬事各得其序，至天地位焉，萬物育焉，人類之最高理想也。故有大順之境界。

《禮記·禮運》第九曰：

四體既正，膚革充盈，人之肥也；父子篤、兄弟睦、夫婦和，家之肥也；天子以德爲車，以樂爲御；諸侯以禮相與，大夫以法相序，士以信相考，百姓以睦相守，天下之肥也，是謂大順，大順者，所以養生送死，事鬼神之常也。

禮之達於大順，成物之效著見，故以人之肥設譬，推而至於家國天下之肥，成己成物，合外內之道，即上文所指大同之境。人神安和，天人爲一，至德盛世，將何以加於此乎？〈堯典〉美帝堯曰：

克明俊德，以親九族，九族既睦，平章百姓（平、辨。章、明。百姓、百官），百姓昭明，協和萬邦，黎民於變時雍（時：是。雍，和）。

此極言德治之宏效。孔子自言己志曰：

老者安之；朋友信之，少者懷之。

老安少懷，人咸得所，即政治極致之境，其心嚮往之，人類之終極理想，亦在於斯矣。

捌、結語

分四目

一、本章重在分析經學之義理。立綱揭目，以覩經義之會通。明人文所以能化成天下，實有至理存焉。

二、本章以五經爲主體。而《禮》則兼及三《禮》，《春秋》綜合三《傳》，以《論》、《孟》爲思想之主導，蓋孔孟思想總會於二書也。

三、立論以經文爲主，直以《經》釋《經》，次以《傳》及群書通經，俾群經之大義，相與融貫，若網在綱然，所謂統之有宗，會之有元也。《周易略例》。

四、本章分八節：

一曰道。由道以貫穿群經，群經皆載道之言。道爲義理之本原，中國傳統學術整全之代稱。莊子所謂天地之純，古人之大體也。是道爲思想之活水源頭也。

二曰天人。則合天人之理，以求天人之和諧，終於人贊天地之化育，以人爲本位。人爲三才之中樞，中國人文思想植基益固，而人文精神，益能卓爾樹立於天地之間。

三曰內外。重合內外之道，內聖外王，由修己以安人，以收成己成物之效。

四曰性命。明性命之本原，合人天爲一理，理事不二。明天理自在吾心，不假他求也。

五曰德行。由德性之內修至德性之實踐，合內外之道爲一。

六曰倫紀。主倫紀原於自然之秩序，由自然法則延申而爲倫理之法則，以建立社會之秩序。以此爲社會安定之原動力也。

七曰治平。探究我國政治哲學之原理，首揭民本之思想，一切以民爲主榦，發揚人文思想，申張正義，養浩然之正氣。以禮樂刑政爲爲治之具，以建立政治之秩序。明興亡之理，以仁與不仁，乃一國廢興存亡之最高原理，而總歸於德治。

八曰結語。謂經學在究天人之微，達性命之原，立己立人，合內外之道，以明經學爲立人經世開示萬世不易之大法，期人類共生共存，協調和諧，相生相養，立生民之慧命，亦所以廣延宇宙之大生命於無窮，則人類永享無疆之休祜矣。

〔附註〕

註一　「體用一源顯微無間」見程伊川〈易傳序〉。

註二　《史記滑稽列傳》孔子曰六藝於治，一也。《禮》以節人，《樂》以發和，《書》以道事，《詩》以達意，《易》以神化，《春秋》以道義。……。

註　三　《論語里仁篇》子曰參乎吾道一以貫之，曾子曰唯。……。

註　四　《論語衛靈篇》子曰賜也女以予爲多學而識之者與？對曰然，非與？曰非也，予一以貫之。

註　五　《中庸第十二章》哀公問政，孔子答「天下之達道五」又「凡爲天下國家有九經」二段云云。

註　六　《孟子告子下篇》孟子曰居下位以賢事不肖者伯夷也，五就湯五就桀者，伊尹也。……三子者不同道，其趨一也，一者何？曰仁也。君子亦仁而已矣，何必同。

註　七　《孟子盡心上》孟子曰君子之於物也，愛之而弗仁，於民也仁之弗親，親親而仁民，仁民而愛物。

註　八　同上篇，孟子曰……仁者無不愛也，急親賢之爲務，堯舜之智不偏愛人，急親賢也。

註　九　《孟子告子上篇》孟子曰富歲子弟多賴。……故凡同類者擧相似也。……口之於味也有同耆焉，耳之於聲也有同聽焉。……云云。

註　十　《韓昌黎全集原道篇》古之時人之害多矣，有聖人者立然後敎之以相生養之道。……云云。

註十一　《莊子天下篇》古之所謂道術者果惡乎在？曰無乎不在，其在於《詩》《書》《禮》《樂》者鄒魯之士，搢紳先生多能明之。……。

註十二　《漢書儒林傳》古之儒者博學乎六藝之文（師古曰六藝謂《易》《禮》《詩》《書》《春秋》）六學者，王敎之典籍。……。

註十三　《後漢書儒林傳》楊仁傳肅宗旣立，拜什邡令，寬惠爲政勸課掾史弟子，悉令就學，其有通明經術者，顯之右署或貢之朝，由是義學大興。

註十四）《後漢書班彪傳》至於採摭經傳，甚多疏略。……其論術學，則崇黃老而薄五經；序貨殖則輕仁義而羞貧窮。

註十五　《三國志魏崔林傳注》裴松之曰臣松之以爲孟軻稱宰我之辭曰，以予觀於夫子，賢於堯舜遠矣。……云云。

註十六　《周易繫辭傳上第四章》樂天知命故不憂，安土敦乎仁故能愛，範圍天地之化而不過，曲成萬物而不遺。……。

註十七　《史記伯夷列傳》夫學者載籍極博猶考信於六藝。

註十八　《莊子齊物論》彼亦一是非，此亦一是非。……是亦一無窮，非亦無窮也。故曰莫若以明。……。

註十九　《論理里仁篇》子曰「君子之於天下也，無適也，無莫也，義之與比。」朱《註》「適，專主也，肯定也，比，從也。」

註二〇　同上（註一一）條。

註二一　同上（註一一）莊子天下篇。

註二二　《漢書藝文志六藝略》今異家者，各推所長，窮知究慮，以明其指，雖有蔽短，合其要歸亦六經之支與流裔。……。

註二三　《資治通鑑獻帝紀》後司馬溫公史論。又見《後漢書集解》引。

註二四　《漢書卷八十一，列傳第五十一匡衡傳》

註二五　《禮記禮運篇》故人者，天地之心也，五行之端也，食味列聲被色而生者也。

註二六　《中庸第一章》致中和，天地焉，萬物育焉。

註二七　《孟子告子下篇》曹交問曰，人皆可以爲堯舜有諸？……。曰交得見於鄒君，可以假館，願留而受業於門，曰，夫道若大路然，豈難知哉？人病不求耳。

註二八　《孟子滕文公上篇》，滕文公爲世子將之楚，過宋而見孟子。……孟子曰，世子疑吾言乎？夫道，一而已矣。

註二九　《莊子天下篇》悲夫百家往而不反，必不合矣，後世之學者，不幸不見天地之純，古人之大體，道術將爲天下裂。

註三〇　《荀子勸學篇》君子知夫不全不粹之不足以美也。天見其明，地見其光（廣通），君子貴其不全也。

註三一　《周易繫辭傳下第八章》曰《易》之爲書也，廣大悉備，有天道焉，有人道焉。

註三二　《周易說卦傳第二章》曰立天之道曰陰與陽，立地之道曰柔與剛，立人之道曰仁與義。

註三三　《周易鄭氏學》第三章鄭易釋例。

註三四　唐李鼎祚《周易集解》。

註三五　《孟子盡心下篇》孟子曰，盡信書則不如無書，吾於〈武成〉取二策而已矣。……。

註三六　《中庸第二十六章》故至誠無息，不息則久，久則徵，徵則悠遠，悠遠則博厚，博厚則高明。

註三七　《孟子滕文公篇》禹疏九河，瀹濟漯而注諸海，決汝漢，排淮泗而注之江，然後中國可得而食也。

註三八　《中庸第十三章》子曰，道不遠人，人之爲道而遠人，不可以爲道。

註三九　《孟子盡心上篇》孟子曰萬物皆備於我矣，反身而誠，樂莫大焉，強恕而行，求仁莫近焉。

註四〇）《論語公治長篇》子謂子產有君子之道四焉其行己也恭，其事上也敬，其養民也惠，其使民也義。

註四一　《孟子離婁篇》孟子曰離婁之明。……故曰徒善不足以爲政，徒法不能以自行，《詩》云不愆不忘，率由舊章，遵先王之法而過者，未之有也。

註四二　《論語子罕篇》子曰可與共學，未可與適道，可與適道未可與立，可與立可與權。

註四三　《荀子天論篇》天行有常，不爲堯存，不爲桀亡。……天有常道矣，地有常數矣，君子有常體矣。……。

註四四　《中庸第三十一章》唯天下至聖，爲能聰明睿知，足以有臨也。……齊莊中正，足以有敬也，文理密察，足以有別也。……。

註四五　《孟子萬章下篇》孟子曰伯夷聖之淸者。……孔子之謂集大成集大成也者金聲而玉振之也，金聲也者，始條理也；玉振之也者，終條理也。……。

註四六　《孟子離婁篇上篇》孟子曰規矩，方員之至也，聖人，人倫之至也。

註四七　《荀子儒效篇》曰聖也者，道之管也，天下之道管是矣，百王之道一是矣，故《詩》《書》《禮》《樂》之道歸是矣。……。

註四八　《論語述而篇》子曰，若聖與仁，則吾豈敢，抑爲之不厭，誨人不倦，則可謂云爾已矣。

註四九　《論語子張篇》子夏曰日知其所亡，月無忘其所能，可謂好學也已矣。

註五〇 《周易繫辭傳第八章》曰其道甚大，百物不廢，懼以始終其要無咎，此之謂《易》之道也。

註五一 《論語季氏篇》孔子曰，君子有三畏，畏天命，畏大人，畏聖人之言。

註五二 《孟子告子下篇》孟子曰舜發於畎畝之中。……故天將降大任於是人也，必先苦其心志，勞其筋骨。……。

註五三 《論語述而篇》子謂顏淵曰用之則行。……子路曰子行三軍則誰與？子曰暴虎馮河死而無悔者，吾不與也，必也臨事而懼，好謀而成者也。

註五四 堯時擊壤歌，見《古詩源》。

註五五 《論語泰伯篇》子曰，大哉堯之爲君也，巍巍乎唯天爲大唯堯則之。

註五六 《周易豐卦彖》日中則昃月盈則食。

註五七 《詩小雅十月之交》高岸爲谷，深谷爲陵，哀今之人，胡憯莫懲。

註五八 《周易謙卦初六象傳》曰，謙謙君子，卑以自牧也。

註五九 《僞古文尙書大禹謨》曰，滿招損，謙受益，時乃天道。

註六〇 《論語泰伯篇》子曰，如有周公之才之美使驕且吝，其餘不足觀也已。

註六一 《孟子離婁上篇》孟子曰，居下位而不獲於上，民不可得而治也。……是故誠者，天之道也，思誠者，人之道也，至誠而不動者，未之有也，不誠未有能動者也。

註六二 《禮記孔子閒居》孔子曰，淸明在躬，氣志如神，耆欲將至，有開必先。……。

註六三 《中庸第二十四章》至誠之道，可以前知，國家將興，必有禎祥；國家將亡》，必有妖孽。……云云。

註六四　《中庸第二十章》曰，誠者，天之道也；誠之者，人之道也。

註六五　《孟子告子上篇》孟子曰，仁，人心也；義，人路也。……。

註六六　《中庸三十二章》曰，唯天下至誠，爲能經綸天下之大經。……苟不固聰明聖知達天德者，其孰能知之。

註六七　《孟子離婁上篇》孟子曰離婁之明，公輸子之巧，不以規矩不能成方員，師曠之聰，不以六律，不能正五音。

註六八　《孟子公孫丑上篇》孟子曰仁則榮。……今國家閒暇，及是時般樂怠敖，是自求福也。禍福無不自己求之者。

註六九　《詩大雅文王之什》。

註七〇　《左襄三十一年傳》魯穆叔引古泰誓語。

註七一　《易乾卦文言傳》先天而天弗違；後天而奉天時。

註七二　《孝經卷六五刑章》移風易俗，莫善於樂；安上治民莫善於禮。

註七三　《中庸第十六章》朱子《集註》。

註七四　《中庸第二十五章》誠者自成也而道自道也。……誠者非自成亡而已也。所以成物也。……故時措之宜也。云云。

註七五　《漢書儒林傳第五十八》子夏居西河，子貢終於齊，如田子方段干木，吳起，禽滑釐之屬，皆受業於子夏之倫。

註七六　《論語憲問篇》子路問君子，子曰，修己以敬，曰，如斯而已乎？曰修己以安人。曰，如斯而已乎？曰，修己以安百姓，修己以安百姓，堯舜其猶病諸。

註七七　《中庸第二十章》知斯三者，則知所以修身，知所以修身則知所以治人，知所以治人，則知所以治天下國家矣。

註七八　《荀子天論篇》曰「心居中虛以治五官，夫是之謂天君。」〈解蔽篇〉曰「心者，形之君也，而神明之主也。」

註七九　《中庸第十四章》子曰，射有似乎君子，失諸正鵠，反求諸其身。

註八〇　《孟子盡心上篇》孟子曰，求則得之，舍則失之，是求有益於得也，求在我者也。

註八一　《孟子告子上篇》孟子曰，仁，人心也；義，人路也，舍其路而弗由，放其心而不知求，哀哉。……。學問之道無他，求其放心而已矣。

註八二　《孟子離婁上篇》孟子曰愛人不親反其仁。……行有不得者，皆反求諸已，其身正而天下歸之。……。

註八三　《莊子天下篇》曰「悲夫，百家姓而不反，必不合矣。……道術將為天下裂。」又曰「是故內聖外王之道，闇而不明，鬱而不發，天下之人明各為其所欲焉以自為方。」

註八四　《孟子公孫丑上篇》孟子曰，以力假仁者霸，霸必有大國，以德行仁者王，王不待大。……以德服人者，中心悅而誠服也，如七十子之服孔子也。

註八五　《禮記王制篇》用民之力，歲不過三日。

註八六　《史記太史公自序》《春秋》者，禮義之大宗也。

註八七　《孟子告子下篇》孟子曰五霸者，三王之罪人也。……五霸桓公爲盛，葵丘之會諸侯，束牲載書而不歃血，初命曰，誅不孝，無易樹子。……五命曰，無曲防。……旣盟之後，言歸於好。

註八八　《中庸第二十章》哀公問政。……繼絕世，擧廢國，治亂持危朝聘以時，厚往而薄來，所以懷諸侯也。

註八九　《孟子滕文公下篇》公都子曰，外人皆稱夫子好辯。……孔子懼作《春秋》《春秋》天子之事也。

註九〇　《論語憲問篇》子曰，管仲相桓公，霸諸侯，一匡天下，民到於今受其賜，微管仲吾其被髮左衽矣。

註九一　《孟子滕文公上篇》有爲神農之言者許行。……吾聞用夏變夷者，未聞變於夷者也。……。

註九二　《禮記孔子閒居第二十九》子夏曰三王之德參於天地，敢問何如斯謂參天地矣？孔子曰，奉三無私和以勞天下。……此之謂三無私。

註九三　《禮記表記第三十二》子曰虞夏之道，寡怨於民。……子言之曰，後世雖有作者，虞帝弗可及也已。

註九四　《孟子梁惠王上篇》孟子曰見梁襄王。……孰能一之？對曰不嗜殺人者能一之。……。

註九五　《論語季氏篇》夫如是，故遠人不服，則修文德以來之。

註九六　《孟子梁惠王上篇》齊宣王問曰齊桓晉文之事，可得聞乎？

註九七　同上篇，梁惠王曰，晉國天下莫強焉，叟之所知也。……故曰，仁者無敵，王請勿疑。

註九八　《孟子盡心篇》孟子曰，形色，天性也，惟聖人然後可以踐形。

註九九　《論語述而篇》子曰，天生德於予，桓魋其如予何？

註一〇〇《論語憲問篇》公伯寮愬子路於季孫，子服景伯以告曰。……子曰，道之將行也與，命也；道之將廢也與，命也。公伯寮其如命何？

註一〇一《中庸第十四章》君子素其位而行，不願乎其外。……故君子居易以俟命，小人行險以徼幸。《朱註》「易，平地也，居易素位而行也，俟命，不願乎外也。徼求也，幸，謂所不當得而得者。」

註一〇二《孟子盡心下篇》孟子曰堯舜性者也，湯武反之也，動容周旋中禮者，盛德之至也，哭死而哀，非爲生者也，經德不回，非以干祿也，言語必信，非以正行也君子行法以俟命已矣。《朱註》性者得全於天，不假修爲，反之者，修爲以復其恆而至於聖人也。……法者，天理之當然者也，君子行之，而吉凶禍福有所不計。

註一〇三《孟子告子上篇》孟子曰。……雖存乎人者豈然無仁義之心哉，其所以放其良心者，亦猶斧斤之於木也。……。同篇，孟子曰，魚，我所欲也。……鄉爲身死而不受，今爲所識窮乏者得我而爲之，是亦不可以已乎，此之謂失其本心。

註一〇四《孟子公孫丑上篇》孟子曰，人皆有不忍之心。……惻隱之心，仁之端也，羞惡之心，義之端也，辭讓之心，禮之端也，是非之心，智之端也。人之有是四端也，猶其有四體也。

註一〇五《孟子離婁下篇》孟子曰，大人者不失其赤子之心者也。

註一〇六《孟子盡心下篇》孟子曰，養心莫善於寡欲，其爲人也寡欲，雖有不存焉者寡矣；其爲人也多欲，雖有存焉者寡矣。

註一〇七　《孟子告子上篇》孔子曰操則存，舍則亡，出入無時，莫知其鄉，惟心之謂與。

註一〇八　《孟子盡心上篇》孟子曰，盡心其心者，知其性也，知其性則知天矣。

註一〇九　《孟子公孫丑上篇》孟子曰人皆有不忍人之心。……凡有四端於我者，佑皆擴而充之矣，若火之始然，泉之始達。……。

註一一〇　《論語陽貨篇》子曰，性相近也，習相遠也。

註一一一　《禮記曲禮上篇》欲不可從，志不可滿。……。

註一一二　《孟子盡心上篇》孟子曰霸者之民驩虞如也。……夫君子所過者化，所存者神，上下與天地同流，豈曰小補之哉？

註一一三　《大學傳第六章》曾子曰十目所視。……富潤屋，德潤身，心廣體胖，故君子必誠其意。

註一一四　《論語先進篇》子曰從我於陳蔡者皆不及門也。德行顏淵、閔子騫、冉伯牛、仲弓。言語宰我、子貢。政事冉有、季路。文學子游、子夏。

註一一五　《易繫傳上第十二章》神而明之，存乎其人，默而成之，不言而信，存乎德行。

註一一六　《孟子告子上篇》＝于曰，先名實者爲人也。……有諸內必形諸外。……。

註一一七　《禮記樂記》和順積中而英華發外，惟樂不可以爲僞。

註一一八　《禮記表記第三十二》子曰，仁之爲器重，其爲道遠，舉者莫能勝也，行者莫能致也，取數多者仁也，夫勉於仁者，不亦難乎。

註一一九　同上篇，子曰，仁有三，與仁同功而異情。……仁者安仁，知者利仁，畏罪者強仁。……。

註一二〇　《中庸第二十章》哀公問政，子曰。……或生而知之。……或安而行之，或利而行之，或勉強而行之，及其成功一也。

註一二一　《詩大雅烝民第六章》曰人亦有言，德輶如毛，民鮮克舉之，我儀圖之，維仲山甫舉之，愛莫助之。……。

註一二二　《詩小雅車攻末章》曰高山仰止、景行行止。……。

註一二三　《禮記表記》子曰，詩之好仁如此，鄉道而行，中道而廢，忘身之老也，不知年數之不足也，俛焉日有孳孳，斃而後已。

註一二四　《孟子公孫丑上篇》孔子曰里仁爲美。……夫仁，天之尊爵也，人之安宅也。莫之禦而不仁，是不智也。

註一二五　《孟子滕文公下篇》景春曰公孫衍、張儀豈不誠大丈夫哉。……孟子曰是焉得爲大丈夫乎。……居天下之廣居，立天下之正位，行天下之大道。……。

註一二六　《孟子告子上篇》孟子曰，仁，人心也；義，人路也。……。

註一二七　《論語學而篇》有子曰，其爲人也孝弟而好犯上者鮮矣。……君子務本，本立而道生，孝弟也者，其爲仁之本與，《朱註》「本猶根也，仁者，愛之理，心之德也。」

註一二八　《孟子梁惠王上篇》梁惠王曰，寡人願安承教。……仲尼曰始作俑者其無後乎，爲其象人而用之也，如之何其使斯民飢而死也。

註一二九 《論語泰伯篇》子曰，好勇疾貧，亂也，人而不仁，疾之已甚，亂也。

註一三〇 《論語顏淵篇》季康子問政於孔子曰，如殺無道以就有道，何如？孔子對曰，子爲政，焉用殺？

註一三一 《論語子路篇》子曰，善人爲邦百年，亦可勝殘去殺矣，誠哉是言也。

註一三二 《論語學而篇》子曰，君子不重則不威。……過則勿憚改。

註一三三 《論語里仁篇》子曰，苟志於仁矣，無惡也。

註一三四 同上篇，子曰，人之過也各於其黨，觀過斯知仁矣。

註一三五 《論語衛靈篇》子曰，過而不改，是謂過矣。

註一三六 《論語述而篇》子曰，德之不修，學之不講，聞義不能徙。不善不能改，是吾憂也。

註一三七 《論語雍也篇》哀公問弟子孰爲好學？孔子對曰，有顏回者好學，不遷怒，不貳過。……。

註一三八 《周易繫傳第四章》子曰顏氏之子其始庶幾乎！有不善未嘗不知，知之未嘗復行也，《易》曰「不遠復，元祇悔，元吉。」

註一三九 《論語述而篇》子曰加我數年，五十以學《易》，可以無大過矣。

註一四〇 《孟子告子下篇》曹交問曰，人皆可以爲堯舜有諸？……夫徐行者，豈人所不能哉？所不爲也。堯舜之道，孝弟而已矣。

註一四一 《孟子萬章上篇》萬章問曰，舜往于田，號泣于旻天。……人少則慕父母，知好色則慕少艾。……大孝終身慕父母，五十而慕者，予於大舜見之矣。

註一四二　《禮記祭義第二十四》曾子曰，孝有三，大孝尊親，其次弗辱，其下能養，公明儀曰，夫子可以爲孝乎？曾子曰，是何言與，君子之所謂孝者，先意承志，諭父母於道，參直養者也，安能爲孝？

註一四三　同上篇，曾子曰，身也者父之遺體也，行父之遺體，敢不敬乎！居處不莊，非孝也；事君不忠，非孝也；蒞官不敬，非孝也；朋友不信，非孝也；戰陳無勇，非孝也。五者不遂，裁及於親，敢不敬乎。

註一四四　同篇，曾子曰，衆之本教曰孝，其行曰養，養可能也，敬爲難。……仁者，仁此者也；禮者，履此者也；義者，宜此者也；信者，信此者也，強者，強此者也，樂自順此生，刑自反此作。

註一四五　《詩大雅文王有聲第六章》鎬京辟雝，自西自東自南自北，無思不服，皇王烝哉。

註一四六　《論語學而篇》曾子曰，愼終追遠，民德歸厚矣。

註一四七　《論語泰伯篇》子曰，恭而無禮則勞。……君子篤於親則民興於仁，故舊不遺，則民不偸。

註一四八　《詩大雅抑第五章》曰質爾人民，謹爾侯度，用戒不虞。……。

註一四九　《論語泰伯篇》子曰，泰伯其可謂至德也已矣，三以天下讓，民無得而稱焉。

註一五〇　《論公治長篇》顏淵季路侍，子曰，盍各言爾志。……顏淵曰，願無伐善，無施勞。

註一五一　《詩小雅桑扈末章》曰，兕觥其觩，旨酒思柔，彼交匪敖，萬福來求。《兕觥，爵也，觩，角上曲貌。

註一五二　見本節一二五條。

註一五三　《史記太史公自序》。

註一五四　《孟子離婁上篇》故曰，徒善不足以爲政，徒法不能以自行《詩》云不愆不忘，率由舊章，遵先王之法而過者，未之有也。

註一五五　《孟子離婁下篇》孟子曰，人之所以異於禽獸者幾希，庶民去之，君子存之，舜明於庶物，察於人倫，由仁義行，非行仁義也。

註一五六　《論語顏淵篇》顏淵問仁，子曰，克己復體爲仁，一日克己復禮，天下歸仁焉，爲仁由己，而由人乎哉？

註一五七　《孟子告子上篇》孟子曰，牛山之木嘗美矣，以其郊於大國也。……雖存乎人者，豈無仁義之心哉？其所以放其良心者，亦猶斧斤之於木也，旦旦而伐之，可以爲美乎，其日夜之所息，平旦之氣，其好惡人與人相近也者幾希，則其旦晝之所爲，有梏亡之矣，梏之反覆，則其夜氣不足以存，夜氣不足以存，則其違禽獸不遠矣。

註一五八　《大學傳第七章》是故君子先愼乎德。……德者本也，財者末也外本內末，爭民施奪。

註一五九　《孟子盡心下篇》孟子曰，周於利者，凶年不能殺，周于德者，邪世不能亂。

註一六八　《孟子離婁上篇》孟子曰，離婁之明，公輸子之功。……堯舜之道，不以仁政，不能平治天下。

註一六九　《大學傳第十章》儀監於殷，峻命不易，道得衆則得國，失衆則失國。

註一七〇　《孟子離婁上篇》孟子曰，桀紂之失天下也，失其民也。……得天下有道，得其民斯得天下矣。……。

註一七一　《孟子盡心下篇》孟子曰，民爲貴，社稷次之，君爲輕。

註一七二　《孟子公孫丑上篇》公孫丑問曰夫子加齊之卿相，得行道焉。……敢問夫子惡乎長？曰，我知言，我善養吾浩然之氣。敢問何謂浩然之氣，曰，難言也，其爲氣也，至大至剛，以直養而無害，則塞乎天地之間。……。

註一七三　同篇，其爲氣也，配義與道，無是，餒也，是集義所生者，非義襲而取之也。

註一七四　《論語衛靈公篇》子貢問爲仁，子曰，工欲善其事，必先利其器。……。

註一七五　《論語衛靈公篇》子曰，君子義以爲質，禮以行之，孫以出之，信以成之，君子哉。

註一七六　《孟子公孫丑上篇》子貢曰，見其禮而知其政，聞其樂而知其德。

註一七七　《論語子張篇》孟氏使陽膚爲士師問於曾子，曾子曰，上失其道，民散久矣，如得其情，則哀矜而勿喜。

註一七八　《論語爲政篇》子曰，爲政以德，譬如北辰居其所而衆星共之。

註一七九　《禮記祭義第二十四》子曰立愛自親始，教民睦也；立敬自長始，教民順也。教以慈睦而民貴有親，教以敬長而民貴用命，孝以事親，順以聽命，錯諸天下，無所不行。

註一八〇　《禮記雜記下第二十一》子貢觀於蜡，孔子曰，賜也樂乎？對曰，一國之人皆若狂，賜未知其樂也，子曰，百日之蜡，一日之澤，非爾所知也，張而不弛，文武弗能也；弛而不張，文武弗爲也，一張一弛，文武之道也。

註一八一　《孟子公孫丑下篇》孟子曰，朝廷莫如爵，鄉黨莫如齒，輔世長民莫如德。

註一八二　孟子曰，暴其民甚，則身弑國亡；不甚則身危國削，名之曰幽厲，雖孝子慈孫，百世不能改也。

註一八三　《孟子離婁上篇》孟子曰，上無禮，下無學，賊民興，喪無日矣。

註一八四　《孟子離婁上篇》孟子曰，天下有道，小德役大德，小賢役大大賢。天下無道，小役大，弱役強，斯二者，天也，順天者存，逆天者亡。

註一八五　《論語公治長篇》子路曰，願聞子之志，子曰，老者安之，朋友信之，少者懷之。

第七章　五經專義

壹、《易》

一、小　引

《周易》爲衰世之學，所以教人善處憂患之書也。殷周之際爲憂患之時，作《易》者其有憂患，綜觀《易》象所著吉凶悔吝之辭，緣此而往後復不已，故曰「懼以終始，其要無咎。」（註一）此《易》所以爲寡過之書，孔子三絕韋編之故也。書成於西周初年，故曰《周書》，爲中國傳統文化之先導，一切學術思想之泉源，歷史演變之律則，人文進化之程次，天人之幾微，性命之本源。《易》無不一一揭示，鉅細靡遺。溯其初，《易》本爲卜筮之書，由卦爻、〈繫辭〉、〈十翼〉組合而成，迨〈十翼〉既作，《易》遂富蘊精微之哲理。〈十翼〉之中〈繫傳〉實爲《易》之綱領。

《易》之大義、〈繫傳〉已備言之，首曰「夫《易》廣矣、大矣！以言乎遠則不禦，以言乎邇，則靜而正，以言乎天地之間則備矣。」（註二）又曰：「《易》其至矣乎！夫《易》聖人所以崇德而廣業而廣業也。……成性存存，道義之門。」（註三）《易》道之廣大要為示人以立人之道，以仁義上合陰陽剛柔之天德，實踐德性之美，以止於至善之境而後已。

至其大用：則聖人「以通天下之志，以成天下之務，以定天下之業，以斷天下之疑。」（註四）即《易》義言，蓋聖有以見天下之賾而不可亂（生生而條理之），有以見天下之動，而觀其會過（天下之動貞夫一者也），故能「通天下之志」；聖人開物成務，通變濟用，故能「成天下之務」；如備物致用，立成器以為天下利，此業之小者；而生生之理，支拄宇宙之生命，綿延人類共同生存之休祜，尤為富有日新之盛德，則業之至大者，故能「定天下之業」；蓍之德圓而神，卦之德方以智，神以知來，智以藏往，彰往而察來，微顯而闡幽，無有遠近幽深，遂知來物，故能「定天下之疑」。《易》之鉤深致遠，窮神知化，其用誠大矣，至矣，蔑以加乎此矣。

《易》之卦爻，本為符記。所以取象者，廣大悉備，萬有之本原，物理人事之律則，咸寓其中，故六十四卦以體宇宙人生，而後萬有之實，有象可循，有則可法，有理可述，將天下一切人物及其動靜行止納入六十四卦、三百八十四爻之中，而條理井然。且《易》之幾常在每爻將動未動之間；而《易》之理即在每象將見未見之時。幾有因而理有緣，無孤立實現之幾與理，亦斷無絕對獨立之因與緣。六十四卦之幾相與倚伏；六十四卦之理，本末一貫，故君子見幾而作，不俟終日也。

《易》爲指導人生之學術。天地生成，物類化育，有其自然之原理，太極與道是也。太極爲萬有之最高原理，統萬物而爲一，體用合一，用以大其體，體以神其用，體則大極，用則陰陽也。語其實理，則曰道，一陰一陽之謂道。道非陰陽，而復不離於陰陽。康成謂「太極，極中之道，淳和未分之氣也。」（註五）極有理據。在《易》又名之曰乾元，即天地之元氣也。由於剛柔之摩盪，陰陽之流轉，引致盈虛消息之力勢，萬有紛紜之現象，人事之盛衰得失，由之而生，《周易》以六十四卦顯示一切事物生命之歷程。此六十四卦，既象宇宙天地之大化，亦寓人生之變化；既蘊宇宙變化之理，復示人以應變之方。故其理純全，以宇宙之眞際爲基；其方法平實，令人易知易行，而非無謂之逃避。由是《易》爲一部偉大之人生哲學無疑。

窮理盡性至命，爲《易》學終極之鵠的。窮理者，知宇宙生存、天地化育之原理也。自然界本爲宇宙生命流行之整體，宇宙生機之洋溢，有蓬勃充沛之活力，創造日新，生生不已。吾人內具天地之生機，天地之生德賦予吾人，而爲仁心，人者，天地之心。（註六）復其見天地之心。（註七）人當體天地化育之本然以完成人性中美善之秉彝，繼善成德，庶知「乾道變化，各正性命」之理（註八）固不違離天德而忘其本然之秉受，德性之實踐，要在乎人，故曰「成性存存，道義之門」，（註九）此盡其性也。至命者，復其天命之性，上下與天地同流，一天人、合內外，人與天地合其德，與日月合其明。（註一〇）與天地合其德，則天人一體，與日月合其明，照臨無私，萬物咸沐天地浩浩之生德，各遂其生，咸得其所，則希聖「至命」之功畢矣。

綜核人類思想文化，尚未見有一學術於宇宙人生含無既善意之關注者，而《易》則實有之。開發中華民族剛健中正之精神，兼孕含弘載物之器量。中華文化之所以博大悠久者在茲。《易》道乾坤並建，乾坤《易》之門戶，乾陽坤陰，二者有相反相成之勢用，乾知太始，坤作成物，立窮變通久之律則，故三易之義，以變易爲之樞，陰陽消息，相與流轉，握變化之機，唯其變化之無窮已乃有新生富有之創進，人類生命在生生創造而條理之歷程中，於時際，向未來作無窮之動而進；於空際，則向上作無限之升越，天人之際，實踐於現實生活之中，盛德大業，無以加於此矣。人於天人有正確之認知，而發揮其天賦之資能，以完成人類繼往開來、扶植社會之使命，《易》列人於三才之中，一切學術，基於人道而產生，亦緣人生而發展，人爲宇宙之主體，益顯人性至高無上之尊嚴，此《易》學安居中華文化最高主導之地位，爲導正人類思想行爲發展之蘄嚮，爲人類開拓悠久無疆之休祜，舍《易》學其孰能與於此乎。

二、釋　名

(一) 易

《說文解字》九篇下曰：

易、蜥易、蝘蜓，守宮也。象形《祕書》說曰：日月爲易，象日易也。一曰「从勿」。

許並舉三說，無所適從、甲、金文均不象蜥易之形，亦與日月、勿字絕遠。按易字、甲文作[illegible]、藏

三、二。[illegible]、前一十、二。[illegible]、後上八六。金文作[illegible]盂鼎。[illegible]師酉簋。[illegible]毛公鼎。近人郭某曰：

卜辭多見易日，每與天象字同見一片。其例如「甲辰卜乙巳易日、不易日、雨」續四、一四、三。又「□□卜出□、貞□翌丁酉，其易日，不雨八月」鐵一九三、二。其爲關於天象無疑。準此、余謂易、乃暘之借字。《說文》「暘、日覆雲暫見也。从日、易聲。」是則易日、猶言陰日矣。（註一一）

「日覆雲暫見」，易，爲暘之借字，則易有變易之義矣。

(二)周　易

《周易》一名，見於《周禮春官太卜》，掌三易：

一曰連山，二曰歸藏，三曰周易。

《周易正義》曰：

《周易》稱周，取岐陽地名，文王作易之時，正在羑里，故題周以別於殷，以此文王所演，故謂之《周易》。

按鄭玄釋周爲周普義（見易贊）姑存一說，此從《正義》周爲朝代之名。

三、內　容

《周易》由1.卦爻。2.繫辭。3.十翼組成，分次於下：

(一)卦爻

卦爻，具象徵性之符號，按其衍生次序分1.基本符號。2.八卦。3.六十四卦三項。

1.基本符號

有二：即「⚊」與「⚋」。「⚊」代陽性。「⚋」代陰性。先民仰觀俯察、洞知自然界事物，均含陰陽二性。易言之，陰陽可通攝一切物性，遂以此二符記爲其表徵。

2.八卦

由上述兩符號，各自相重，「⚊」自相重，而有三畫之乾卦☰；「⚋」自相重，而有三畫中斷之坤☷。再以三畫之乾☰，坤☷爲基本、各爻交互，而生震☳、巽☴、坎☵、離☲、艮☶、兌☱六卦，用圖象說明如次。

先以乾☰爲主（主動在乾陽）。

	上爻	中爻	初爻
乾卦	⚊	⚊	⚊
坤卦	⚋	⚋	⚋

由右圖乾初爻與坤初爻交，坤初爻變爲陽爻，其餘二爻不變而生震卦☳；又乾中爻與坤中爻交，坤中爻變爲陽爻、餘二爻不變而生坎卦☵；又乾上爻與坤上爻交，坤上爻變爲陽爻，餘爻不變而生艮卦

☶。

復以坤☷爲主（主動者爲坤陰）。

	上爻	中爻	初爻
坤卦	--	--	--
乾卦	—	—	—

由右圖，坤初爻與乾初爻交，乾初爻變爲陰爻，餘二爻不變而生巽卦☴；又坤中爻與乾中爻交，乾中爻變爲陰爻，餘二爻不變而生離卦☲；又坤上爻與乾上爻交，乾上爻變爲陰爻，餘二爻不變而生兌卦☱。

由右兩圖顯示，因三畫乾、坤兩卦，按乾先、坤次之序，各爻相交（媾合），而產生震、巽、坎、離、艮、兌六卦，於是三畫八卦：

乾☰；坤☷；震☳；巽☴；離☲，艮☶；兌☱，由之成立。八卦之序爲：乾、坤、震、巽、坎、離、艮、兌。

按乾、坤（以象父母）生六子（震☳，長男；巽☴，長女、坎☵，中男；離☲，中女；艮☶，少男；兌☱，少女）見《說卦傳》。

八卦何以取三畫？作易者，取象天、人、地三才，上畫象天，下畫象地，中畫象人。人戴天履地、位於三才之中，而與天地參列，人之地位至高，中華人本文化之思想，肇端於此。

至於八卦之象：則乾爲天，坤爲地，震爲雷，巽爲風，坎爲水，離爲火，艮爲山，兌爲澤。天地雷風水火山澤，爲宇宙生成之重要元素，此爲《周易》之宇宙論，與希臘哲學以水、火風數等爲宇宙之成因；印度哲學以地水火風爲宇宙之成因，不謀而合，而《易》尤爲賅備。

3. 六十四卦

由三畫八卦錯綜相重，而成爲六十四卦，此六十四卦，皆爲六畫，名曰「六位成章」之卦，」其序如下：

1乾䷀ 2坤䷁	㈠	
3屯䷂ 4蒙䷃	一	
5需䷄ 6訟䷅	二	
7師䷆ 8比䷇	三	
9小畜䷈ 10履䷉	四	
11泰䷊ 12否䷋	五①	
13同人䷌ 14大有䷍	六	
15謙䷎ 16豫䷏	七	
17隨䷐ 18蠱䷑	八②	
19臨䷒ 20觀䷓	九	
21噬嗑䷔ 22賁䷕	十	
23剝䷖ 24復䷗	十一	

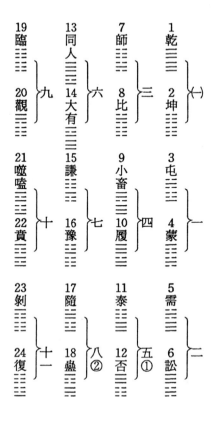

25无妄䷘ 26大畜䷙ 十二　27頤䷚ 28大過䷛ ㈡　29坎䷜ 30離䷝ ㈢

31咸䷞ 32恆䷟ 十三　33遯䷠ 34大壯䷡ 十四　35晉䷢ 36明夷䷣ 十五

37家人䷤ 38睽䷥ 十六　39蹇䷦ 40解䷧ 十七　41損䷨ 42益䷩ 十八

43夬䷪ 44姤䷫ 十九　45萃䷬ 46升䷭ 二十　47困䷮ 48井䷯ 二十一

49革䷰ 50鼎䷱ 二十二　51震䷲ 52艮䷳ 二十三　53漸䷴ 54歸妹䷵ 二十四③

55豐䷶ 56旅䷷ 二十五　57巽䷸ 58兌䷹ 二十六　59渙䷺ 60節䷻ 二十七

61中孚䷼ 62小過䷽ ㈣　63既濟䷾ 64未濟䷿ 二十八④

右列六十四卦，由卦象顯示，有三類不同之狀況，茲分甲、乙、丙三類說明：

甲：一、二、三、四、五、六、七、八、九、十、十一、十二、十三、十四、十五、十六、十七、十

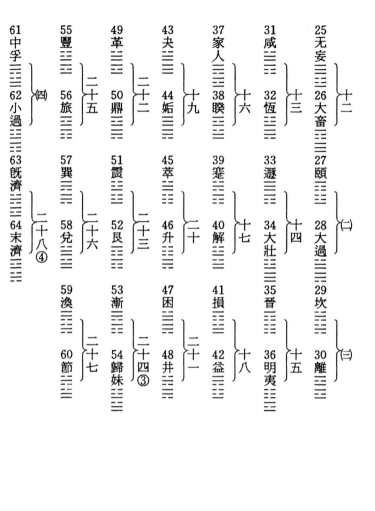

八、十九、二十、廿一、廿二、廿三、廿四、廿五、廿六、廿七、廿八，凡二十八組（每兩卦一組）。如屯與蒙，需與訟，師與比，小畜與履……既濟與未濟，均顛倒相對。例如屯䷂，倒之則爲蒙䷃。

乙：㈠、㈡、㈢、㈣，此四組卦。如乾與坤，頤與大過，坎與離，中孚與小過。此四組止能左右相對，顛倒不變。如乾䷀坤䷁左右一陰一陽相對。

丙：在甲項二十八組內，有①、②、③、④四組。如泰與否，隨與蠱、漸與歸妹，既濟與未濟。此四組，既顛倒相對，又左右相對。

因知六十四卦之組合，隱含對待之原理。在《易》、惟「太極」絕待，此萬有之本原，餘皆相待。老莊深知《易》理，知萬物均係相待（相對），老子知白守黑，知雄守雌，莊子對待之理愚於小著《易說通考》第三章內立「對待」一節有詳說，茲略。

㈡繫　辭

繫屬辭語於卦爻之下，以釋此卦爻之象及其含蘊，謂之繫辭。亦曰卦、爻辭。分卦辭、爻辭二目。每卦下所繫之辭，曰卦辭；每爻下所繫曰爻辭，分次於下

1.卦　辭

如　乾、元亨利貞。　乾、卦名。元亨利貞，則卦辭也。

如坤、元亨；利牝馬之貞，君子有攸往，先迷後得，主利；西南得朋，東北喪朋、安貞吉。

坤、卦名。元亨至安貞吉。二十九字，則卦辭也。

2. 爻辭

例：乾初九，潛龍勿用。

初九、乾初爻之稱。潛龍勿用，則爻辭也。

坤初六，履霜堅冰至。

初六，爲坤卦初爻之稱。履霜堅冰至，則爻辭也。卦辭，釋一卦之象及其含義；爻辭、釋一爻之象及其內容、總卦辭、爻辭而言，則《周易》之經文也。卦辭，凡七百零七字；爻辭，凡四千二百十三字。合卦爻辭全部經文計四千九百二十字，文約則義隱，經文難解者，職此之故。

(三)十翼

十翼，爲《周易》之傳。翼者，經之羽翼，所以訓詁經義令其流傳於後世，以化成天下也。傳有十種，故曰〈十翼〉，分彖上1、彖下2、象上3、象下4、繫傳上5、繫傳下6、文言7、說卦8、序卦9、雜卦10。分敘於下：

1. 彖傳 分上下、實爲一篇，隨經文而分。

〈彖傳〉、所以釋卦辭，卦辭古稱「彖」，釋卦辭之傳，因名〈彖傳〉，〈彖傳〉因經文而作，引經而逐句釋之、辭義精純、樸質。內言天道、陰陽、性命本原，卦爻之往來上下，並含正名、男女有別、夫婦之義，與儒家思想一致。

2. 象　傳　分上下。

象傳分大象、小象二目，大象總釋全卦之象。如乾象曰：「天行健，君子以自強不息。」坤象曰：「地勢坤，君子以厚德載物。」是，〈大象傳〉內言天人之道（上句言天道，下句言人事），重「法天」之義。言政，主仁政，德治。其中言修省者多，如畜德、克己、修持等，均重人事；至小象專釋一爻之象。如乾初九「潛龍勿用」，小象傳即曰「潛龍勿用，陽在下也。」又坤初六爻曰「履霜堅冰至」，小象傳即曰「履霜堅冰，陰始凝也，馴致其道，至堅冰也。」先引爻辭，而即釋其義也。

3. 繫辭傳　上下。

〈繫辭傳〉又稱〈大傳〉。內言「道」，最爲具體，自「道」之體用，以至生生不已，富有日新之大義，無不具備。論陰陽，以之爲一切變化之樞機。論數，謂可以贊天地之化育，與希臘哲學畢達哥拉學派所倡「數以開闢宇宙」論之旨同。此實《易》之勝義。言象，謂其在卦爻之中，舍卦爻不足以言象。於先聖作《易》之旨，以準天地。作易之時代，作者身世，皆有論述。故繫傳於《易道》之詮釋，經義之推闡，尤爲精至，務宜詳加玩索。

4. 文言傳

〈文言傳〉，主爲乾、坤兩卦而作。乾、坤《易》之門戶，六十二卦之父母，相係至大，故言以文之，專釋經文卦爻辭之義蘊。其釋爻辭，不憚反復推尋，以明其精義。於《易》道，指明「乾元」爲天地之陽氣，重天人之際、明言天人之德相合。聖人深知進退、存亡、得失，爲其明天道盈虛消息之理也。

5. 說卦傳

〈說卦傳〉，於形上，論及「窮理盡性至命」，又以水火雷風山澤天地，爲萬有生成變化之元素。於卦爻，指明重卦之理由，八卦之方位、時序、兼及五行。尤要者，乾坤六子之說，足見乾坤交易之象，參天兩地而倚數，又足徵九六之成因，於《易》義之發明，有足多者。

6. 序卦傳

說明六十四卦，以先後相互承受之義爲次，或以兩卦自然發展之趨向爲次，或以反對之原理序之，無不怡然理順，儼然天成。

7. 雜傳

〈雜卦〉綜人事、物理爲一章，凡二百四十八字。每以兩卦對待之理說之，而消息盛衰，天道、事人隱顯起伏之勢以著，言近而旨遠，所謂不下帶而道存焉者也（註一二）。

四、讀易

《易》道涵蓋廣遠，爲用至大，治《易》者當知：

㈠先設定《周易》年代

時代設定後，方可分析其思想之體系，前有何承？後將焉啓？由此推知《周易》在學術界之地位及其影響力。如《易》經本文所引述之史事：〈隋卦上六爻〉：「王亨西山。」〈旣濟卦九三爻〉曰：「高宗代鬼方。」即典制言，〈萃〉〈渙〉二卦之言「假廟」，〈升卦〉言「用禴」。貨貝：則有〈損卦六五〉、〈益卦六二〉皆言「十朋之龜」。〈震卦六二〉曰：「億喪貝。」等，皆可據以推設其時代之先後也。

(二)循義理、象數二途研求

自來治《易》者，要不出義理、象數兩途徑、解說經義，由人倫日用當然之理，以至天人性命之微，此義理之學也。象、數、《易》中固有。〈繫傳〉言「聖人有以見天下之賾而擬諸其形容，象其物宜，是故謂之象（註一三）。」又曰：「聖人設卦觀象。」（註一四）象，爲卦爻之象，即在卦爻之中。於數，有天地之數，大衍之數，九六之數等，天地之數，其妙用，所以成變化而行鬼神，其理至精入神，要不可忽諸。

(三)由人事證釋天道

《易》藉天道以明人事，吾人循流溯源，自可即人事以證知天道。天人一理也。〈謙卦彖傳〉：

> 天道虧盈而益謙；地地變盈而流謙；鬼神害盈而福謙；人道惡盈而好謙。

由人道惡盈，推知天道亦虧盈，方知《老子》曰：

> 富貴而驕，自貽其咎！功成名遂，身退，天之道。（註一五）

又曰：

天之道，損有餘而補不足。（註一六）

實契《易》理。《詩小雅十月之交》

高岸爲谷，深谷爲陵，哀今之人，胡憯莫懲？

即〈傳〉「地道變盈」之義，詩人亦夙知之。人道以謙爲至尊，此以天道修明人事者也。而〈革彖傳〉曰：

天地革而四時成，湯武革命，順乎天而應乎人，革之時大矣哉！

天地不革改而四時不成，人事之有興革固其宜也。又〈節彖傳〉曰：

天地節而四時成，節以制度，不傷財，不害民。

四時限於三月，天地有節約之理，人事建立制度，亦所以節制當政之行爲，乃有不傷財，不害民之效，否則勞民傷財，其害滋甚！皆由人事而證知天道，天人之密契有如是。

(四)以傳釋經

《周易》以卦爻爲基本，辭因卦爻而繫，惟卦辭僅七百零七字，爻辭亦不過四千二百十三字，全經止四千九百二十字，經文如是簡約，無傳何以探索其精微？治《易》必先由傳入，自漢費直以〈十翼〉解經始，千載以下，奉爲不二之宗法，試以傳例之：〈坤卦辭「西南得朋」，〈彖傳〉即曰「西南得朋，乃與類行。」〈坤〉陰卦，西南陰方，故爲同類。〈需卦辭〉曰「利涉大川」，〈傳〉則曰：「利涉大川，往有功也。」往而有功，是以涉大川爲利也。〈傳〉釋〈經〉義，何等明切。以〈傳〉釋〈經〉，適得我心之所欲言，何樂而不從《傳》乎？

五、略舉《易》學要目

(一)太極兩儀

太極、爲宇宙之絕對本體。宇宙萬有，均爲此一本體之作用。兩儀者，一陰一陽之謂。陰止順承；陽主創造，二者密不可分，共同作用於時空，相輔相成，是生萬有，所謂父與母，日與夜，光明與黑暗，生命與形體，善之與惡，動之與靜，……均含陰陽二儀。自然界常見者：如潮汐之起落，動植物之呼吸，心臟之收縮與擴張，引力之離心與向心，亦均係此二力之影響。近代物理學者亦發現電子之圍繞質子，正如行星之環繞太陽然。由於電子（陰）質子（陽性）之相互吸引而凝成星雲，既而星雲之迸裂，又產生若干星球，一若太極之生兩儀，爲宇宙之開闢，兩儀生四象，四象生八卦，則宇宙已臻形成，八卦重爲六十四卦，則是宇宙之繁衍無窮矣。然太極之與二儀，本一而二，二而一，《易》所謂「一陰一陽之謂道。」（註一七）是也。道之爲物，本含陰陽二性，陰陽雖爲對立之兩極，而統攝於道之一體。道非陰陽，而復不離陰陽。康成於太極下注曰：「極中之道，湻和未分之氣也。」（註一八）湻和未分之氣，太極也；迨其已分，則爲陰陽二儀，其說堅確不易。

(二)乾　元

《乾卦辭》：「元亨利貞」。《彖傳》因釋元而美之曰：「大哉乾元！萬物資始！」明乾元爲萬物之本始，萬有之所由來。元，天地之元氣也。乾爲陽氣，〈乾初九爻〉曰：「潛龍勿用。」〈象傳〉即曰：「潛能勿用，陽氣潛藏。」明乾之爲陽氣。元古亦訓氣，《公羊隱元年注》曰：

元者，氣也。無形以起，有形以分，造起天地，天地之始也。

《九家易注》曰：

元者，氣之始也。

元，是氣之始，明元氣爲萬物之本始，富有形上之意義。因天地之元氣，在太空流行、、鼓盪，以之涵泳、化育萬物，萬物乃得以變化、成長，此爲生命之泉源。蓋生命來自陽光、空氣與水。有光合作用而產生食物；有空氣，人乃能呼吸；有水人方能生活。故光、空氣、水，爲生物之必需品。斯三者，天地元氣之代稱。日光爲能量，造成適合人類生存之氣候，光合作用，促成植物生長，供給生物之熱能，直接影響於生物者，如宇宙線、磁波，即上文所謂之氣，與宇宙生態息息相關。日光與宇宙線等之結合，是爲宇宙之能量，亦即《周易》之「乾元」，天地之元氣也。其用至大，不可須臾離也。

㈢生　生

〈繫傳下第一章〉曰：「天地之大德曰生。」〈繫傳上第五章〉曰：「生之謂易。」《周易》之中心思想，斯二語而已矣。〈上繫第四章〉曰：「一陰一陽之謂道。」嗣即曰「生生之謂易」。蓋天地生德之顯現，在於「生生」，尤在於生生，而不息不已。而其基本動能，則爲一陰一陽，一正一負，相與推移、激盪，而發生無旣之變化。〈繫上首章〉曰：「是故剛柔（即陰陽）相摩，八卦相盪鼓之以雷霆，潤之以風雨。」〈說卦傳〉第四章曰：「雷以動之，風以散之，雨以潤之，日以烜之。」均闡發陰陽二動力之相互作用、潛運，乃有生生不息之功能。《易》道生生，仁道亦生生，仁固乾元一氣，天地生德之洋溢。仁、剛陽之德，生化之原理，故〈上繫第五章〉「一陰一陽之謂道」句下旋謂「仁者見之謂之仁」又曰「顯諸仁，藏諸用」《朱註》：

顯，自內而外也。仁造化之功。藏，自外而內也。用，謂機緘之妙。」

深得《易》理。機緘見莊子天運篇，開闔意，即《易》「一闔一闢」之謂（註二〇）。天心至仁，仁爲天地生德具體之豁露，宋明理學家以生釋仁；以仁說「生生」之義，蓋本乎此。

㈣反　復

本節已見第六章第二節「天道」之內，此略。

㈤消　息

《周易剝卦辭》「剝，不利有攸往。」〈彖傳〉曰：「剝，剝也，柔變剛也。不利有攸往，小人長也。順而止之，觀象也。君子尚消盈虛，天行也。」〈彖傳〉天行，即天道《易》中屢見，曰「柔變剛也」者，以陰消陽之謂。又曰「消息盈虛」，盈虛足辭，息則盈，消則虛，聯用一義。又〈夬卦彖傳〉曰：「夬、決也、剛決柔也。」剛決柔，以陽消陰也。今合〈剝〉〈夬〉二卦〈彖傳〉觀之，〈剝〉爲以陰消陽；〈夬〉者以陽消陰。明示《易》有「陰陽消息」之原理。莊子曰：「《易》以道陰陽。」（天下篇）一部《周易》，不過「陰陽消息」四言而已。前述太極，乾元、生生、反復、消息五目，無一而非陰陽之作用，《易》道之大端在茲，治《易》者當熟玩之。

㈥結　語

宋儒程伊川曰：「凡六爻人人有用，聖人自有聖人用，衆人自有衆人用，學者自有學者用，無所不通。」觀〈明夷彖傳〉曰「明入地中明夷，內文明而外柔順，以蒙大難，文王以之，利艱貞，晦其明也。內難而能正其志，箕子以之。」此明言文王殷末蒙大難，用《易》理以避難；箕子爲殷王室，內難，佯狂爲奴，以免殺身之禍；實用《易》之先例。《易》爲衰世之學，教人善處憂患，〈乾九三爻〉曰：「君子終日乾乾，夕惕若厲、無咎。」〈下繫第七章〉曰：「作《易》者某有憂患乎！」又第十一章曰：「《易》之興也，其當殷之末世。……是故其辭危。……懼以終始，其要天咎，此之謂《易》之道也。」旨在教人朝乾夕惕，臨淵履薄，戒愼恐懼，自履險若夷，而其發明學術原理者：〈下繫第一〉「天地之大德曰生。」〈上繫第五〉「一陰一陽之謂道。繼之者善也，成之者性也。仁者見之謂之仁；知者見之謂之知。……顯諸仁，藏諸用。……富有之謂大業，日新之謂盛德，生生之謂易。」天地之有生德，生生不息之活力。賦予吾人之生命精神，其義至大！而《周易》列人於三才之中，人與天地參，人之地位，至高無上，爲東方文化之特徵，與西方視人若物，甚且遠不如物其相去遠矣，此皆《周易》在學術上之啓迪，令後世享用無旣矣。

貳、《書》

一、小引

《史記》引孔子曰：「六藝於治，一也。」（註一）《書》固爲紀錄政治之專籍。清儒章學誠氏謂「六經皆先王之政典。」（註二）以史家言之當如是，而《尚書》確爲先王之政典，毋庸置疑。儒家政治學發於《論語》，而會歸於《尚書》。《論語》子曰：

爲政以德，譬如北辰居其所，而衆星拱之。（註三）

明揭德治之要旨。即《尙書》政治之精義也，臯陶以九德告禹曰：

日宣三德（九德之三），夙夜浚明有家（大夫），日嚴祇敬六德（九德之六），亮采有邦（諸侯），九德咸事，庶績其凝（成也）。

《周書多士》曰：

自成湯至于帝乙，罔不明德恤祀，唯時上帝不保，降若茲大喪（紂之亡），惟天不畀，不明厥德。

蓋德者，政之本也；政者，德之施也。孔子又曰：

道之以政，齊之以刑，民免而無恥；道之以德，齊之以禮，有恥且格。（註四）

自昔政治之得失，王教之廢興，由此而章明無餘。《中庸》

不賞而民勸，不怒而民威於鈇鉞。

此德治之績效也。德治以人爲主，以仁爲本哀公問政，孔子曰：

爲政在人，取人以身，修身以道，修道以仁。（註五）

是爲政在人，而人治尙焉。《周書召誥》曰：

其惟王位在德元，小民乃惟刑用于天下，越王顯。

故三王之政，重在責爲人君，爲人上者曰：

政者，正也，子帥以正，孰敢不正。（註六）

又曰：

其身正不令而行；其身不正雖令不從。（註七）

又曰：

苟正其身矣，於從政乎何有？不能正其身，如正人何？（註八）

《論語堯曰篇》述三代盛世，皆責己修德之事，曰：

堯曰：「四海困窮天祿永終。」湯曰：「萬方有罪，罪在朕躬。」周有大賚，亦曰：「百姓有過，在予一人。」

其責己之嚴如此，故能任己以天下之重，而以天下爲公。子夏問三王之德，參於天地如之何？孔子

曰：

> 天無私覆，地無私載，日月無私照，奉斯三者以勞天下，此之謂三無私。（註九）

此王者公天下之心也。如此固不敢以天下爲一己之所有，以供一己之私。中華文化，向以王道爲中心。王政、王業，其事合一，即公天下之心，以仁爲其本者也。故王道與仁政，異名同實，即德治之謂。仁者以天地萬物爲一體，《記》所謂「能以天下爲一家，中國爲一人。」（註一〇）而能痛癢相關，休戚與共也，橫渠又申之曰「民胞物與」（註一一）。故推此而言，則王者常有不忍人之心（仁心）孟子曰：

> 先王有不忍人之心，斯有不忍人之政矣，以不忍人之心，行不忍人之政，治天下可運之掌上。

（註一二）

以仁政爲治如是之易，故曰「仁者無敵」（註一三）又曰「無敵於天下者，天吏也。」（註一四）以人君爲天吏，代天行政，《書》「天工，人其代之」（註一五）是也。「天之牖民（啓人向上向善）如壎如篪（註一六）（言其和）」。天之愛民「如保赤子。」（註一七）今之民本思想，已兆於此。綜上所言，德治、王道、仁政，皆原於公天下之心，爲政以德，有仁心仁聞，而民莫不被其澤，人君必如此，而天命乃歸之。故三王之爲政，要以天命是尊，夫政必本於天。（註一八）孔子曰：

> 君子有三畏：畏天命，畏大人，畏聖人之言。（註一九）

而首曰畏天命，湯武革命，必先應乎天（註二〇）（天命），絕無專己之念。政權之轉移，一惟天命，不假武力，此等思想，何其尊崇！《書》中天命之思想，影響迄今，已數千年，曰「先王有服，恪謹天命（註二二）」。征伐大事必奉天命《書湯誓》曰：

有夏多罪，天命殛之。又予畏上帝，不敢不正。

《周書多士》曰：

予惟時其遷居西爾，非我一人奉德不康寧，時惟天命、弗違。

而天命非妄託天意以固人君之威嚴，蓋天命有德，天討有罪，皇天無親，唯德是輔，觀「天視自我民視，天德自我民聽。」（註二二）「天聰明自我民聰明；天明畏，自我民明畏」（註二三）之訓可知。天命唯民是瞻，民本之思想已畢具矣，而敬天、法天、尊祖懷遠、反本復始，凡所以牖啓惇厚之民風者，固天命思想之餘暉，此皆《尚書》政治思想之精義，善讀《書》者其可忽哉。

二、釋名

《書》，於先秦但稱《書》，〈顧命〉曰：「太史秉書。」〈金滕〉曰「啓籥見書。」一爲冊書，一爲兆書，爲記事、記言之泛稱，自孔子以六藝敎弟子，春秋以後，《書》爲五經中專稱之一，《論語述而》「子所雅言，《詩》《書》執《禮》」《左傳二十七年傳》「《詩》《書》，義之府也。」《莊子天下篇》「《書》以道事」是。西漢時，仍祇稱《書》。而名《尚書》者，異說頗多，《劉歆七略》「《尚書》始歐陽氏先名之。」鄭玄《書贊》孔子乃尊而名之曰《尚書》」（疏引）史公《自序》「堯舜之盛，《尚書》載之」。吳承仕謂：「《尙書》連言，此爲最朔。」（註二四）西漢時稱《尙書漸盛，《史記五帝本紀、三代世表、儒林傳》皆云然，〈儒林傳〉迭言「伏生以二十九篇敎於齊魯之間，學者由是頗能言《尙書》。」又曰「孔氏有古文《尙書》」，則今古文皆稱《尙書》也。《尙書》得名之義，亦多異說：《春秋說題》曰「尙者，上也。上世帝王之遺書也。」（註二五）《論衡須頌篇》曰「尙者，上也。上所爲，下所書也。」鄭玄曰：「尙者，上也，尊而重之，若天書然。」（註二六）《尙書序》「以其上古之書，謂之《尙書》。」綜上，《尙書》之名，仍以《春秋說題辭》爲簡明。所謂「上世帝王之遺書也。」不必以其緯書而輕之。緯書雖晚出，其存古經說仍可取。

三、今古文

《古文尙書》，魯恭王於壞壁中所得，曰《古文尙書》，亦曰《孔壁尙書》，多十六篇，乃眞古文。建武之際，亡〈武成〉一篇，至永嘉之亂，餘十五篇全亡。《今文尙書》，伏生所傳二十九篇，當時晁錯受書時，已就伏生之書本寫以隸書，故曰《今文尙書》。二者，初本文字之異：古文用篆體，今文用隸書寫成。其後乃有家法之別。今古文之爭，聚訟二千餘年，迄今未已。今讀《尙書》當即現存資料，究其學術，以爲經世之用，今古文斷斷，甚覺無謂也。

四、僞古文尙書

東晉《僞古文尙書》，乃梅賾所僞造，自稱爲孔安國本。將今文古文混合爲一。《史記》云伏生《尙書》二十九篇。古文較今文多十六篇。二十九篇加十六篇，止四十五篇，而今本有五十八篇；殊可疑。僞古文尙書二十五篇，乃東晉梅賾所僞造，僞本二十五篇，析伏生之二十九篇爲三十三篇（析出舜典、益稷、盤庚二。）又別造二十五篇、合之、爲五十八篇、二十五篇、僞書。孔傳全僞。疑僞書者，自宋吳棫、明梅鷟以下至淸閻若璩《古文尙書疏證》據兩漢諸儒傳經之嫡派及注疏古文篇卷之次第，以較二十五篇，其僞分明。今文二十九篇詰屈聱牙，古文則文從字順，分別至爲明顯，閻氏舉列百餘條鐵證，而古文之僞，已成定讞，淸儒更指明僞本采集之原委。但僞本流傳至今，已千餘年，後世引用者，反較今文爲廣，故有「僞書不可廢」之說（淸儒莊存與、龔自珍力主之）。今知僞本采集經傳出處，即視作原書之文而應用之，亦有何不可也？

五、僞古文尙書不可廢

淸莊存與龔自珍皆深於漢學，專治今文經說，莊氏於已成定讞之僞古文尙書，猶保持勿廢，龔氏且盛稱之曰：

〈大禹謨〉廢，人心道心之旨，「殺不辜，寧失不經」之誡亡矣；〈太甲廢〉，「儉德永圖」之訓墜矣；〈仲虺之誥〉廢，「謂人莫己若」之誡亡矣；〈說命〉廢，股肱良臣啓沃之誼喪矣；〈旅獒〉廢，不寶異物，賤用物之誡亡矣；〈冏命〉廢，左右前後皆正人之美失矣。今數言幸

而存，皆聖人之眞言，言尤痛癢關後世。（註二七）

今就惠棟所考僞古文摭引古籍之出處，略舉一隅以《大禹謨》爲例：

《大禹謨》原文：「德惟善政，政在養民（閻曰：文六年郤文公曰：命在養民），水火金木土穀惟修（閻曰，修字見禹貢），正德利用厚生惟和（襄二十八年晏子曰：夫民生厚而用利於是乎正德以幅之，使無黜嫚謂之幅），九功惟叙，九叙惟歌，戒之用休，董之用威，勸之以九歌俾勿壞（文七年郤缺曰，夏書曰：戒之用休，董之用威，勸之以九歌俾勿壞，九功之德皆可歌也，謂之九歌，六府三事謂之九功，水火金木土穀，謂之六府，正德利用厚生，謂之三事）。……與其殺不辜「寧失不經（襄二十六年夏書曰與其殺不辜，寧失不經，懼失善也）汝惟不矜天下莫與爭能，汝惟不伐，天下莫與爭功（《逸周書》曰矜功不至《易》曰勞而不伐，有功而不德。《春秋傳》曰：季札見舞大夏者曰，美哉勤而不德。非禹其誰能修之，顧炎武曰，不矜不伐，是勤而不德，是梅正用傳意。閻曰：汝惟不矜天下莫與爭能《荀子君子篇》語也《老子》曰，不自伐，故有功，不自矜故長大，惟不爭，故莫能與之爭。）人心惟危，道心惟微，惟精惟一，允執厥中《荀子解蔽篇》故《道經》曰人心之危，道心之微，危微之幾惟明君子而後能知之。閻曰，荀子此篇前又有精於道，壹於道之語。遂隱括爲四字，續以《論語》允執其中，以成十六字《僞古文》蓋如此。初非其造語精密如此也。棟按荀子之言危微，與俗解異，危猶《中庸》之愼獨也，微猶《中庸》之至誠也，荀子言一故能精，非先精而後一也。且微則已造至極，不須更言精，又言一也。梅氏用其說以造經，而義多疏陋。閻氏謂其造語精密，殊未必〉……。按文繁略引一段以見梅氏僞古文采自何書而已。清黃家辰（以周次子）謂：「〈伊訓〉〈太甲〉〈咸有一德〉〈說命〉諸篇，撰諸《周書》眞古文，殊屬不類，然其文多采佚書，間有羼雜，亦前賢之格言，斯亦不廢江河萬古流也。」（註二八）今以格言讀僞古文，明言僞古文之不可廢、可從。

六、《書》大義析微

《尚書》爲二帝三王之政典，《莊子天下篇》「書以道政」。《荀子勸學篇》「《書者，政事之紀也》。莊子單言「事」，荀子合言「政事」。孔子於政事有分言之者：

> 冉子退朝，子曰，何晏也？對曰，有政、子曰：其事也，知有政，雖不吾以，吾其與聞之。

冉子爲季氏宰，所以爲季氏言者家事，非國政。則政，國之大政。事，一家之事。公私，大小之分至明。孔子於此，特告冉子當以魯之國政爲重耳。政事可分言，亦可聯舉。《尚書》所紀皆政事，今之政治學，舉在《尚書》，研治《尚書》，當由政治入，政治之首要，孔子亦有明訓或問孔子曰，子奚不爲政？子曰：

> 《書》云：「孝乎惟孝，支于兄弟。」施於有政，是亦爲政，奚其爲政？（註二九）

孔子以孝弟爲施政之首要，孟子亦曰「堯舜之道，孝弟而已矣。」（引見前）孔子又曰「爲政以德，譬如北辰居其所，而衆星共之」（前引），以建立德治之原理。德治、固以孝弟爲先務。儒家政治學之基本在此。今即1. 政治原理。2. 政治法則。3. 政治設施。4. 政治制度四端以析《尚書》之政治學，分次於後：

(一)政治原理

分1.天人。2.倫理。3.貴民。4.敬鬼神。5.勤勞之民族性。分述於後：

1.天　人

甲、天人合一

〈周書多士〉曰：

自成湯至于帝乙，罔不明德恤祀，亦惟天丕建（建立殷國），保乂（保護）有殷，殷王亦罔敢失帝（違失帝命），罔不配天，（配合天意）其澤（其，猶乃也，澤，光潤，比喻國勢光澤）。在今後嗣王，誕罔顯于天，矧曰，其有聽（察）念于先王勤家（邦家），誕淫厥泆（過度逸樂），罔顧于天顯（猶天道）民祇（猶民病、祇疷通）。

帝，謂上帝，天人之主宰也，配、合、對也，配天，其德合天，此天人相合之事。亦明天人之際，天人之際，有共通之理，天人所共由也（文中訓詁用屈萬里《書經釋義》，簡明易曉）

乙、天人相因

〈周書多士〉曰：

肆爾多士，非我小國敢弋（音翼，取也）殷命，惟天不畀（與也），允（佞）罔（誣）固（蔽）亂（惑），弼我（天助我周），我其（豈）敢求位（王位），惟帝不畀，惟我下民秉爲（秉，順也。秉爲，順周之心也），惟天明畏（威）。

言天所不與，視民之所秉爲，民之所秉爲，即天之所以明威者，此天人相因之例也。

丙、天人主宰

⑴上帝。

〈召誥〉：

嗚呼！皇天上帝，改厥元子（革去紂）茲大國殷之命。……王來紹上帝（成王繼天出治），自服于土中（洛邑），且曰其作大邑，其自時（是）配皇天。

首句皇天上帝連言，後四句，上帝皇天，間出相對，則「上帝」即指天之主宰言，人復聽命於天，則上帝實天人之主宰也。按天人思想，殷代已漸萌芽，甲文有「帝弗若」句（見《卜辭通纂》第十四片）又「今二月，帝不雨。」（《卜辭通纂》第三六五片）又「帝隹癸，其雨。」（《卜辭通纂》三六四片）降雨與否，一決於帝，帝爲主宰之意至明。《詩經》中言帝者〈大雅文王〉

文王陟降，在帝左右。殷之未喪師，克配上帝。

餘多，不悉舉。

⑵奉上帝爲主宰，凡有作爲，悉遵循上帝之旨意。

〈周書立政篇〉：

古之人迪惟有夏，乃有室（卿大夫）大競（彊、有爲），籲（呼）俊（才知之士）尊上帝。亦

越（承上啓下詞）成湯陟（登天子位），丕釐（理）上帝之耿（光顯）命。亦越文王武王，克知三有宅心，灼見三有俊心，以敬事上帝，立民長（官長）伯。

(3)天有意志

〈周書召誥〉：

宅新邑，肆惟王其疾敬德，王其德之用，祈天永命。

王用其德，可以祈天永命。天可以永命，蓋以天有意志也。

〈周書多士〉：

弗克庸帝，大淫泆有辭，惟時天罔念聞（天未聞其辭），厥惟廢元命（大命），降致罰（與前條意同）。

丁、天　命

天命，即天之命令。

(1)征伐，託天命以為辭。

〈湯誓〉：

有夏多罪，天命殛之。予畏上帝，不敢不正。

天以意志命之，則上帝即天也。

(2)舉大事亦託天命。

〈商書盤庚〉

先王有服（事也），恪謹天命。

〈周書大誥〉

矧曰其有能格知天命。爾亦不知天命不易。

天命、即天意。

(3)天命不可違。

〈周書多士〉：

予惟時其遷居西爾，非我一人奉德不康寧，時惟天命。

(4)天命亦曰大命。

〈商書西伯戡黎〉

今我民罔弗欲喪，曰，天曷不降威？大命不摯（至也）。

《史記》用此語曰「大命胡不至」。此「大命」指興亡鼎革之事。

〈周書大誥〉：

敉（音弭、撫、安也）寧王（文王）大命。

此「大」字，尊先人之詞。

(5)天命亦曰寶命。

〈周書金縢〉

乃命于帝庭，敷佑四方。嗚呼！無墜天之降寶命。（承上句受命于帝庭而爲天子之「命」。）

戊、命

命，即天命。

⑴言天命靡常，以儆執政者。

〈周書康誥〉：

惟命不于常，女念哉。

《大學》「惟命不于常，道善則得之；不善則失之矣。」（註三〇）正釋此句。

⑵命，指國命（國祚）。一國之命脈，國家持續之生命。

〈商書盤庚篇〉

今不承于古，罔知天之斷命。若顛木之有由櫱，天其永我命于茲新邑。無戲怠，懋建大命。

此大命，指國家之生命。天若棄絕之，則終其命。

〈周書召誥〉：

嗚呼！皇天上帝，改厥元子茲大國殷之命，天既遐終大邦殷之命。

⑶命不可恃（靡常）

〈周書召誥〉：

相古先民有夏，今時既墜厥命；今相有殷，今時既墜厥命。

〈周書多士〉：

惟殷先人，有冊有典，殷革夏命。

己、宇宙生命

勉後人奮發進取，孜孜不息，而有「生生」之訓。

〈商書盤庚篇〉：

女萬民乃不生生，暨予一人猷（謀）同心。往哉生生。敢恭生生。無總（聚也）于貨寶，生生自庸。

〈蔡沈書集傳〉曰：樂生興事，則其生也厚，是謂生生。」〈周易繫傳〉「生生之謂〈易〉」生生不息，其義蓋出於此。

2. 倫　理

重彝倫（天倫、倫常）。

〈周書洪範篇〉彝倫攸敘。

箕子乃言曰：我聞在昔，鯀陻洪水，汨（亂也）陳其五行，帝乃震怒，不畀洪範九疇（治天下之大法有九類），彝倫攸斁（敗壞），鯀則殛死，禹乃嗣興，天乃錫禹洪範九疇，彝倫攸敘。

彝倫又曰民彝。

〈周書康誥篇〉：

王曰封（康叔名），元惡大憝（惡也），矧惟不孝不友（言寇攘姦宄，固爲大惡而大可惡（去聲））矣況不孝不友之人，尤爲可惡），子弗祇服厥父事，大傷厥考心，于父不能字厥子，乃疾厥子，于弟弗念天顯（指天倫，孝友，昭昭自然），乃弗克恭厥兄，兄亦不念鞠（養育）子哀（父母鞠養之勞），大不友于弟，惟弔茲（弔音的，至於如此），不于我政人得罪（我將罪罰之），天惟予我民彝大泯亂（泯滅）曰，乃其速由（用）文王作罰，刑茲無赦。

〈康誥〉武王告其弟康叔往爲衛侯之辭。倫常之中，尤重孝友，不孝不友之罪，尤重於元惡大憝，必殺無赦。由經文、儒學不止重倫常，而「父慈子孝，兄友弟恭」，不專求諸子弟，亦兼責父兄。由此，孝弟遂爲一切政教之基石矣。〈周書洛誥〉曰：

乃惟孺子頒朕不暇，聽朕（周公）教汝于棐（輔）民彝，汝乃是不蘉（莫郎切、勉也），乃時惟不永哉。

深警不重民彝，則其國不長久。

3.貴　民

戒人君當尊重民意。

甲、天以民爲視聽，以民爲好惡。〈虞夏書皐陶謨〉曰：

天聰明自我民聰明；天明畏（威通）自我民明畏，達于上下（上天，下民），敬哉有土。

此即民本之思想也。《蔡沈集傳》曰：

天因民之視聽以為聰明；因民之好惡以為明畏。上下，上天下民也，言天人一理，通達無間，民心所在，即天理之所在也。

乙、以民為監（重民情之反應）

〈周書酒誥篇〉曰：

人無于水監，當于民監。今惟殷墜厥命，我其（豈）不可大監撫于時（是）。

監，即今之鏡也。監字，全文作𨥬（盂鼎）正象人張目下視皿（皿中盛水以自照）之形。以民為鏡，藉知民心之向背，孟子所謂：

得道者多助；失道者寡助。寡助之至，親戚畔之，多助之至，天下順之。（註三一）

又曰：

得天下有道，得其民斯得天下矣；得其民有道，得其心斯得民矣。（註三二）

丙、民乃天所付與，不可輕棄。

〈周書梓材篇〉曰：

皇天既付中國民，越（及也）厥疆土于先王，肆王惟德用（用明德也），和懌（勞來之也）先後迷民，用懌（悅）先王受命。

言民、土，皆天所付予我者，不可不慎（保民、教民）。

丁、敬畏民險（即水能載舟，亦能覆舟之意）。

〈周書召誥篇〉曰：

其丕能誠（和也）于小民，今休（美，於此爲美），王不敢後（緩，指明德），用顧畏于民嵒（險也）。

戊、重視小民，而能享國。

〈周書召誥篇〉曰：

上下勤恤其曰，我受天命，丕若有夏歷年，式勿替有殷歷年，欲王以小民受天永命。

以重視小民，故有歷年。又有敬民之誠。

〈商書商宗肜日篇〉曰：

嗚呼！王司（主）敬民，罔非天胤（嗣祖宗無非天嗣），典祀無豐于昵（所親）。

4. 敬鬼神

〈周書多士篇〉曰：

自成湯至于帝乙，罔不明德恤祀。

〈蔡沈集傳〉曰：

恤祀，所以敬乎鬼神也。

祀、主對鬼神言，恤祀，即敬鬼神之謂。此鬼神，多指祖先，蓋亦追遠之意，殷人特重祀典，名類至多，見甲骨文，周蓋承殷之風尙。

5. 勤勞之民族性

中華民族歷五千年而能卓爾自立者以具有宏毅之民族性也，主勤勞戒逸樂其一也。

甲、人君當以勤儉率諸侯

〈虞夏書皐陶謨篇〉曰：

無教逸欲有邦（諸侯），兢兢（戒謹）業業（危懼），一日二萬幾，無曠庶官，天工人其代之。

此皐陶戒禹之詞，兢兢業業國人迄今猶吟誦不絕。

乙、殷先王能勤勞邦家。

〈周書多士篇〉曰：

在今後嗣王（紂），誕罔顯于天。矧曰，其有聽念于先王勤家（商之先王勤勞於邦家），誕淫厥泆，罔顧于天顯民祇。

丙、主勤勞戒逸樂

〈周書無逸篇〉曰：

周公曰：嗚呼！君子所其無逸，先知稼穡之艱難，乃逸，則知小人之依。

勤勞稼穡者，民賴以衣食（小人之依），此正民生之所託，不可忽視。〈無逸篇〉周公訓成王，欲其知稼穡之艱難而不求安逸。

丁、以抑畏（謹懼）自持

〈無逸篇〉又曰：

周公若曰：嗚呼！厥亦惟我周太王王季，克自抑畏，文王卑服（菲衣服），即康功田功，徽柔懿恭，懷保小民，惠鮮（善其生）鰥寡，自朝至于日中昃，不遑暇食，用咸和萬民，文王不敢盤（樂）于遊田，以庶邦惟正之供（有常供，不多取），文王受命惟終身，厥享國五十年。周公曰，嗚呼！繼自今嗣王，則其無淫于觀于逸于遊于田，以萬民惟正之供。

此中華勤勞之民族性，歷數千年未改。

右列舉天人、倫理、貴民、敬鬼神、勤勞性，凡五目。實爲政治之原理。其中倫理，構成中國社會之安定力。天命一目尤要。孔子曰：「君子有三畏，畏天命，畏大人、聖人之言（《論語季氏篇》）。」而以畏天命居首，歷代政權之轉移，若以天命爲依歸，可避免篡奪殺戮之禍，此天命思想之足珍貴也。貴民，爲民本思想之主導，亦萬世爲政之重心。敬鬼神，則愼終追遠，民德之所以歸於惇厚也。勤勞爲中華民族成長之歷程。我民族縱遇阨窮險難，亦無入而不自得者在茲，爲政以此啓之、輔之，加強民族之韌性，所謂動心忍性，增益其所不能者也。

㈡政治法則

1. 德　治

甲、人治。

人君爲德之元，足以爲刑（法）於天下。〈周書召誥篇〉曰：

其惟王位在德元，小民乃惟刑；用于天下，越王顯。

《蔡沈集傳》曰：

元，首也。居天下之上，必有首天下之德，王位在德元，則小民皆儀刑用德於下，於王之德益以顯矣。

上行下效如風靡然，孟子曰：

上有好者，下必有甚焉者矣。君子之德，風也；小人之德，草也，草上之風必偃。（註三三）

乙、人君當立領導之準則

〈周書洪範篇〉曰：

五、皇極，皇建（立）其有極。……凡厥庶民，無有淫朋（邪黨），人無有比（比附親昵）德，惟皇作極，凡厥庶民，有猷有爲（作爲）有守，汝則念之（常念不忘），不協于極（未合於善），不罹于咎（不陷於惡），皇則受之（教養之）。……時人斯其惟皇之極。

《蔡沈集傳》曰：

皇、君、建、立也。極，猶北極之極，標準之名。中立而四方所取正者也。

當敬愼將事。

〈周書康誥篇〉曰：

王曰：嗚呼！小子封！恫（痛）瘝（病）乃身，敬哉！天畏棐（輔）忱（誠），民情大可見，小人難保，往盡乃心，無康好逸豫，乃其乂民。

《蔡沈集傳》曰：

視民之不安，如疾病之在乃身，不可不敬之。天命不常，雖甚可畏，然誠則輔之，民情好惡，雖大可見，小民至爲難保！汝往之國，所以治之者非他，惟盡汝心，無自安而好逸豫，乃其所以治民也。

當開誠布公。

〈虞夏書堯典篇〉

月正元日，舜格于文祖，詢于四岳，闢四門，明四月，達四聰。

《蔡沈集傳》

詢，謀。舜既告廟即位，乃謀治於四岳之官，開四方之門，以來天下之賢俊，廣四方之視聽，以決天下之壅閉。

右皆責成長國家者本人當健全，方能領導全民。

丙、德治之宏效。

〈虞夏書皐陶謨〉曰：

皐陶曰，都，亦行有九德：寬而栗，柔而立，愿而恭，亂（有治才）而敬，擾（馴）而毅，直而溫（和），簡（簡易）而廉（廉隅）。剛而塞（篤實），彊而義（好義），彰厥有常吉哉，日宣三德（九德之三），夙夜浚明有家（卿大夫），日嚴祗敬六德（九德之六），亮采有邦（諸侯），翕受（合而受之）敷施（布而用之），九德咸事（九德之人咸事其事），俊乂在官，百僚師師（相師法），百工惟時（及時），撫于五辰，庶績其凝（成）。

於九德日宣、日嚴，上下奉行，而衆功皆成，德治收效之宏有如此。

2. 知人安民

爲治自邇及遠，首在知人安民，知人安民，爲仁智之事。

〈虞夏書皐陶謨〉曰：

曰若稽古皐陶，曰允迪厥德，謨明弼諧。……禹拜昌言曰俞。皐陶曰都，在知人，在安民。禹曰：吁！咸若時，惟帝其難之。知人則哲，能官人；安民則惠，黎民懷之。能哲而惠，何憂乎驩兜？何遷乎有苗？何畏乎巧言令色孔壬（令，善。孔，甚。壬，佞）

《蔡沈集傳》曰：

哲，智之明也，惠，仁之愛也。楊氏曰，知人安民，此皐陶一篇之體要。九德而下，知人之事；天敘有典而下，安民之事也。

知人安民，政治之綱領，故云堯帝尚以爲難也。樊遲問仁「子曰愛人；問知，子曰，知人。」（註三四）子曰：「視其所以，觀其所由，察其所安，人焉廋哉？人焉廋哉？（註三五）」孟子曰：「吾聞觀近臣，以其所爲主（爲誰之主人）；觀遠臣以其所主（所投之主人）。」（註三六）孔孟所示觀人，知人之方，足見知人大非易事，能知人則能官人，用人唯才，各稱其職，爲治之道，則庶幾矣。

3. 重農食農時

〈虞夏書堯典〉

月正元日，舜格于文祖，詢于四岳，闢四門，明四目，達四聰，咨十有二牧，曰食哉惟時，柔遠能邇，惇德允元而難壬人，蠻夷率服。

《蔡沈集傳》

王政以食爲首，農事以時爲先，舜言足食之道，惟在不違農時也。

孟子有見於此，故曰：

不違農時，穀不可勝食也。數罟不入洿池，魚鼈不可勝食也。斧斤以時入山林，材木不可勝用也。穀與魚鼈不可勝食，材木不可勝用，是使民養生喪死無憾，養生喪死無憾，王道之始也。

（註三七）

孟子論王道，首重不違農時。《論語堯曰篇》記堯禹湯爲治之道，而曰「所重民食喪祭」，皆見民以食爲天之意。

右列德治，知人、安民，重農食三日，儒家政治原則之大要畢具。王道以德服人，夫人心悅而誠服。知人能官人、尊賢使能、俊傑在位是也。安民，則衆庶樂生興事，宇內昇平矣，重農食，王道之首，政治之大法畢具矣。

分三目：⑴設官。⑵用人。⑶立教。

㈢政治設施

1.設　官

茲就〈堯典〉篇分析如下：

⑴設天象星辰之官，觀測日月星辰，敬授民時。

〈堯典〉曰：

> **乃命羲和，欽若昊天，歷象日月星辰，敬授人時。**

人時，即民時，不違農時之時。又曰：

> **在璿璣玉衡，以齊七政。**

在，察。璿，美玉。璣，渾天儀，可轉旋，故曰璣。衡，渾天儀中之橫筒，所以視星宿也。七政，日月五星也。舜自察天文儀器，此當屬歷象之官所掌。

⑵設四岳。四方諸侯之長，分掌四方諸侯。

⑶設百官。堯典曰：

> **納于百揆，百揆時敘。**

⑷設迎賓之官。曰「賓于四門」，賓即擯，迎導賓客之官。

⑸禹作司空，平水土。
⑹棄作后稷。播時（蒔，種植）百穀。
⑺契作司徒，敷五教。五教，五常之教。
⑻皐陶作士（獄官之長），掌五刑：墨、劓、剕、宮、大辟。
⑼垂作共工。掌工務。
⑽益作虞。掌山林鳥獸。
⑾伯夷作秩宗。禮官。
⑿夔典樂。
⒀龍作納言，出納王命。
以上皆見〈堯典〉，其餘各篇設官之屬易檢尋，茲略

2. 用　人

甲、用人惟德，不棄微賤。

〈虞夏書堯典〉

帝曰咨、四岳。……曰明明揚側陋，師錫帝曰，有鰥在下曰虞舜，帝曰俞。

〈蔡沈集傳〉

上明謂明顯之；下明謂已在顯位者，揚，舉也，側陋，微賤之人。言惟德是舉，不拘貴賤也。

乙、責成首長，不侵庶職。

〈周書立政篇〉

文王罔攸兼于庶言庶獄，庶慎，惟有司之牧夫，是訓用違。庶獄庶慎，文王罔敢知（過問）于茲（二句言信任宜專）。

〈蔡沈集傳〉

庶言、號令也。庶獄、獄訟也；庶慎、國之禁戒儲備也。有司、有職主者。牧夫、牧人也。文王不敢下侵庶職，惟於有司牧夫訓敕用命及違命而已。上言罔攸兼，則猶知之，至此罔敢知，則若未嘗知有其事，蓋信任之益專也。

丙、用人之要在推心置腹。勿使小人閒廁於其間，則人咸盡其力矣。

〈周書立政篇〉

嗚呼！孺子王矣，繼自今，我（王）其立政、立事、準人、牧夫，我其克灼知厥若（順），丕乃俾亂，相我受民，和我庶獄庶慎，時則勿有閒之。

〈蔡沈集傳〉

繼此以往，王其於立政立事準人牧夫之任，當能明知其所順，順者，其心之所安也。孔子曰：察其所安，人焉廋哉，察其所順者，知人之要也，和調均齊獄慎之事，而又戒其勿以小人閒之，使得終始其治！此任人之要也。

丁、用吉士，不用憸人。

〈周書立政篇〉

則罔有立政用憸人（險佞之人），不訓（順）于德，是（則）罔顯在厥世。繼自今立政，其勿以憸人，其惟吉士（善士），用勱（勉力）相（助）我國家。

戊、用祥人。

同篇又曰：

嗚呼！繼自今後王立政，其惟克用常人（常與祥通，祥，善也，常人，善人也〈尚書故〉說）

己、任非其人，則自取滅亡。

同篇又曰：

嗚呼！其在受德暋（音昏），惟羞刑德之人，同（共）于厥邦，乃惟庶習逸德之人，同于厥政，帝（上帝）欽罰之，乃伻我有夏，式商受命，奄甸萬姓。

暋，昏也。羞，忸也。猶習也。羞刑、謂慣用刑罰也。習逸德，慣於作過惡之行爲也。「帝欽」，欽與歋通，興也。此有夏、周人自謂也，奄，撫也。甸，治也。此言紂之亡國在用人不當也。

3. 立　教

首重倫常。愼五典、敷五教。以之爲天秩。

〈虞夏書堯典〉曰：

慎徽五典，五典克從。

徽、善。五典，即五教。下文嗣曰：帝曰：

契，百姓不親，五品不遜。汝作司徒，敬敷五教，在寬。

五品，謂父母兄弟子（鄭玄說）。遜，順。司徒，三公之一，主民政。五教，五常之教：父子有親，君臣有義，夫婦有別，長幼有序，朋友有信。爲五常之教。此五教，皐陶謂之天叙〈皐陶謨〉曰：

天敍有典，勑五典五惇哉

天叙，天所定之倫叙，謂五倫。勑，謹。惇，厚。五惇之五，承五典而言。爲政，首重倫理，儒學以倫常爲政教之基本，無時空之分域也。

甲、樂教

〈虞夏書堯典〉帝曰：

夔！命汝典樂，教胄子，直而溫，寬而栗，剛而無虐，簡而無傲，詩言志，歌永言，聲依永，律和聲，八音克諧，無相奪倫，神人以和。

典，主持。冑，長也。冑子，天子及卿大夫之長子。正直而能溫和，而猶能也。寬大而能敬謹，剛強而不苛虐，簡易而不傲慢，以上四句言樂可調劑性情，奪失也。倫，序也。重樂教者，審樂以知政，可以察治亂之情也，〈皐陶謨〉曰

帝曰，臣作朕股肱耳目。……予欲左右有民，汝翼。予欲聞六律五聲八音，在治忽以出納五

言，汝聽。

在，察也。忽，治之反，猶亂也，孫疏云：五言者，五聲之言。謂以宮商角徵羽五聲配信義仁禮智五常。此謂五常之言也。聽，所謂審聽也。樂可以審知治亂之音，故孔子曰：「興於詩，成於樂」也（引見前章）。

乙、教人改過遷善

〈虞夏書皋陶謨〉曰：

帝曰，臣作朕股肱耳目。……庶頑讒說，若不在時，侯以明之，撻以記之，書用識哉，欲並生哉，工以納言，時而颺之，格則承之庸之，否則威之。

庶，衆。頑，頑愚之人。讒說，好進讒言之人。時，善也。侯，維也。明之，使之明善也。撻，打也。記，讀爲誋，戒也。言懲戒之也。書，謂去其冠飾，而書其邪惡於背也。識，識其過惡。「欲並生哉」，欲其改過自新，不陷於殺戮之刑也。工、官。納言，納善言以進於天子、時、善也。颺，舉也。格，改過也。承，同烝，進也（孫疏）。庸，用。威，刑威。言能改過，則進之用之，否則加之以刑罰。旨在教人能遷善改過，乃並生之厚德也。

丙、主敬

〈周書多士篇〉王曰：

告爾殷多士，爾克敬，天惟畀矜爾，爾不克敬，爾不啻（但）不有爾土，予亦致天之罰于爾邦。

敬爲德之首要，〈曲禮篇〉首即曰「毋不敬」，子路問君子，子曰「修己以敬」（前引）宋儒程、朱終身守一敬字可知。

丁、主節性

〈周書召誥篇〉

王先服殷御事，比介于我有周御事，節性惟日其邁。

節，限制也。節性，謂不放縱性情。邁，讀爲勵，勉也。

右列三目：設官、用人、立敎。設官，各有所司，用人，克稱其職，則人盡其才矣。立敎，以納民於軌物之中，秉常主敬而歸之於節性，人人自勉於善，而天下未有不治者也。

四政治制度

分八目：⑴官制。⑵祀典。⑶刑賞。⑷律度量衡。⑸朝覲。⑹瑞信。⑺巡狩。⑻考績。

1.官制

本節悉自〈虞夏書堯典篇〉中析出，歷代之典制雖有因革損益，而其精意迄未稍變，有規約之力，如竹之有節，取其約束之義也。

⑴置賓。

〈虞夏書堯典篇〉

賓于四門，四門穆穆。

《書經釋義》「賓讀爲儐，迎導賓客也（迎導諸侯群臣）四門，國都四面之門。穆穆，敬也。」

(2)司空。

同篇

舜曰咨、四岳、有能奮庸熙帝之載，使宅百揆，亮采惠疇，僉曰：伯禹作司空。帝曰俞。咨禹，汝平水土，惟時懋哉。

司空，主土地之事，舊說以爲三公之一。

(3)稷。

同篇

帝曰棄：黎民阻（厄）飢，汝后稷，播時百穀。

《釋義》「后稷于省吾謂后，爲「司」之反文，后稷，司稷也。」

(4)司徒。布五教。

同篇

帝曰，契！百姓不親、五品不遜，汝作司徒，敬敷五教，在寬。（引釋見前）

(5)士。

同篇

帝曰，皋陶！蠻夷猾夏（侵擾中國），寇賊姦宄，汝作士，五刑有服，五服三就，五流有宅，五宅三居，惟明克允。

士，獄官之長。三就，行刑之處有三。三居，流居之處有三。

(6)工。

同篇

帝曰，疇若予工？僉曰垂哉。帝曰俞，咨垂汝共工。

此掌工事之官。

(7)虞。掌山澤禽獸。

同篇

帝曰疇若予上下草木鳥獸，僉曰，益哉。帝曰俞。汝作朕虞。

(8)秩宗。禮官，典三禮。

同篇

帝曰咨四岳，有能典朕三禮（天神、地祇、人鬼之禮）僉曰伯夷，帝曰俞、咨伯、汝作秩宗，夙夜惟寅，直哉惟清。

宗，祖廟，序次百神之官周禮曰宗伯。

(9)典樂。

同篇

帝曰夔，命汝典樂。……（前已列）

⑽納言。掌出納王命。

同篇

帝曰龍！朕堲讒説殄行，震驚朕師（衆），命汝作納言，夙夜出納朕命，惟允。

〈堯典〉嗣曰：「咨汝二十有二人，欽哉！惟時亮天功」《釋義》馬融云：「稷契，皐陶皆居官久，有成功，但述而美之，無所復勑，禹及垂以下皆初命，凡六人，與上十二牧、四岳，凡二十有二人」自賓、司空、稷、司徒、士、工、虞、秩宗、典樂、納言，凡十官。後世多有沿襲。

此外〈周書立政篇〉載有：

⑴常伯（猶秦漢時之侍中）。⑵常任（猶漢之中常侍）。⑶準人（猶秦漢之廷尉）。⑷綴衣（主管王之衣服）。⑸虎賁（武官之護衛天子者）。⑹趣馬（掌馬之官）。⑺小尹（圉師之類）。⑻左右攜僕（贊正君服位之官）。⑼百司庶府（司府皆官名，主財物劵契典藏者。〈曲禮〉以司土、司木、司水、司草、司器、司貨，天子之六府；〈周禮〉有太府、王府、內府、外府、泉府、天府等。百司庶府，乃總括諸官之稱）。⑽大都（公之采地）。⑾小伯（疑即小都之長）。⑿藝人（藝讀爲暬，藝人、暬御之人，近侍之臣也）。⒀表臣（于省吾謂表當讀作封，封臣、即封人，掌築土爲壇埒及築疆界之事）。⒁百司（都邑之百司官）。⒂太史（史官之長）。⒃尹伯（蓋尹氏）。⒄庶常吉士（衆掌常事之善士也）。⒅司

徒（民政）。⒆司馬（主兵事）。⒇司空（掌土地）。㉑亞旅（皆官名，職掌不詳）。㉒庶言（衆訊獄之事）。㉓庶獄（衆獄訟之事）。㉔庶愼（愼訊通，亦訊獄之事）。㉕司寇（主刑罰）。

右惟司徒、司馬、司空、司寇四官，後世沿用者多。

2. 祀典

類、禋、望、柴諸名，悉見〈虞夏書堯典〉篇曰：

> 正月上日，受終于文祖（堯太祖之廟），在璿璣玉衡以齊七政，肆類于上帝，禋于六宗，望于山川，偏于群神。……歲二月，東巡狩，至于岱宗，柴望秩于山川。

肆，遂也。類，祭天之名。禋，祭祀之名。置牲于柴上而燎之，使其香味隨煙而達於上也。宗，尊也。馬融云：六宗：天地四時也。望，祭山川之名。，謂祭之也。此上言舜攝位祭群神。柴，祭名與禋同，置牲於柴上而燎之，此謂祭泰山。

後世述祀典，以史、漢爲最詳，《史記》《漢書》皆首引〈堯典〉「肆類于上帝」數語，足見〈堯典〉此處爲言祀典之權輿，《史記封禪書》引高祖詔曰：

> 吾甚重祠而敬祭，今上帝之祭及山川諸神當祠者，各以其時禮祠之。

文帝十三年下詔曰：

> 朕之不德，何以饗此（年豐民定），皆上帝之賜也。

又使博士刺六經中作〈王制〉，謀議巡狩封禪事，又曰：

今天子（武帝）尤敬鬼神之事。

《漢書郊祀志》亦引〈堯典〉肆類于上帝原文曰：

郊祀社稷，所從來遠矣。天子祭天下名山大川，懷柔百神，咸秩無文（未見祀典之神，亦新列序之）。士庶人祖考而已，各有典禮。

宣帝十二年詔曰：

蓋聞天子尊祀天地，修祀山川，古今通禮也。自是五嶽四瀆，皆有常祀。

歷代祀典之流傳，以《史記封禪書》《漢書郊祀志》爲至詳，敬天地、祀鬼神之義，傳之於今，未嘗荒怠，報本反始，不忘其初，其意深矣。

3. 刑　賞

甲、刑典

流、放、竄、殛

《虞夏書堯典》曰：

流共工于幽洲，放驩兜于崇山，竄三苗于三危，殛鯀于羽山，四罪而天下咸服。

流，放逐。洲，孟子引作州。幽州，禹十二州之一。《括地志》故龔城，在今河北密雲縣境。相傳爲共工放逐處。放，流放。驩兜，人名《僞孔傳》謂其黨於共工。崇山在今湖南大庸縣西南。竄，迫使逃匿。三苗，種族名。三危，山名。在今甘肅敦煌縣南。殛，誅責（謂流放）《孫疏》說。《蔡傳》

流，遣之遠去，如水之流也。放，置之於此，不得他適也。竄，則驅逐禁錮之。殛則拘囚困苦之，隨其罪之輕重而異法也。刑典，示人以常刑。因過誤不幸而觸刑者，則直赦之；怙惡重犯者，必刑之。「惟刑之恤」，又深警之，用意深矣。

〈堯典〉曰：

> 象以典刑，流宥五刑，鞭作官刑（官府之刑），朴作教刑，金作贖刑，眚災肆（故）赦，怙終賊刑，欽哉，欽哉！惟刑之恤哉！

象，猶示也。典，常也。謂示民以常刑也。宥，寬恕。言於犯五刑之罪者，而以流放之法寬宥之也。五刑：墨、劓、剕、宮、大辟。朴，以夏楚撻之也。教刑，學校之刑。金，黃銅。《蔡傳》眚：謂過誤，災，謂不幸。言非有意犯罪者也。怙，依恃。謂怙惡。終，猶永也。怙終，言怙惡不悛也。于省吾曰：賊從則聲，賊則古通。眚災、怙終二句，言非有意犯罪，而因過誤致罪者，故赦之；於怙惡不悛者，則刑之也。恤，憂也，意謂慎之也。此二語，乃舜戒諸官之詞。以上言舜定刑罰之法。

乙、賞功

〈堯典〉曰：

> 五載一巡守，群后四朝，敷奏以言，明試以功，車服以庸。

《孫疏》言使諸侯以治術奏告也。明試以功謂就其所言以明試其功效也，庸，用也。《蔡傳》車服以庸、有功，則賜車服以旌異之。

丙、賞戮有定所。

〈虞夏書甘誓〉

太戰于甘，乃召六卿，王曰嗟！六事（六卿）之人，予誓告汝。……用命，賞于祖；弗用命，戮于社，予則孥戮汝。

用命，即聽命。祖，謂遷廟之祖，古者天子出征，必先祭祖及遷廟，而皆釁其主（神牌）以行，載之齋車，賞于祖，謂啓告於祖之神牌而賞之也。社，謂齋車所載之社主也。孥戮句上有省文。意謂如不用命，則如是也。〈蔡傳〉孥，子也。言若不用命，不但戮及汝身，將並汝妻子而戮之也。

4. 律度量衡

同律度量衡。

〈堯典〉篇：

歲二月，東巡守。……協時月正日，同律度量衡。

〈蔡傳〉律，十二律：黃鍾、太簇、姑洗、蕤賓、夷則、無射、大呂、夾鐘、仲呂、林鍾、南呂、應鍾也。六爲律、六爲呂、凡十二管，皆徑三分有奇，空圍九分，而黃鍾之長九寸，大呂以下律呂相同，以次而短，至應鍾而極焉。以之制樂而節聲音，則長者聲下，短者聲高，下者則重濁而舒遲，上者則輕清而剽疾，以之審度而度長短。則九十分黃鍾之長、一爲一分，而十分爲寸，十寸爲尺，十尺爲丈，十丈爲引；以之審量，而量多少。則黃鍾之管，其容於穀秬黍中者，一千二百以爲龠，而十龠爲合，十合爲升，十升爲斗，十斗爲斛；以之平衡而權輕重。則黃鍾之龠所容千二百黍，其重十二銖，兩龠則二十四銖爲兩，十六兩爲斤，三十斤爲鈞，四鈞爲石，此黃鍾所以爲萬事根本。諸侯之國，其有不一者，則審而同之也。《論語堯曰篇》曰，「謹權量；審法度、修廢官，四方之政行焉」度量衡，令長短、多少、輕重咸得其宜，而民人無紛爭獄訟之苦矣，故歷代建國者莫不重之。

《漢書律歷志》曰：

> 《虞書》曰，乃同律度量衡，所以齊遠近，立民信也，自伏羲畫八卦，由數起（萬物之數由八卦而起），三代稽古，法度章焉，孔子陳後王之法曰謹權量，審法度，四方之政行矣。……三曰審度，四曰嘉量，五曰權衡。……度者，分寸、尺、丈、引也；所以度長短也。十分爲寸，十寸爲尺、十尺爲丈，十丈爲引而五度審矣。量者，龠、合、升、斗、斛也。所以量多少也。合龠爲合，十合爲升、十升爲斗，十斗爲斛，而五量嘉矣；職在太倉，大司農掌之。衡權者，衡，平也。權，重也。衡，所以任權，而均物、平輕重也。二十四銖爲兩，十六兩爲斤，三十斤爲鈞，四鈞爲石。凡律度量衡，所以同天下，齊風俗也。

度，以度長短；量，以量多少；衡，以平輕重。此民人生活之要目。長短，多少、輕重之有定準，足以息爭止訟，其事至簡，其用至大！歷代帝王建國伊始，首釐此制。今各國仍有度量衡檢定之官署，亦有采萬國公制者，一體重視也。

5. 朝　覲

朝。

〈堯典〉曰：

五載一巡守，群后四朝。

舜五年巡守一次，其間四年，則諸侯分來朝於京師。〈蔡傳〉五載之內、天子巡守者一，諸侯來朝者四。蓋巡守之明年，則東方之諸侯來朝於天子，又明年，則南方之諸侯來朝覲。

〈堯典〉曰：

歲二東巡守，至於岱宗，柴、望秩于山川，肆覲東后。

肆，遂也。東后，東方之諸侯。由此推知，則南巡守，得令南方之諸侯來覲見也。〈爾雅疏〉「覲，下見上也。」〈禮記曲禮〉「天子當依而立，諸侯北面而見天子曰覲。」〈注〉：春見曰朝，秋見曰覲。」則朝覲皆人臣見天子之稱也。〈記〉曰：「聘覲之禮廢，則君臣之位失，諸侯之行惡，而倍畔侵陵之敗起矣。故禮之化人也微，其止邪於未形。」可不愼與。

6. 瑞　信

五瑞。

〈堯典篇〉：

輯五瑞。既月乃日，覲四岳群牧班瑞于群后。修五禮五玉。

輯，合也。五瑞者，諸侯所執玉器，以爲符信者也。〈周禮春官典瑞〉「公執桓圭，諸侯執信圭，伯執躬圭，子執穀璧，男執蒲璧」。諸侯始受封，天子賜以圭而刻識之以爲符信，此謂使諸侯執瑞來朝，以合其刻識，而驗其眞僞也。五玉即五瑞。《周禮春官典瑞》「掌玉瑞玉器之藏，王晉大圭以朝日，五采五就；公執桓圭，三采三就；子執穀璧，二采再就以朝覲。」名位不同，采就異數，此其所以爲信也。

7. 巡　守

〈堯典〉：

歲二月東巡守至于岱宗。五載一巡守。

天子巡行，謂之巡守。孟子「天子適諸侯曰巡守，巡守者，巡所守也。」舜每五年巡守一次，今猶有視察之事，此其遺意也。

8. 考　績

〈堯典〉：

三載考績，三考黜陟幽明，庶績咸熙（典）。

考績、考核諸官之政績。黜，貶；陟，升。幽，昏暗之官。明，明智之官。考績定任官之勤隋賢不肖，有助於政治之進步、革新，今仍行之未遑也。

(五)結　語

右列1.政治原理。2.政治法則。3.政治設施。4.政治制度，凡四綱。純就政治之思想，以試析之，務得《尙書》之幾微而已。嘗思政治，本人類自然生活有意義有組織之活動，人類群居所不能須臾或離者也。先即政治原理言之，人類在自然界，耳目所及者天地。深察原始人類對自然之尊崇，以爲天有意志，人當遵奉，以維護人類共同綿延之生存，以天之意志爲共同之公約，一切行止必以天命爲依歸。一國之鼎革興亡，一唯天命，民心之向背，天命之所以取決者也。次重倫理，修明人際之關係，父子兄弟夫婦朋友，各有其應守之分際，以增益守望相助，疾病相扶持、合作互助之美德。貴民，則民本之思想。民惟邦本，本固邦寧古訓是式也。而敬鬼神爲報本反始，惇厚風俗之教。謂之原理者，政治由此而起，本立則道生也。二曰，政治法則。孟子曰：「離婁之明，公輸子之巧，不以規矩，不能成方員；師曠之聰不以六律不能正五音；堯舜之道，不以仁政，不能平治天下。今有仁心仁聞，而民不被其澤，不可法於後世者，不行先王之道也」（註三六）先王之道爲何？先王治天下之道，政治法則是也。故又曰：「《詩》云：不愆不忘，率由舊章，遵先生之法而過者，未之有也。」（同上）謂法則之足貴，政治而無法則烏可？政治法則，以知人安民爲首要，知人則能官人，令俊傑在位，賢能各盡其才，曰「庶績咸熙」者謂此。中國歷來重人治、德治，蓋以德服人者中心悅而誠服也。三代力責爲人君爲上人者，必須修德行仁，其身正不令而行，未有己不正而能正人者也。而重農不奪其耕耨稼穡之時，使民足以仰事俯畜，樂歲終身飽，凶年免於死亡，此王道之始也。三曰政治設施。以設官、用人、立教爲主。自黃帝紀事，百宮以雲爲名，少皞以前，百官之號象其徵，顓頊以來，百官之號因其事，若司徒、司馬之類。堯起重，黎之後，使羲和之子掌天地之官，舜求百揆，后稷播百穀，契作司徒，皐陶作士，伯夷作秩宗，後世六官之名已具，〈明堂位〉云：「夏后世官百，殷二百，周三百。」歷代官制，莫備於《周禮》六官之屬，各有分司，定其所司，咸有官守。用人準此，循名責實，以收治績不難。餘則立教。蓋民之爲道也，飽食煖衣逸居而無教，則幾於禽獸，故三代之學，皆所以明人倫，倫常叙，而國家之紀綱立，紀綱既正，天下大定，政教悉賴之以有成功也。四曰政治制度。制度者，以有形範其無形也。尊卑、上下、貴賤，有形也；安分守己，各盡天職，無形也。有典有則，相與循守，要惟制度是賴。以官制言，定其專司，各有官守，無相踰越，則侵權越俎之患息，不得其職則去，而庶事理矣。祀典者，尊事上帝鬼神所謂以神道設教也。而人事紛紜，必立刑賞，以懲不法而奬有功，賞善罰惡，是非分明，民心之歸，若水之就下其勢沛然，孰能禦之？而同律度量衡者，以弭息天下之紛爭，防患於未然，止亂於未形者，此之謂也。如朝覲之禮，以教民知上下貴賤之殊，統之有宗，仰之若父母，導之以禮者也。至瑞信以明身分，徵符信，巡守以觀民風，知得失。考績以察勤惰。立官箴，是皆政制之大端，綱舉目張。凡立制度，有其規約之要義，亦見信守之必然。以此納生民於軌物之中，萬事得宜，品物咸亨，而國家熙熙和洽長享昇平之世矣。

近人王靜安先生謂周代立制度之宗旨，在納上下於道德，使成爲一道德整體，特舉周之制度大異於商者有三。一、立子立嫡之制。二、廟數之制。三、同姓不婚之制。特推尊周公立制，以無利天下之公心，爲安國家、定人民而設計，使後世有恩以相制，有義以相分，而國家之基定，爭奪之禍泯。

國家爲政治、道德之樞機。制度典禮者，道德之器耳。由制度而生典禮。深探治亂之源，其精義大法，止有、德、民二字而已。此論（靜安殷周制度論）體大思精，不朽之作，故附志於此。見周代典制，影響於後世之大，匪言可喻也。

《尚書》之光價，劉知幾史通論史學六家，以《尚書》爲第一，即學術言，具史學、政治學、哲學、文學之資材。於義理發堯舜以來，孔子以前中國傳統倫紀性道之傳統。《尚書》分虞夏書、商、周書三部，而以周書爲最。周書各篇多與周公有關，中國學術思想肇端於此，孔子直承周公終身服膺，故曰「久矣！吾不復夢見周公」也（註三九）。

叁、《詩》

一、小引

《詩》所以甄養性靈、抒發情志也。人類自有語言，即旋有歌詠，感於物而動，爲情之自然，發而爲語言、聲音，亦屬天籟。《詩》之名見於〈虞書堯典〉曰：「《詩》言志」、《禮記樂記》曰：「《詩》言其志也。」其起原至早，故元首之歌，作於堯世（註六〇）南風之曲，歌於舜廷（註六一）。孔子刪定六經，自衛反魯然後樂正，雅頌各得其所。（註六二）經孔子釐定而次第之，成爲自古詩歌之總集，乃有《詩經》之專名，《莊子天下篇》《詩》以道志。」《詩》遂爲言志之書矣。孔子特重《詩》故諭伯魚曰，「不學《詩》無以言」（註六三）又曰：「汝爲周南召南矣夫？人而不爲周南召南，其猶正牆面而立也與。」（註六四）又告門人曰：「小子何莫學夫《詩》，《詩》可以興，可以觀，可以群，可以怨，邇之事父，遠之事君，多識於鳥獸草木之名。」（註六五）《詩》以感諭爲體，其用在感發風喻，其感人之深，應之之速，有不期然而然者矣。其善者可以感發人之善心，其惡者可以懲創人之逸志，使歸於性情之正，故孔子曰：「《詩》三百一言以蔽之曰思無邪（註六六）。」蓋言語之感人莫如詩，治化之易生效者，莫如感諭，《詩》之於人，其感發興起，每於有意無意之幾，若有物驅策而使之然，應感而興者，有不得不然之力勢。恆人之情，應感而發，則悅慕之心，油然生焉。善爲政者，使民心悅服，其從之也輕，故《易》曰「天地感而萬物化生；聖人感人心而天下和平。」（註六七）先王設采詩之官，藉四方之詩以知民風，省方觀民以設敎（註六八），善敎得民心。（註六九）故曰，「入其國，其敎可知也。」（註七〇）《詩》爲文學極重要之部份，由三百篇，衍而爲騷、爲賦，下逮漢魏六朝，有四言、五言、七言，復遞嬗而爲詞、爲曲，源遠而末益分，其出於《詩》三百則一也。《詩》有六義、風、雅、頌爲《詩》之體式，賦比興爲詩之作法，賦至漢已獨立，後世論著言語，常引《詩》什，自性命治道以迄日用飲食，每以《詩》爲敎，取其華夏之聲，典則雅馴，易以啓發人之善心也。《詩》與樂舞，本爲一體，聲成文謂之音，協於絲竹金石，應於干戚羽旄，而後謂之樂，詩未有不入樂者，《史記孔子世家》「三百五篇，孔子皆弦歌之，以求合於韶武雅頌之音。」是三百五篇皆樂也。樂以詩爲本，詩以聲爲用，《虞書》「聲依永，律和聲」之謂也。漢時猶有樂府，宋以後詩與樂乃判然爲二。《詩》在五經之中，要爲唯美之學也。詩爲語言中之至美者，其旨遠，其辭文，不獨以其音調鏗鏘可以入樂，可以悅耳也。尤在能感人於無形，雖其人之有怨有怒也，發而爲詩，則不見怨怒之詞，情致紆餘委婉，借事以比方，託物以寄興，以冀其人之感悟，溫柔敦厚之情，溢於言表，諧於聲音，施於四體，四體不言而喻，此其所以爲美也與。

二、釋　名

《詩》者，言志之書也。《虞書堯典》曰：

詩言志，歌永言，聲依永，律和聲。

《說文解字三下言部》曰：

詩，志也。从言，寺聲，䛘，古文詩省（从言㞢聲）。

《劉熙釋名》曰

詩，之也，志之所之也。

《禮記樂記》、《荀子儒效篇》、《莊子天下篇》皆以《詩》爲言志之書。《釋名》謂「志之所之也」。情動於中而形於言，是志之所之也。《詩》古止稱《詩》，或《詩三百》，戰國晚年，五經始稱爲經，宋明以後《詩經》已成定名。《詩經》爲有周一代之詩歌總集，純係文學作品，其時代自周初至定王之世（春秋中葉）內容分民間歌謠、貴族與廟堂樂章三類。

三、《詩》之來源

(一)采詩說

《漢書藝文志》曰：

古有采詩之官，王者所以觀風俗，知得失，自考正也。

《漢書食貨志》曰：

男女有不得其所者，因相與歌詠，各言其傷（師古曰：怨刺之詩也），孟春之月，群居者將散，行人振木鐸徇於路以采詩。獻之太師，比其音律，以聞於天子。

《何休公羊宣十五年解詁》曰：

男女有所怨恨，相從而歌，飢者歌其食，勞者歌其事，男年六十，女年五十，無子者，官衣食之，使之民間采詩，鄉移於邑，邑移於國，國以聞於天子。

班孟堅謂古有采詩之官，采之者爲行人。何休以爲男年六十、女年五十無子者，令其之民間采詩，由此知各國詩歌之能集中一處，由於採詩者之搜集而來。

(二)陳詩說

《禮記王制篇》

天子五年一巡守，令太師陳詩以觀民風。

武王伐紂，定天下，巡守述職，陳誦諸國之詩以觀風俗。

《鄭玄詩譜》

采之於每歲之孟春、陳之於五載巡守四仲之月，此國風所自來也。漢時武帝立樂府而采歌謠，於是有代趙之謳，吳楚之風，即沿古風。

三貢詩説

閻百詩記胡朏明語：「金仁山前編引《伏生尙書虞書傳》言舜之元祀，巡守四岳八伯，各貢其樂，樂正定樂名。又引《書大傳》曰：五載一巡守，群后德讓，貢正聲而九族具成。注云：此采詩作樂之始。此貢詩之説所自出。與采詩、陳師相發明，蓋列國之行人，采師以屬太師，比其音律，以待時巡，因州伯以貢之天子，天子命太師陳之，而取其正聲，被諸弦管，以爲燕饗朝會祭祀之樂，自虞夏以來，未之或改。」(註七二)

采詩之説本有官司，如行人之流，或雇養老年男女往來民間以求之。陳詩説以爲太師所陳。貢詩説謂四岳八伯群后所貢。采之、陳之、貢之，相與發明，皆廣爲搜求以集中於王庭。《朱子集傳》曰：「風者，民俗歌謠之詩也。諸侯采之以貢於天子，天子受之而列於樂官，於以考其俗尙之美惡，而知其政治之得失焉。」勿論所采所陳所貢，均是國風。孟堅謂「所以觀風俗、知得失」是也。

四、《詩》之傳授

傳經之宗師，首推子夏。《史記仲尼弟子列傳》曰：

孔子既沒，子夏居西河教授為魏文侯師。

《後漢書徐防傳》曰：

《詩》《書》《禮》《樂》，定自孔子，發明章句，始於子夏。

子夏居西河，不僅為文侯師，且為傳經之宗師。其次為荀卿。汪中《述學荀卿子通論》曰：

六藝之傳，賴以不絕者，荀卿也。周公作之，孔子述之，荀卿子傳之，其揆一也。

《毛詩》之傳授。《釋文叙錄引徐整（三國吳人）云：

子夏傳高行子，高行子傳薛倉子，薛倉子授帛妙子。帛妙子授河間人大毛公名亨毛公為《詩故訓傳于家，以授趙人小毛公名萇。

陸璣《毛詩鳥獸草木蟲魚疏》云：

子夏傳曾申，申傳魏人李克，克傳魯人孟仲子，孟仲子傳根牟子，根牟子傳趙人孫卿子，孫卿子傳魯人大毛公。

由徐說，則子夏五傳而至大毛公；由陸說，則子夏七傳而至大毛公，世數不同，姓名亦異，頗啓後人疑竇。據《漢書儒林傳》，則《毛詩》之傳授如次：

子夏—荀況—毛亨—毛萇—貫長卿—解延年—徐敖—陳俠。

三家詩傳授

《魯詩》—出自浮邱伯，申公傳之（史、漢儒林傳）申公、魯人，故曰魯詩，漢文帝時博士。

《齊詩》—傳自轅固生（漢書儒林傳）齊人所傳，故曰齊詩，孝景時博士。

《韓詩》—傳自韓嬰（漢書儒林傳）據姓爲稱，故曰韓詩，爲內外傳，文帝時博士。

三家亡佚。

《齊詩》魏代已亡，《魯詩》不過江東，《韓詩》雖在，無傳之者，後卒亡於北宋，僅存外傳，亦非完帙（皮氏《經學通論》）。

五、《詩》之傳本

《漢書藝文志六藝略》：

凡《詩》六家，四百一十六卷。《毛詩故訓傳》三十卷，毛公作。

但曰毛公作，未著其名。《後漢書儒林傳》：

趙人毛長傳《詩》。

字不從草。《隋書經籍志》題曰毛萇。鄭玄《詩譜》「魯人大毛公爲《訓詁傳》」。陸璣亦謂「魯國毛亨作《詁訓傳》以授趙國毛萇。」是作傳者爲毛亨，非毛萇。章太炎云：今之《詩傳》，乃大毛公所作，嘗稱《毛亨詩傳》。《正義》「大毛公爲其傳，由小毛公而題毛也。」《隋志》附鄭箋於毛傳作二十卷（疑爲鄭玄所併），今本四十卷（疑爲孔穎達所析）。今《十三經注疏》本、《毛詩正義》四十卷，漢毛公傳、鄭玄箋、唐孔穎達正義。南宋以前，經與疏本各單行，南宋光宗時，始有合刊本，其後復有十行本。《十三經注疏》明世宗嘉靖時之閩本，即據十行本重刻者，後又據閩本重刻爲監本，莊烈帝時，又有毛晉據監本重刻之汲古閣本。清高宗時，又有所謂殿本，今通行者，爲阮元刻本。後附校刊記。今所讀之《詩》，三家雖有輯本，而殘缺過甚！至今日《毛詩》仍爲最可信據之本，顧亭林以今《詩》非孔門之舊本，而曰：

> 《詩》之世次，必不可信。今《詩》亦未必皆孔子所正。且如褒姒滅之，幽王之時也；而次於前。召伯營之，宣王之詩也，而次於後。序者不得其說，遂並《楚茨》《信南山》、《甫田》、《瞻彼洛矣》、《裳裳者華》、《桑扈》、《鴛鴦》、《魚藻》、《采菽》十詩，皆爲刺幽王之作，恐不然也。又如《碩人》、莊姜初歸事也，而次於後，《綠衣》、《日月》、《終風》，莊姜失位而作。《燕燕》，送歸姜作。《擊鼓》，國人怨州吁而作也，而次於前。《渭陽》秦康公爲太子時作也。而次於後。《黃鳥》，穆公薨後事也，而次於前，此皆經有明文可據。故鄭氏謂《十月之交》、《雨無正》、《小旻》、《小宛》皆刺厲王之詩，漢興之初，師移其第耳，而《左氏傳》楚莊王之言曰，「武王作武，其卒章曰耆定爾功。其三曰敷時繹思，我祖維求定，其六曰綏萬邦屢豐年。」今《詩》但以耆定爾功一章爲《武》，而其三爲《賚》，其六爲《桓》。章次復相隔越。

《儀禮》歌〈召南〉三篇越〈草蟲〉而取〈采蘋〉，《正義》以爲〈采蘋〉舊在〈草蟲〉之前，知今日之《詩》，已失古人之次，此夫子所謂雅頌各得其所者矣。

亭林謂宣幽時之詩，莊姜初歸與失位之作，渭陽、黃鳥皆穆公之作，均前後失序，可據經文以明證之，鄭氏謂十月之交，雨無正、小旻、小宛，皆刺厲王，乃漢興之初，師移其第，實足徵信，閻百詩引亭林之文而曰：「此益足證今《詩》非孔門之舊本。」（註七三）是也。

六、删《詩》說

删《詩》之說始見於《史記孔子世家》曰：

古者《詩》三千餘篇，及至孔子去其重，取可施於禮義，上采契后稷，中述殷周之盛，至幽厲之缺（周道缺），始於衽席，故曰關雎之亂（理也）以爲風始，鹿鳴爲小雅始，文王爲大雅始，清廟爲頌始，三百五篇孔子皆弦歌之，以求合韶武雅頌之音。

孔穎達《正義》曰：

按書傳所引之詩，見在者多，亡逸者少，則孔子所錄，不容十分去九，馬遷言古詩三千餘篇，未可信也。

孔穎達已不信删詩之說。近人朱彝尊、趙翼、崔述、李惇皆力辨删詩說之非。屈翼鵠氏更舉《左傳》《國語》《禮記》三書所引之詩，今存者總計爲一百八十八，已佚者爲十四篇，佚詩之數，僅佔存詩十三分之一，魯襄二十九年《左傳》記季札觀魯樂所見之詩，已與今本略同。而《論語爲政篇》子曰：「詩三百，一言以蔽之曰思無邪。」《子路篇》子曰：「誦詩三百，授之以政不達。……」孔子屢言詩三百，可見三百篇必爲當時魯國通行之本。屈氏力舉諸證以明刪說之說不足信。（註七四）屈又曰「孔子於《詩》嘗整理重編，確乎可信。亭林曰：「選其辭，比其音，去其煩且濫者，此夫子之所謂刪也。」（註七五）則與史公「去其重，取可施於禮義」之旨合。是刪之義非止去其篇什，固達人之言也。

七、內　容

㈠《詩序》

1. 大小序之區分

陸德明《經典釋文》以「關雎后妃之德也」至「用之邦國焉」名關雎序，謂之小序。自「風，風也」迄末爲大序。

《昭明文選》起「關雎后妃之德也」訖「是關雎之義也」題爲毛詩序，蕭統以爲子夏作。

《正義》謂「諸序皆一篇之議，但《詩》理深廣，此爲篇端，故以《詩》之大綱併舉於此。」孔子此篇不分大小，《正義》自關雎以後，每詩一篇即有一序：謂之小序。

《朱子詩序辨說》以「詩者，志之所之也」至「是謂四始，詩之至也」一大段爲大序。其餘首尾二段爲小序（關雎）。此漢宋異說之所在，質言之，大序應是全書之序；小序，乃各篇之序也。

2.《詩序》作者

《鄭玄詩譜》曰：

大序是子夏作，小序是子夏毛公合作，卜商意有不盡，毛更足成之。

《後漢書卷七十九儒林傳》下曰：

衛宏字敬仲，東海人也。少與河南鄭興俱好古學。初，九江謝曼卿善《毛詩》。……宏從曼卿受學，因作《毛詩序》，善得風雅之旨於今傳於世。

《集解》惠棟曰：

〈經籍志〉毛萇善詩，自謂子夏所傳，先儒相承謂《毛詩》序，子夏所創，毛公及敬重又加潤益。

嚴百詩曰：

蓋魏後於漢，衛宏詩序，至是始行。（註七六）

百詩以爲詩序至魏始行，並謂詩序爲衛宏作《陸璣疏》

東漢衛宏從謝曼卿受學，因作毛詩序，得風雅之旨。

此從《後漢書》之說，《隋書經籍志》「毛詩序，子夏所創毛公衛宏又加潤益。」陳伯璵《毛詩指說》說「子夏惟裁初句，以下出於毛公。」程頤與呂與叔謂「大序作於孔子、小序爲國史之舊文。」（註七七）

大氏以爲詩序出於子夏，其義爲子夏以來相傳之義，其文，則衛宏之所纂集而已。《四庫提要》定序首二語爲毛萇以前經師所傳，以下續成之詞，萇以下弟子所附，較平允，今從之。

三家詩亦有序。

魏源曰：

> 諸家所引：《韓詩》「〈關雎〉，刺時也。〈漢廣〉說人也。〈汝墳〉辭家也。〈芣苢〉，傷夫有惡疾也。〈黍離〉，伯封作也。〈蝃蝀〉，刺奔女也。〈溱與洧〉說人也。〈雞鳴〉，讒人也。〈夫栘〉，燕兄弟也。〈伐木〉，文王敬故也。〈鼓鐘〉刺昭王也。〈賓之初筵〉，衛武公飲酒悔過也。〈抑〉衛武公刺王室以自戒也。〈假樂〉美宣王之德也。〈雲漢〉，宣王遭亂仰天也。〈雨無極正〉，天夫刺幽王也。〈四月〉，歎征役也。〈閟宮有侐〉公子奚斯所作也。〈那〉，美襄公也。皆與《毛詩》首語一例。則《韓詩》有序明矣。《齊詩》最殘缺，而張揖魏人習《齊詩》其〈上林賦注曰：〈伐檀〉，刺賢者不遇明王也。其爲《齊詩》之序明矣。劉向，楚元王之孫，世傳《魯詩》，其《列女傳》以〈芣苢〉爲蔡人妻作，〈汝墳〉爲周南大夫妻作。〈行露〉爲召南申女作。〈邶柏舟〉爲衛夫人作。〈碩人〉爲莊姜傅母作。〈燕燕〉爲定姜送婦作。〈式微〉爲黎莊夫人及傅母作。〈載馳〉爲許穆夫人作。視毛序之空衍者尤鑿鑿不誣。具其息夫人傳曰：「君子故序之於詩。」黎莊夫人傳曰：「君子故序之以編詩」，而向所自著書亦曰《新序》。是《魯詩》有序明矣。且三家遺說，凡《魯詩》如此者，韓必同之。《韓詩》如此者，魯必同之。《齊詩》存

什一於千百，而魯韓必同之，苟非同出一源，安能重規疊矩。……。（註七八）

3.《詩序》存廢

宋馬端臨貴與極論《詩序》之不可廢，而曰：

《書序》可廢而《詩序》不可廢，就《詩》而論，雅、頌之序可廢，而十五國風之序不可廢。蓋風之爲體，比興之辭多於敍述；風諭之意，浮於指斥，蓋有反覆詠歎，聯章累句，而無一言敍作之之意者。而序者，乃一言以蔽之曰，爲某事也。苟非其傳授之有源，採索之無舛，則孰能臆料當時指意之所歸以示千載乎？而文公深詆之，且於桑中溱洧諸篇，辨析尤至，以爲安有刺人之惡，而自爲彼人之辭以陷於所刺之地。其意蓋謂詩之辭如彼，而序之說如此，則以詩求詩可也，烏有舍明白可見之詩辭，而必欲曲從臆度難信之序說乎？然愚以爲必若此，則《詩》之難讀者多矣！豈直鄭衛諸篇哉？夫〈芣苢〉之序，以婦人樂有子爲后妃之美也。而其詩語不過形容採掇芣苢之情狀而已，〈黍離〉之序，以爲閔周室宮廟之顚覆也。而其詩語不過慨歎黍離之苗穗而已，此《詩》之不言所作，而賴序以明者也。若舍序以求之，則其所以採掇爲何事，而慨歎爲何說乎？〈叔于田〉之二，《詩序》以爲刺鄭莊公，而其詩語則鄭人愛叔段之辭耳。〈揚之水〉、〈椒聊〉二詩，序以爲刺晉昭公，而其詩語，則晉人愛桓叔之辭耳，此詩之序其事以諷，而不言刺之之意，而賴序以明之者也。若舍序以求之，則如四詩也，非子雲美新之賦，則袁弘九錫之文耳。〈鴇羽〉、〈陟岵〉之詩見於變風，序以爲征役者不堪命而作也。〈四牡〉、〈采薇〉之詩見於正雅，序以爲勞使臣遣戍役而作也。而深味四詩之旨，則歎行役之勞苦，敘飢渴之情狀，憂孝養之不逮，悼歸休之無期，其辭語一耳。此詩之辭同意異而賴序以明者也。若舍序以求之，則文王之臣民亦怨其上，而〈四牡〉〈采薇〉，不得爲正雅矣。即是數端而觀之，則知序之不可廢，序不可廢，則〈桑中〉〈溱洧〉何嫌其爲刺奔乎？且夫子嘗刪詩矣，所取於〈關雎〉謂其樂而不淫，則詩之可刪，孰有大於淫者，今以文公《詩傳》考之，其指以爲男女奔誘而自作詩以序其事者，凡二十有四，如〈桑中〉〈東門之墠〉〈溱洧〉〈東方之日〉〈東門之池〉〈東門之楊〉〈月出〉則序以爲刺淫，而文公以爲淫者所自作也。如〈靜女〉〈木瓜〉〈采葛〉〈丘中有麻〉〈將仲子〉〈遵大路〉〈有女同車〉〈山有扶蘇〉〈蘀兮〉〈狡童〉〈褰裳〉〈丰〉〈風雨〉〈子衿〉〈揚之水〉〈出其東門〉〈野有蔓草〉，則序本別指他事而文公亦以爲淫者所自作也。夫以淫昏不檢之人，發而爲放蕩無恥之辭，其多如此，夫子猶存之，不知所刪何等之篇也？……夫本之以孔孟說詩之旨，參之以詩中諸序之例，而後究極夫古今詩人所以諷詠之意，則詩序之不可廢也審矣，愚豈好爲異論哉？（註七九）

馬貴與氏論《詩序》之不可廢，特以十五國風之序不可廢。馬以爲《詩序》專明作者之意爲某事而作，必其傳授之有據，採摭之無舛，非一人之臆測也。而詩之辭語多反復詠歎以達諷諭之旨，其本文不言所作而端賴序以明之，又有辭同義異如四牡、采薇之詩，非序無以明其爲何而作。又駁斥朱子指爲淫奔之詩凡二十有四，文公以爲淫者所自作，而夫子未嘗刪去，與孔孟說詩之旨不合，不如《詩序〉之別有所指爲可據信。是也。今存《詩序》其中多有與群書所志之用意遣辭相同者實多，則《詩序》之可供後世讀詩者之參詳、無疑，皮錫瑞氏曰：

今三家既亡，《毛詩猶爲近古，與其信後人之臆説，又不如信《毛詩》(註八〇)。

《詩序》以先王之舊典爲依據，而解釋其寫作之原因，背景及詩篇之要旨，將三百篇由純文學之著作轉而爲儒家思想之典籍，三百篇在思想史上之價值，即在於《詩序》及《傳》《箋》等作其可供後人之參詳、無疑。

㈡六　義

《周禮春官太師》「教六詩曰風曰賦曰比曰興曰雅曰頌。」《詩序》稱之曰六義。

1. 風

鄭玄《周禮注》曰：

風，言賢聖治道之遺化也。

《詩大序》曰：

風，風也，教也。風以動之，教以化之。

此以風爲風教，《詩大序》又曰：

上以風化下，下以風刺上，言之者無罪，聞之者足以戒故曰風。

又以風有諷刺之義。《鄭樵六經奥論》曰：

風者，出於風土，大概小夫賤隸婦人女子之言，其意雖遠，其言則淺近、重複，故謂之風。

《史記序》曰：《詩紀山川谿谷禽獸草木牝牡雌雄，故長於風。」可見詩篇所表現者，是各地民情風土，故曰風也。民間風土人情，生活情狀，爲社會之動態，風爲風土，今曰「風謠」是也。「國風」之名起於戰國晚年，《禮記表記》曰，「我今不閱，皇恤我後。」（見邶風、谷風）又曰：「國風曰心之憂矣，於我歸說（曹風蜉蝣）」《荀子大略篇》曰：「國風之好色也」可知「國風」一詞，起於戰國晚年。《毛詩國風次第與季札所見不同，但與今文家之傳本一致，《毛詩國風》次第，疑亦孔子所定，《詩》經孔子整理無疑。

2. 雅

《詩大序》雅，正也」。鄭玄《周禮注》雅，正也。言今之正者以爲後世法。」《儀禮鄉酒》「工歌鹿鳴，四牡皇皇者華（三者皆小雅）。……乃間歌魚麗，歌南有嘉魚，歌南山有臺（三者皆小雅），工告於樂正曰，正歌備。」雅爲正歌（正樂）亦爲正聲，雅與夏古音相近。雅，流行於中原一帶，而爲王朝之正聲。《荀子榮辱篇》曰：「越人安越，楚人安楚，君子安雅。」又《儒效篇》曰「居楚而楚，居越而越，居夏而夏。」合兩文觀之，雅即是夏。《墨子天志篇》下引〈大雅皇矣篇〉「帝謂文王」六句，謂之大夏，此其明證。夏，指黃河流域，文化較高一帶。太炎先生曰「正之一訓，乃後起之義，蓋以雅爲正調，故釋之曰正耳。」（註八一）是也。

3. 頌

《詩大序》「頌者，美盛德之形容，以其成功告於神明者也。」《鄭玄周禮注》：「頌之言誦也，容也。誦今之德慶以美之。」《說文》「頌，貌也，从言，公聲」。頌之義爲容貌，爲頌神頌祖先之樂歌。而《魯頌》四篇，全頌魯僖公生前時之作《商頌亦有諛時君之詩，必有其特殊之原因。

頌之編次。康成以爲魯商二頌乃孔子編入《詩經》（說見《詩譜》魯譜及商譜）此語雖難證實或係孔子新編入詩或係自別處抽出改編入頌內，二者必居其一，以魯、侯國也，宋，乃亡國之餘，皆不可與周頌同列，且魯頌之駉，有駜，頗似國風，魯頌之泮水，閟宮、商頌之殷武，有諛詞，其體近雅而不類頌，此等詩在頌之內，不知何故？孔子以魯詩入頌，暗符公羊家王魯之說，商頌作於正考父（孔子七世祖）雖不足信，但爲宋人作品無疑，而「丘也，殷人也」（見《禮記檀弓篇》）因之商頌、周頌平列不足異，所謂雅頌各得其所即此耳。

風雅頌之別有三：⑴內容不同。⑵作者與體裁不同。⑶音節之異。

⑴內容不同。

據《詩大序》曰：

「風，風也，教也。風以動之，教以化之」又曰「上以風化下，下以風刺上。主文而譎諫，言之者無罪，聞之者足以戒，故曰風。

此其言風之義也。

又曰：

是以一國之事繫一人之本謂之風，言天下之事，形四方之風謂之雅，雅者正也，言王政之所由廢興也，政有小大，故有小雅焉，有大雅焉。

此其言雅之義者也。

又曰：

頌者，美盛德之形容，以其成功告於神明者。

《詩序》言頌之義，至爲明洽。

此其内容之不同也。

(2)作者、體制不同。

宋鄭樵《詩辨妄》曰：

風者，出於土風，大概小夫賤隸婦人女子之言。雅者，出於朝廷士大夫，其言純厚典則。頌者，初無諷誦，惟以鋪張勳德而已，其辭嚴。

此作者體制之不同。

(3)音節之不同。

孔穎達《正義》曰：

推之風雅頌，無不以音別〈樂記〉師乙曰，寬而靜、柔而正者宜歌頌，廣大而靜，疏達而信者宜歌大雅；恭儉而好禮者宜歌小雅；正直而靜，廉而謙者宜歌風。

此其音節之不同。

宋程大昌《詩議》朱子《詩集傳》清惠周惕《詩說》近人王國維《樂詩考略》皆謂風雅頌以音別也。故王應麟曰：「風土之音曰風；朝廷之音曰雅；宗廟之音曰頌。」（註八二）

4. 賦

鄭玄《周禮注》：

賦之言鋪，直鋪陳今之政教善惡。

鍾嶸《詩品》：

直書其事，寓言寫物，賦也。

朱子《集傳》曰：

賦者，敷陳其事而直言之者也。

故賦鋪陳直叙而已。

5. 比

鄭玄《周禮注》

見今之失不敢斥言，取比類以言之。

《詩品》

因物喻志，比也。

《詩集傳》：

比者，以彼物比此物也。

比，即比方。以甲物比乙物也。

6. 興

鄭玄《周禮注》：

興者，見今之美，嫌於媚諛，取善事以喻勸之。

《文心雕龍比興篇》：

興者起也。

《詩集傳》

興者，先言他物，以引起所詠之辭也。

鄭樵《六經奧論》

凡興者，所見在此，所得在彼，不可以事類推，不可以義理求也。

朱鄭之說甚是，而朱子解詩，其說仍游移不定，難以明確區分也。《周禮春官、太師教六詩曰風、曰賦、曰比、曰興、曰雅、曰頌。毛序據其說謂詩有六義。於風雅頌之外有賦比比興，而傳專言興，不言比賦。《孔疏》曰「毛傳特言興也。爲其理隱故也。」又曰「風雅頌者，詩篇之異體，賦比興者，詩文之異辭耳。大小不同，而得並爲六義者，賦比興是詩之所用；風雅頌是詩之成形，用彼三事，成此三事。是故同稱爲義。非別有篇卷也。」《鄭志》答張逸問何詩近於比賦興？答曰：「比賦興吳札觀詩，已不歌也，孔子錄詩，已合風雅頌中，難復摘別，篇中義多興。」據此，則比賦興難以摘別，與風雅頌大小不同，鄭孔亦明知之，特以毛義不敢駁，毛又本於《周禮》是古文異說，今文三家詩無是說也。（以上皮氏《經學通論》語。）皮氏謂自周禮毛傳外，不言賦比興，言之者，其說謬悠不足信，置之可也。

㈢四始五際

四始者：《史記孔子世家》：

> 古者詩三千餘篇，及至孔子去其重，取可施於禮義，上采契后稷，中述殷周之盛，至幽厲之缺，故曰關雎之亂以爲風始；鹿鳴爲小雅始；文王爲大雅始；清廟爲頌始。

此以風、雅、頌之首篇爲始，明白易曉，自是定論。此止言始。至《詩序》曰：

> 關雎，后妃之德也，風之始也，風以動之，教以化之。雅者正也，言王政之所由永興也。政有小大，故有小雅焉，有大雅焉，頌者，義盛德之形容，以其成功告於神明者也。是謂四始，詩之至也。

至此，乃有四始之名，至於四始之義《正義》曰：

> 四始者，鄭玄答張逸云：風也，小雅也，大雅也，頌也，此四者，人居行之則爲興，廢之則爲

衰。

又《箋》云：始者，王道興衰之所由。然則此四者，是人居興廢之始，故謂之四始也。

《正義》又引《詩緯汎歷樞》

太明在亥，水始也；四牡在寅，木始也；嘉魚在巳，火始也；鴻雁在申，金始也；與此不同者，緯文因金木水火有四始之義以詩文記之，又鄭作六藝論引《春秋緯演孔圖》《詩》含五際六情者，鄭以汎歷樞》云。午亥之際爲革命，卯酉之際爲改正，辰在天門，出入候聽，卯，天保也，酉，祈父也。午，采芑也。亥，大明也。然則亥爲革命，一際也，亥，又爲天門，出入候聽，二際也；卯爲陰陽交際，三際也；午爲陽謝陰興，四際也；酉爲陰盛陽微，五際也。其六情者，則春秋云喜怒哀樂好惡是也，詩既含此五際六情，故鄭於六藝論言之。

孔疏引詩緯乃齊詩之異義，五際說乃陰陽災異之言不足取信。《漢書翼奉傳》，翼奉奏封事曰：「易有陰陽，詩有五際」《注》「應劭曰：「君臣父子兄弟夫婦朋友。」應劭以五倫說五際，不從陰陽終始之說，古所謂「五際」，云云略備一說，四始當從《史記》風雅頌每篇之首爲是。

(四)正　變

正變之說，見於《毛詩序》曰：

至於王道衰，禮義廢，國異政，家殊俗，而變風變雅作矣。

此言風有變風，雅有變雅。《正義》曰：

變風變雅之作，皆王道始衰，政教初失，尚可匡而革之，追而復之，故執彼舊章，繩此新失，覬望自悔其心，更遵王道，所以變詩作也。

〈正義〉言變風變雅之所由作，覬其改惡爲善。〈鄭氏詩譜序〉曰：

文武之德光熙前緒，以集大命于厥身，遂爲天下父母，使民有政有居。其時詩，風有周南召南，雅有鹿鳴文王之屬，故成王周公致太平，制禮作樂，而有頌聲興焉，盛之至也。本之由此風雅而來，故皆錄之，謂之詩之正經；後王稍更陵遲，懿王始受譖烹齊哀公，夷身失禮之後，邶不尊賢，自是而下，厲也，幽也，政教尤衰。……故孔子錄懿王夷王時詩，訖於陳靈公淫亂之事，謂之變風變雅。

據康成之說，凡文武成王之詩，皆謂之正詩；懿王以後之詩，皆謂之變詩。正變之分，以一、文武成周爲正，懿夷以迄陳靈公爲變，是以世次爲正變之別也。二、詩有美刺，如美衛武、鄭武，刺衛宣，刺鄭莊，是以美刺分正變也。今以時代言，國風、周南、召南爲正，邶至豳爲變；小雅鹿鳴至菁莪爲正，六月至何草不黃爲變；大雅文王至卷阿爲正，民勞至召旻爲變，而毛鄭所定之時代，已多違迕，如周南召南，顯有東周時詩，毛鄭以爲周初之作品。又以豳風作於成王之世，而鄭氏又列入變風，相與乖違，則正變之說，舉其大齊，以盛衰別之，不可據爲典則也。

(五)詩與樂

〈史記孔子世家〉曰：

三百五篇，孔子皆弦歌之，以求合韶武雅頌之音，禮樂自此可得而述，以備王道，成六藝。則孔子之時，詩無不入樂。《漢書食貨志》曰：

孟春之月，群居者將散（師古曰，謂各趣農晦），行人振木鐸徇於路以采詩，獻之太師，比其音律，以聞於天子。（師古注：比，謂比次之也）。

則是孔子之前，詩無不入樂矣。詩與樂爲一事，有詩則有樂，樂常伴詩而作，即詩、樂舞，亦爲一體，此緣人類性情之自然流露，有不期然而然者矣。《禮記樂記》曰：

樂行而民鄉方可以觀德矣。德者，性之端也，樂者，德之基也。金石絲竹，樂之器也，詩言其志也；歌詠其聲也；舞，動其容也。三者本於心，然後樂器從之。是故情深而文明，氣盛而化神，和順積中而英華發外，惟樂不可以爲僞。

《鄭注》曰：

三者本志也，聲也，容也。言無此本於內，則不能爲樂。

《樂記正義》：

詩言其志也者，欲見樂之爲體，有此三事。詩，謂言詞；歌，謂音曲；舞，振動其容，容從聲生，聲從志起，志從心發，三者相因，故云本於心。

《禮記樂記》又曰：

夫樂者樂（音洛）也。人情之所不能免也。樂必發於聲音，形容動靜，人之道也。

明謂詩樂舞，均由於人類性情之自然流露，發而中節者也。梁任公曰：

孔子正樂，即正詩也。故樂無經，以詩爲經，雅言詩書執禮而無樂，樂在詩中，不可分也，詩樂合體，其或自孔子始也。（註八三）

詩與樂相爲因依，詩樂舞爲一體，皆發於人性之自然，無疑。

㈥詩今古文

今文經用隸書，古文經用秦以前之古文所寫，本文字書法之不同。今文經多半出於口授，至漢初始著於竹帛，古文經，乃孔子壁中發現之先秦簡書以及侯國民間流行之古本。今文經在文帝時已立博士（申公韓嬰爲詩博士），至武帝時已有五經博士，古文經至平帝時始立《左氏春秋》《毛詩》《逸禮》《古文尙書》四經之博士。今古文之經文既有殊異，其說經義，有關禮制者，尤多不同。漢初說詩者有申培公、轅固生、韓嬰，後世號三家詩，均爲今文。申公、魯人，《漢志》著錄《魯故二十五卷，說二十八卷》又《齊后氏二十卷，傳三十九卷》（后蒼作齊詩）。韓詩《漢志》著錄《韓故三十六卷（早已失傳）《內傳四卷、外傳六卷、說四十一卷》隋唐以後，《韓詩內外傳》合而爲一，今傳《韓詩外傳》十卷，爲二書合成之本，比隋唐舊本略爲殘缺。《齊詩》亡於魏代，《魯詩》亡於西晉。今此三家詩說，已無由詳知，後人有輯本，僅可知其大略而已。《韓詩》唐時獨有外傳十卷。《漢志》云「《魯詩》最爲近之。」可見《魯詩》平實，無非常可怪之論。《齊詩》雜有陰陽五行之說（如說五際），不免怪誕，早亡。《韓詩》與二家不同，較近於《魯詩》，唯西漢經師多假經文以抒已見，當別白觀之

（屈萬里語）。

八、詩　學

㈠詩　教

《周易傳》「法象莫大乎天地」又曰「天垂象見吉凶，聖人象之。」（註八四）此聖人法天之始，天有自然之風教，孔子曰：

天有四時，春秋冬夏，風雨霜露，無非教也。……（引見前）以六經爲教，則自周代始，《禮記王制篇》曰：

樂正崇四術，立四教，順先王《詩》《書》《禮》《樂》以教士，春秋教以《禮》《樂》；冬夏教以《詩》《書》

《禮記經解篇》曰：

入其國其教可知也，其爲人也，溫柔敦厚，詩教也。……。

《國語楚語》申叔時曰：

教之《詩》而爲之導廣顯德以耀明其志；教之《禮》使知上下之則；教之《樂》以疏其穢而鎮其浮。……。

孔子特重詩教，《詩》《書》執禮，皆所雅言，伯魚述孔子之語曰「不學詩，無以言」孔子又總之曰

「《詩》三百一言以蔽之曰思無邪」見《詩》教之要義，豈非正人倫，厚風俗之所由繫也與。

㈡詩大義

《左僖二十七年傳》曰《詩》《書》，義之府也。」陳季立《讀詩拙言》指明《詩》之大用，合內外，一天人，爲道德性命之奧。其言曰：

《詩》三百篇，牢籠天地，囊括古今，原本物情，諷切治體，總統理性，闡揚道眞，廓乎廣大，靡不備矣！美乎精微，靡不貫矣！近也實遠；淺也實深。辭有盡而意無窮。故「誰適爲容」，閨怨之貞志也；「與子偕作」，塞曲之雄心也；「於汝信宿」，戀德之悃衷也；「投畀豺虎」，疾惡之峻語也；「樂子無知」，傷時之幽憂也；「攜手同行」，招隱之婞節也；「斷壺剝棗」，田家之眞樂也；「魚鼈筍蒲」，餞送之清致也；「示我周行」，乞言之虛懷也；「周爰咨諏」，遠遊之博采也；「寔命不猶」，自寬之善經也；「我思古人」，拔俗之卓軌也。後世風流文雅之士言之能若此之典乎？「好樂無荒」，恬淡而慮長；「匪我思存」，紛華而不亂；「泌之洋洋」，素位而止足；「在水中沚」，跡近而心遐。「振鷺」，想君子之容也；「白駒」，縶嘉客之馬也。後世清隱嘉遯之士，言之能若此之婉乎？「濟濟多士」，美得人也；「有嚴有翼」，修戎政也；「公孫碩膚」，昭勞謙也；「萬邦作孚」，廣身教也。此盛世之風綦隆之泰也。變雅所詠，尤可繹思。「潝潝泚泚」，百官邪矣！「亶侯多藏」，寵賂彰矣；「婦有長舌」，女謁盛矣！「莫肯夙夜」，庶政隳矣！「爲鬼爲蜮」，讒夫昌矣！「俾晝作夜」，酒德酗矣！「自有肺腸」，朋黨分矣！「民亦勞止」，百姓困矣！此周之衰也。亦漢唐宋之所以亡也。後世經綸康濟之士，言之能若是之詳乎？「反是不思，亦已焉哉」，謀事之箴也；「靡不有初，鮮克有終」，令終之戒也；「孝子不匱，永錫爾類」，行道之徵也；「夙夜匪懈，以事一人」，策名之則也；「白圭之玷，尚可磨也」，何言之可輕；「民之失德，乾餱以愆」，何微之可忽？「秉心塞淵，騋牝三千」，何事之非心；「既作泮宮，淮夷攸服」，何教之非政；「古之人無斁，譽髦斯士」，何化之不可行？「盡瘁以仕，甯莫我有」，何變之不可正？「及爾出壬、及爾游衍」，何天之不爲人？「噂沓背憎，職競由人」，何人之不爲天？是合內外貫始終，一天人，道德性命之奧也。後世講學談道之士言之能若此之審乎？故《詩》也者，辭可歌，意可繹，可以平情，可以畜德，孔門所以言《詩》獨詳也！

陳氏謂《詩》可以平情、畜德有益於後世之大。其旨遠其辭文，字字珠玉，深值後人諷誦省思，其價值不亞於三百篇也。

㈢興觀群怨

孔子明言《詩》之大義者：子曰小子何莫夫《詩》，《詩可以興，可以觀，可以群，可以怨，邇之事父，遠之事君，多識於鳥獸草木之名。」（註八五）《何晏論語集解》曰：

孔曰興、引譬連類，興，許應反。鄭曰，觀，觀風俗之盛衰。孔曰群居相切磋。怨、孔曰怨刺上政。

《朱子集註》

興，感發志氣；觀，考見得失。群，和而不流；怨，怨而不怒。

按《朱註》較《集解》所引語更明切，此章興字，以《朱註》爲愈。所謂興者：即孟子所謂：

待文王而後興者，凡民也；若夫豪傑之士，雖無文王猶興（註八六）

《朱子集註》

興者，感動奮發之意。凡民庸常之人也。豪傑，有過人之才智者也。蓋降衷秉彝，人所同得，惟上智之資，無物欲之蔽，爲能無待於教，而自能感發以有爲也。

《詩》之「興」，當是此義。《詩》有興起感發之用，其例亦以孟子之說爲正。孟子曰：

聖人，百世之師也，伯夷柳下惠是也。故聞伯夷之風者，頑夫廉，懦夫有立志；聞柳下惠之風者，薄夫敦，鄙夫寬，奮乎百世之上，百世之下聞者莫不興起也，非聖人而能若是乎，而況於親炙之者乎？（註八七）

此「興」之爲感發之用也。故王應麟曰：

子擊好晨風黍離而慈父感悟，周磐誦汝墳卒章而爲親從仕；王裒誦蓼莪而三復流涕；裴安祖講鹿鳴而兄弟同食，可謂興於詩矣。（註八八）

此則啓發之義，亦興之一例也。

觀者：

《鄭注》「觀風之盛衰。」《朱註》「考見得失」，其義相近。《左襄二十九年傳》

吳公子札來聘，請觀於周樂，使工爲之歌周南召南曰美哉！斯基之矣，猶未也，然勤而不怨矣，爲之歌邶鄘衛，曰……爲之歌鄭曰美哉！其細已甚，民弗堪也，是其先亡乎。……爲之歌秦，曰，此之謂夏聲，夫能夏則大，大之至也，其周之舊乎。……爲之歌陳，曰，國無主，其能久乎？爲之歌小雅曰美哉！思而不貳，怨而不言，其周德之衰乎！爲之歌大雅，曰廣哉熙熙乎，其文王之德乎！爲之歌頌，曰，至矣哉！……盛德之所同也。

季札謂鄭之先亡，陳不能久，謂秦大之至也，大雅爲文王之德，是由《詩》樂而知一國之興衰存亡也，子夏曰「見其禮而知其政，聞其樂而知其德。」（註八九）皆《詩》觀義之大用也。

群者：

孔曰「群居相切磋」。《朱註》「群。和而不流。」群者，蓋引發人類好群、樂群之天性也。《周易萃卦彖傳》曰：

觀其所萃而天地萬物之情可見矣。

明言萬物萃聚好群，乃物性之自然《乾文言傳》曰：

同聲相應，同氣相求，水流溼，火就燥，雲從龍，風從虎，聖人作而萬物睹，本乎天者親上，本乎地者親下，物各從其類也。

此即《易繫傳》「方以類聚，物以群分」之意，《詩小雅伐木》「伐木丁丁，鳥鳴嚶嚶，嚶其鳴矣，求其友聲，相彼鳥矣，猶求友聲。矧伊人矣，不求友生。」即引發群性之什也。

怨者：

孔曰「怨刺上政」《朱註》「怨而不怒」史公曰「國風好色而不淫，小雅怨訓而不亂」，下句正釋此義。

孟子釋怨之例。公孫丑問曰：

高子曰：小弁、小人之詩也。孟子曰何以言之？曰怨。曰固哉高叟之爲詩也。有人於此，越人關弓而射之，則己談笑而道之，無他，疏之也；其兄關弓而射之，則己垂涕泣而道之，無他，戚之也。小弁之怨，親親也，親親仁也。固矣夫，高叟之爲詩也。曰，凱風，何以不怨？曰，凱風，親之過小者也；小弁，親之過大者也。親之過大而不怨，是愈疏也（無愛親之誠）；親之過而怨，是不可磯（激發之意）也，愈疏不孝也；不可磯亦不孝也，孔子曰舜其至孝矣，五十而慕。

孟子釋小弁之怨，爲親親之仁，以太子出於哀痛迫切之誠，有可怨之情也，孟子曰「說詩者不以文害辭，不以辭害志。」以意逆志，是爲得之」（萬章上）至於事父事君，人倫之大者，尤詩教之所重也。

九、治　詩

㈠作　者

今《詩序》常云某篇爲某某之作，或在疑似之間，或難以信從，由《詩經》本文確然指出主名者，惟下列四詩：

1. 〈小雅節南山曰「家父作誦，以究王訩（王訩言王政　致凶之由）。

《朱傳》「家、氏。父字。周大夫也。」此爲家父之作。

2. 〈小雅巷伯〉曰：「寺人孟子作爲此詩。凡百君子，敬而聽之。」

《朱傳》「寺人、內小臣，蓋以讒，被宮而爲此官也。孟子其字也」此寺人孟子之作。

3. 〈大雅崧高〉曰：「吉甫作誦，其詩孔碩，其風肆（遂）好，以贈申伯。」

〈大雅烝民〉曰：「吉甫作誦，穆如清風，仲山甫永懷，以慰其心。」

《朱傳》「吉甫，尹吉甫，周之卿士，誦、工師所誦之詞也」。

此尹吉甫之作。右四詩、經文指出爲某人作，至爲可信。

此外《左傳》《國語》等載有作者之名者如後：

1. 〈鄘風載馳〉。《左傳閔公二年：「衛懿公及狄人戰于熒澤，衛師敗績。……宋桓公逆諸河，立戴公以廬于曹，許穆夫人賦〈載馳〉。」

許穆夫人與衛戴公及文公爲同母所生。出嫁於許。《詩序》「載馳，許穆夫人作也」即本左傳。

2. 〈豳風鴟鴞〉。《尙書金縢篇》「武王既喪，管叔及其群弟乃流言于國曰，公將不利于孺子。……于後，公乃爲詩以貽王，名之曰鴟鴞。」

3. 〈大雅桑柔〉。《左傳》文公元年「郩之役，晉人既歸秦帥，秦大夫及左右皆言於秦伯曰『是役也，孟明之罪也必殺之』。秦伯曰『是孤之罪也，周芮良夫之詩：『大風有隧，貪人敗類。』是貪故也。孤之罪也，孤實貪以禍夫子，夫子何罪？復使爲政。」

《左傳》載秦伯之，言則〈大雅桑柔〉爲周芮良夫所作。

4.〈周頌時邁武、賚、桓。《左傳》宣公十二年引「載戢干戈」以下五句，與武之「耆定爾功」，賚之「鋪時繹思」二句，桓之「綏萬邦」二句，謂爲武王克商所作之頌，又《國語周語》亦引時邁「載戢干戈」五句謂爲周克商，周文公之頌（周文公即周公），左國二說不一，左氏言武王克商言作詩之時，非必指武王自作，國語之說較可信。

5.〈周頌思文〉。《國語周語》「祭公謀父引此詩云周文公之爲頌曰『思文后稷，克配彼天』」，則〈思文〉亦周公所作。

6.〈商頌〉。《國語魯語》昔正考父校商之名頌十二篇於周太師，以〈那〉爲首，其輯之亂曰：『自古在昔，先民有作，溫恭朝夕，執事有恪。』《史記宋微子世家贊》「襄公之時，修行仁義，欲爲盟主，其大夫正考父美之，故追道契、湯、高宗，殷所以興，作商頌。」由知商頌宋襄公時大夫正考父所作。

右引尚書、左、國所載作詩之人，當不如《詩》中自題作者之名爲愈。

(二)時　代

三百篇之時代，即文辭言，以〈周頌〉爲最早，約爲西周初年之作。〈大雅〉內亦有數篇，似西周初年之作。而大部份爲西周中葉以後之作。〈小雅〉多半爲西周中葉以後之作。中有少數顯然作於東周初年。〈國風〉中最早者，約作於西周晚年，晚至春秋中葉以後（如陳風株林及曹風下泉等）。〈魯頌〉四篇，全作於僖公時；〈商頌〉至晚者，亦作於此時。要之，〈國風〉約自西周晚年至春秋中葉。〈小雅〉，約自西周中葉至東周初。〈大雅〉，其中數篇，爲西周初年之作，餘大部份則西周中葉以後。〈周頌〉最古，皆在西周初年。〈魯頌〉，魯僖公時作。〈商頌〉，春秋時，宋國之詩。宋、殷之後，故其詩稱商頌。大約屬宋襄公時作品。魯僖、宋襄皆與齊桓公同時，是魯、商二頌，亦春秋中葉時詩也。三百篇時代，早起西周初年，晚者，已至春秋中葉以後。即至早者，約作於民國紀元前三千年左右；至晚者，亦在兩千五百年左右。西曆在紀元前一千一百年至六百年之間，此其大齊，約計之如此耳。

㈢詩之價值

1.文　學

〈詩經〉爲吾國至早之詩歌總集，亦爲後世一切韻文之祖，我國語言詞彙之泉源。凡辭章結構，文字技巧、文學欣賞、性靈陶冶，莫不取資。〈詩經〉爲上乘之文學作品，孔子以〈詩三百〉爲教，旨在以文學美化人生，提升人性，所謂「〈詩〉三百一言以蔽之曰思無邪。」者在茲。三百篇孔子皆弦歌之，匯文學音樂而爲一，於人之感化力益大，潛移默化使人格不期而日臻於高明之境。

2.歷　史

〈詩經〉牢籠古代政治、社會一切情況，爲今日研究古代社會、政治等至重要之資料。三百篇皆周人之作品，以周人而述周事，彌足徵信，由諸詩足以瞭解諸國風俗及當時人之思想，如六月、釆芑、車攻、江漢、常武諸篇，可知周王北伐玁狁，南征荊蠻、平淮夷、征徐方，內修政理，外攘夷狄之中興大業，誦定之方中，知衛文公徙都楚丘建營新邑致國家殷富之實情，詠無衣知襄公衛平王東遷，周秦力禦外侮之情狀，擊鼓知弒兄自立之州吁，卒見棄於國人，暴政必亡，古今一揆，而玄鳥，長發之美商湯、武丁；魚藻，泂酌，文王，大明。棫樸之美周初文武成王，足見萬姓擁載仁政之赤誠，皆足以彰顯史，有鑑往知來之作用。

3.作　育

作人育德，《詩》之功用至大！供後世爲人處事之至理懿訓，逐篇皆具。〈周頌〉「維天之命，於穆不已。」〈大雅〉文王「上天之載，無聲無臭」，教人知天道之流行不息；〈大雅烝民〉「天生烝民，有物有則民之秉彝，好是懿德。」孔子曰「爲此詩者，其知道乎！」孟子引之以勉人復其秉賦之善性。而〈蓼莪〉喻父母之劬勞以教孝；〈常棣〉言兄弟急難，外禦其侮之勉友于；〈小雅十月之交〉「高岸爲谷，深谷爲陵，哀今之人，胡憯莫懲」喻人當持盈知變。詩人明言警惕之詞，如曰：「下民之孽，匪降自天，噂沓背憎，職競由人」之明孽由自作，咎由自取，孟子所謂「天作孽猶可違，自作孽不可活」（公孫丑上）也。〈衛風雄雉〉曰「不忮不求，何用不臧。」子路猶終身誦之（子罕篇）。〈小雅小旻〉曰「戰戰兢兢，如臨深淵，如履薄冰」；〈小雅小宛〉曰：「我日斯邁而月斯征，夙興夜寐，無忝爾所生。」欲人之奮發有爲，自強不息，中華民族之精神，舉在於此，其意可謂懇切之至矣！

4.博　物

《詩》爲研究吾國古代名物、器用、制度之重要資料，《論語陽貨篇》子曰「小子何莫學夫詩，詩可以興。……多識於鳥獸草木之名。」陸璣《詩鳥獸草木蟲魚疏》正爲此作，此博物之學也。今日地下文物發掘日多，甲骨鐘鼎可用以考證經史者，比比皆然。金文中之盂鼎，不𡢁毀…等皆可與《詩》文，《詩》事相與發明其用不匱者，惟此之謂與。

肆、《禮》

三禮總序

禮者，天地之序也。本自然之秩序，即自然之現象而知之。先聖仰觀俯察，由自然現象獲知自然法則，於是制禮以作育人倫。故倫理法則，即基於自然法則而產生。《周易序卦傳》曰：

有天地然後有萬物，有萬物然後有男女，有男女然後有夫婦，有夫婦然後有父子，有父子然後有君臣，有君臣然後有上下，有上下然後禮義有所措。

禮義有所措，即倫理法則，已臻化育之初階矣。孟子曰：

設爲庠序學校以教之，庠者養也，校者教也，序者射也。夏曰校，殷曰序，周曰庠，學則三代共之，皆所以明人倫也。（註九〇）

是三代之學皆所以明人倫。人倫自夫婦始，君子之道，造端乎夫婦，及其至也，察乎天地。（註九一）序卦之言，正符斯義。此先代制禮之自然義也。又察禮之所由起，所以養欲防亂。《荀子禮論篇》首曰：

> 禮起於何也？曰：人生而有欲，欲而不得，則不能無求，求而無度量分界，則不能不爭，爭則亂，亂則窮。先王惡其亂也，故制禮義以分之，以養人之欲，給人之求。使欲必不窮乎物，物必不屈於欲，兩者相持而長，是禮之所起也。

人之欲無窮而物有窮也，以無窮隨有窮，其不極於亂也幾希。此禮之所以養欲防亂，尤爲維護人類社會秩序之大防也。《記》曰：

> 禮之於教化也微，其止邪也於未形，使人日徙善遠罪而不自知也。是以先王隆之也。《易》曰：「君子愼始，差若毫釐，繆以千里（此《易》佚文，今本無）。」此之謂也。（註九二）

禮防患於未然，由微而之顯，其功之不可掩有如此，而於國家之綱紀，尤如權衡規矩，之不可一日或缺，《記》曰：

> 禮之於正國也，猶衡之於輕重也，繩墨之於曲直也，規矩之於方圜也。故衡誠縣，不可欺以輕重；繩墨誠陳，不可欺以曲直；規矩誠設，不可欺以方圓；君子審禮，不可誣以姦詐。（註九三）

姦詐不作，則國家之紀綱正，而民人居處有禮，進退有度，百官得其宜，萬事得其序，而天下大定。孔子曰「安上治民，莫善於禮。」（註九四），其此之謂。三禮之名，始自盧植，鄭玄，《後書盧植傳》

「植作《三禮解詁》，《鄭玄傳》，「玄撰《三禮目錄》」，《釋文序錄》稱「鄭注《周禮》《儀禮》《禮記》，通爲三禮。」《四庫提要》謂「鄭氏《三禮目錄》，爲三禮通編之始」是也。三禮略見周制之大略，今按《周禮》《儀禮》《禮記》之次分述於下：

一、周禮

㈠小引

《周禮》爲古代論官制之書。以職官爲主，事義爲輔，首言建國，於治理無所不具。體國經野，分土任民之法，言之尤詳，通篇但見條文，而條文則蘊含無旣之事理。治本經當先明訓詁，惠士奇曰：

> 禮經出於屋壁，多古字古音，經之義存乎訓，識字審音，乃知其義。（註九五）

禮是鄭學，有鄭注而後訓詁明，有賈疏而名物制度之考究大備。禮學必先求其名物，而後可知其制度，得其制度而後可語其義理。《周禮》本名《周官》，《史記封禪書》曰：

> 群儒采封禪尚書周官王制之望祀射牛事。

《周官》之名，始見於此。陸氏《序錄》曰：

> 劉歆始建立《周官》以爲《周禮》。

是《周官》改稱《周禮》始於劉歆，鄭玄注三禮，而《周禮》之名乃定。故《賈疏》曰：

> 《周禮》起於成帝劉歆而成於鄭玄。

作者爲六國時人。至《周禮》一書之價值，後世聚訟紛紜毛奇齡曰：

> 此書是周末秦初所作，漢林孝存稱末世瀆亂不驗之書，何休斥之爲六國陰謀之書。

則抑之太過。《周禮》一書，詳於官制制度，以設官爲首要，後世設官分職，任賢使能，苟斟酌損益《周禮》以立一代之制，於任官治理，必大有助益。康成以爲周公致太平之跡在斯，良有所見而云然，非徒好古之言也。

(二)周禮實有其書

《周禮》之名始見於《左昭二年傳》

> 晉侯使韓宣子來聘見易象與魯春秋曰周禮盡在魯矣。

《孔疏》曰：

> 魯國實文王之書，遵周公之典，故云。

此周禮蓋周之典章，非今之周禮。又閔元年，文十八年成二年《傳》皆云周禮，亦非周禮之書，景帝時始由私家之蒐集而登之公家，乃古文先秦舊本，河間獻王好古學時有李氏得周官，上於王，獨闕冬官一篇，獻王購以千金不得，遂取考工記以補其闕，合成六篇奏之。(註九六)《周禮》本名《周官》，《周禮》之名始於劉歆，而定於東漢經師，其名可尋(註九七)。

謹按《周禮》實有其書。群經引用周官，足徵實有其書。汪容甫《述學》

> 以漢以前《周官》傳授源流不能詳，故爲衆儒所排，因考古得六徵以申之，如《逸周書職方

> 解〉，即〈夏官職方〉文；魏文侯樂人所獻，即〈大司樂〉文；太傅禮朝事載〈秋官〉四職文；《禮記燕義》載〈夏官〉諸子文；〈内則〉載〈天官食醫内饔職文；《詩生民傳》有〈春官肆師〉文。遠則西周之世，王朝之政典，太史所記及列國之官世守之以食其業，官失而師儒傳之，七十子後學繫之於六藝，其傳習之緒，明白可據也。在秦則遭禁錮，馬融《周官傳》云：秦法與《周官》相反，故始皇特疾惡，欲絕滅之，搜求焚燒之獨悉，在漢初，則文帝時，祇得其篇章，《漢書藝文志》云：孝文時得六國時樂人竇公獻其書，乃《周官大宗伯》之大司樂章也。

汪氏引《逸周書》《禮記》等所引《周官》原文舉六徵以申《周官》實有其書。後漢采《周官》者：《史記封禪書》云：「上與公卿諸生議封禪，群儒采封禪尚書周官王制之望祀射生事。」又《漢書藝文志》云「河間獻王與毛生等共采周官及諸子言樂事以作樂記。」此周官始出即經當時諸儒信用之證。近年治語言學者，每以用辭之異同，考訂作品之眞僞，謂爲可信之方法，因每書有其特殊之辭匯、語法、句型、迥非異時之人所能摹擬者，(註九八)如宗靜航《周禮成書年代問題》(註九九)文中指明凡春秋以前之文，十數與零之間，皆用「有」字連之，戰國中期之作則不用，《尚書》、《春秋》、《儀禮》、《易繫辭》皆必用，而《周禮》之經，記全用足見《周禮》非劉歆之僞作。即證《周禮》實有其書，不可妄議也。

(三)漢代周禮傳授

河南緱氏杜子春受業於歆，以教門徒，開封鄭興與子衆，扶風賈逵，皆傳其學，衆傳子安世，逵又受學於其父徽，馬融受於京兆摯恂，與桓驎同師，融作《周官傳》授鄭康成，而涿人盧植與延篤亦師之，康成亦兼受於張恭祖，乃作《周官禮注》爲鄭氏學。其弟子最著者有山陽郗盧等六人，賈公彥序《周禮》廢興，當康成時，林孝成以爲武帝知《周官》瀆亂不驗之書，故作十論七難以排棄之，何休亦以六國陰謀之書，唯鄭玄覽群經，知《周禮》乃周公致太平之跡，因答林碩之論難，使《周禮》義得條通，而《周官》遂得以永在學官。是《周禮》幾廢於林、何之異議而仍興於鄭氏也。

㈣周禮六官

一曰：天官冢宰。掌治典；二曰地官大司徒，掌教典；三曰春官大宗伯，掌禮典；四曰夏官大司馬，掌政典；五曰秋官大司寇，掌刑典；六曰冬官大司空，掌事典。冬官亡佚，漢興以考工記補之，足六官之數。六官職掌詳見於天官太宰、小宰之文。

1. 天官冢宰之職。

掌建邦之六典，以佐王治邦國。一曰治典，二曰教典，三曰禮典，四曰政典，五曰刑典，六曰事典《鄭玄目錄》「象天所立之官，冢，大也。宰者，官也。天者，統理萬物。天子立冢宰，使掌邦治，亦所以總御衆官，使不失職。不言「司」者，太宰總御衆官，不主一官之事也。」

2. 地官大司徒之職。

掌建邦之土地之圖，與其人民之數，以使王安擾邦國。《鄭目錄》「象地，所立之官。司徒主衆徒，地載養萬物。天子立司徒掌邦教，亦所以安擾萬民。」

3.春官大宗伯之職。

掌建邦之天神，人鬼，地示之禮。以佐王建保邦國。《鄭目錄》「象春所立之官也。宗，尊也。伯，長也。春者，出生萬物。天子立宗伯，使掌國典禮，以事神爲上，亦所以使天下報本反始。不言「司」者，鬼神示，人之所尊，不敢主之故也。」

4.夏官大司馬。

掌建邦之九法，以佐王平邦國。《鄭目錄》「象夏所立之官。馬者，武也；言爲武者也。夏整齊萬物。天子立司馬，共掌邦政。政可以平諸侯，正天下，故曰統六帥，平邦國。」

5.秋官大司寇。

掌建邦之三典，以佐王刑邦國，詰四方。《鄭目錄》：「象秋所立之官。寇，害也。秋，遒也；如秋義，殺害收聚，斂藏於萬物也。天子立司寇，使掌邦刑。刑者，所以驅恥惡，納人於善道也。」

6.冬官大司空。

《鄭目錄》「象冬所立之官也。名司空者，冬閉藏萬物。天子立司空，使掌邦事，亦所以富立家，使民無空者也。司空之篇亡漢興，補足篇數。」

六官之長與貳列表：

六官	長（卿）	貳（大夫）	職掌
天官	冢宰	小宰	治典
地官	大司徒	小司徒	教典
春官	大宗伯	小宗伯	禮典
夏官	大司馬	小司馬	政典
秋官	大司寇	小司寇	刑典
冬官	大司空（亡）		事典

六官之長如明清之六部尚書，其貳宛如六部之侍郎，六部分職，又與《周禮》之六官相同，數千年後，六官重見。《周禮》爲周秦間一部理想官制之書，誠然。其規模之大，條貫之詳，令人歎爲觀止。

二、儀　禮

㈠小　引

儀禮者，禮之儀文也。禮有本有文，文者節文；禮之本則「仁義」是也。《周易說卦傳》曰：

「立人之道，曰仁與義。」孔子則曰：「不學禮，無以立」（註一〇〇）又曰：「人而不仁如禮何？」（註一〇一）孔子止言仁，仁義一體，故曰：「仁者，義之本也」（註一〇二）孟子始仁義連言，既曰「仁義禮智根於心。」（註一〇三）又曰：「仁之實事親是也；義之實從兄是也；智之實知斯二者弗云是也；禮之實節文斯二者是也。」（註一〇四）禮為仁義之節文，一文一質，固相資也。節文，即《儀禮》，《儀禮》十七篇，乃行禮重要之節文，凌廷堪曰：

> 夫人之所受於天者，性也。性之所固有者，善也。所以復其善者，學也；所以貫其學者，禮也。是故聖人之道，一禮而已矣。……（聖人）因父子之道而制為士冠之禮；因君臣之道而制為聘覲之禮；因夫婦之道而制為士昏之禮；因長幼之道而制為鄉飲酒之禮；因朋友之道而制為士相見之禮。……性本至中，而情則不能無過不及之偏，非禮以節之，則何以復其性焉？……非禮以節之，則過者或溢於情；不及者或漠焉遇之。（註一〇五）。

凌氏謂人具固有之善，而人之情則有過不及之偏，必以禮為之節文，乃能率循其性而復其本然，其說至精，節情復性，固制禮之本也。其節之也，仍不可一日或無，是

> 故昏姻之禮廢，則夫婦之道苦，而淫僻之罪多矣；鄉飲酒之禮廢，則長幼之序失，而爭鬥之獄繁矣；喪祭之禮廢，則臣子之恩薄，而倍死忘者衆疾；聘覲之禮廢，則君臣之位失，諸侯之行惡，而倍叛侵陵之敗起矣。故禮之教化也微，其止邪也於未形，使人日徙善遠罪而不自知也，是以先王隆之也。（註一〇六）

孔子於此段上文先言制昏姻、鄉飲酒等禮之主旨，故云此等若廢則有右列罪、獄之發生，其勢捷於影響，不可不知，王通又申之曰：

冠禮廢，天下無成人矣；昏禮廢，天下無家道矣；喪禮廢，天下遺其親矣；祭禮廢，天下忘其祖矣。（註一〇七）

極言廢禮之失。十七篇中雖僅士冠等目，推而廣之，則五禮（吉凶軍賓嘉）悉蘊其中。讀《儀禮》宜先通其倫類，別其先後，析其條例，而後詳略隆殺之節文明，義理自寓其中，節文義理，相與融貫，文質彬彬，內外浹洽矣，韓昌黎謂讀《儀禮》三法：一曰分節。二曰釋例。三曰繪圖。本此，可以言《儀禮》矣。

二釋　名

《儀禮》古祇稱《禮》，賈《疏》於《儀禮》之名不言所始，《困學紀聞》曰：「《藝文志》謂之禮古經，未有《儀禮》之名。」劉歆《七略》稱之曰「禮經」，合記言，則曰禮記，鄭玄謂之今禮。《禮器》「經禮三百，曲禮三千。」鄭曰「經禮：謂周禮也；曲，猶事也，事禮，謂今禮也。」宋張淳云「疑後漢學者十七篇中有儀有禮，遂合而名之。」（註一〇八）如士冠禮，士昏禮，而大射第七，則曰「大射之儀」是。《禮記正義》「《周禮》見於經籍，其名異者，見有七處，其儀禮之別亦有七處，而有五名：一則《孝經說》《春秋（奪一說字）》及《中庸》並云「威儀三千」；二則〈禮器〉云，「曲禮三千」；三則《禮記》云，「動儀三千」；四則謂爲儀禮；五則《漢書藝文志》謂《儀禮》爲「古禮經。」

凡此七處，五名稱謂並承「三百」之下，故知即《儀禮也」胡培翬《儀禮正義》曰：「儀禮之名始見《後漢書鄭玄傳》，其爲魏晉人所加可知」東晉元帝時荀崧曾請立鄭儀禮博士，則《儀禮》之名當始於晉代。今《儀禮》十七篇，約五萬六千字，多言儀節，故名《儀禮》。

儀與禮有別

《左昭五年傳》「公如晉，自郊勞至於贈賄，無失禮。晉侯謂女叔齊曰，魯侯不亦善於禮乎？對曰魯侯焉知禮。…是儀也。不可謂禮。」又《昭二十五年傳》「子太叔見趙簡子，簡子問揖讓周旋之禮焉！對曰，是儀也，非禮也。簡子曰：敢問何爲禮？對曰：夫禮，天之經也，地之義也，民之行也。」是儀專主揖讓周旋而言，禮則總民人所當奉行遵守之典則也。

㈢儀禮篇卷

《漢書藝文志》「禮古經五十六卷，經七十篇（宋劉攽曰七十，當作十七，劉攽，宋史附劉敞傳）」。古經，指《儀禮》古文本；經指《儀禮》今文本。《儀禮疏》「高堂生傳十七篇，是今文也，孔子宅得古《儀禮》五十六篇，其字皆篆書，是古文也。古文十七篇與高堂生所傳同而字多不同，餘之三十九篇，絕無師說，祕在於館，七錄云，餘篇皆亡。」太炎亦曰「《儀禮十七篇爲今文（高堂生所傳），孔壁所得五十六篇爲古文」（註一〇九）

高堂生何以獨傳十七篇？大抵古人口耳傳受，多憑記憶之力。十七篇在禮經中或較爲切要。故高堂生能記其全文，以教弟子，其餘則多天子諸侯、卿大夫之禮，學者不必皆能背誦，故待壁中文出，而始於十七篇外別有禮古經。

《儀禮》十七篇不純爲士禮。《漢書藝文志》「漢興，魯高堂生傳士禮十七篇。」十七篇古稱士禮，實則純乎士禮者，惟冠、昏、相見、士喪、既夕、士虞、特牲七篇，若少牢饋食，有司徹，爲大夫禮，鄉飲，射，爲士、大夫所通行，燕禮、大射、聘禮、公食大夫，爲諸侯禮，覲禮，爲諸侯見天子禮，喪服則上下通用，其通稱士禮者？蓋以士冠列首，遂以其下通稱爲士禮，而不復分別耳。

(四)《儀禮》有記有傳

《儀禮》十七篇，除士相見禮、大射儀、少牢饋食禮、有司徹四篇之外，士冠、士昏、士喪、鄉飲酒、鄉射、燕、聘、公食大夫、覲，既夕、士虞，特牲饋食十二篇有記；喪服一篇，有記、有傳曰《賈疏》：「凡言「記」者，皆是記經不備，兼記經外遠古之言。」「「傳」，不知誰人所作。人皆云子夏所爲，其傳內更云傳者，是子夏引他舊傳以證其義。」十二篇之記，有補經之不足者，有與經互相發明者，亦有彼此兩記詳略不同：文字互異者。其爲七十子後學者雜記遠古之言無疑。而記與傳不同者：諸篇之記，有特爲經一條而發者；有兼爲兩條而發者；有兼爲數條而發者；亦有於經意之外，別見他禮者，蓋皆當時記禮之書，治《儀禮》者，取而附之經後，作者固不專爲釋經著之也。若「傳」，則皆旁推曲證，與經旨比附，所謂因經發義，無憑空虛造之例者也。

至經，記之別。士冠禮從「冠義始冠緇布之冠也」句以下；士昏禮、從「凡從事」句以下；鄉射禮、從「大夫與公士爲賓」句以下；燕禮、從「燕，朝服以寢」句以下；聘禮從「久無事則聘」句以下；公食大夫禮從「不宿戒」句以下；覲禮從「凡俟於東廂」句以下；士虞禮，從「沐浴不櫛」句以下；特牲饋食禮，從記特牲以下，皆爲各篇之記。士喪禮之記，則附在士虞禮之後；自「士虞適寢」句以下，爲士喪禮之記，從「則啓之昕」句以下，爲既夕禮之記，蓋既夕禮，爲士喪禮之下篇，故二篇之記，總附於下篇之末。喪服、自「公子爲其母」句以下爲記；但記之外，又有子夏之《傳》，分隸於每章經文及記之後。經文爲孔子所定以教人者，記，爲弟子所記者，則子夏作傳，當又在作記之後矣（以上多用劉百閔《經學通論》文）

㈤儀禮傳授

《儀禮》〈明堂位〉謂爲周公攝政六年所制，賈公彥謂爲周公致太平之書，哀公時曾使孺悲學士喪禮於孔子，門人中，子游、曾子皆傳之，子夏爲〈喪服傳〉，於傳《儀禮》爲至著明、漢時，傳《儀禮禮經》者有三事：一爲古文禮，一爲今文禮，一爲逸禮。三者賈公彥分析至明。其言曰：

> 漢興求遺文，高堂生傳十七篇，是今文也，孔子宅得古文儀禮五十六篇，其字皆篆書，是爲古文，古文十七篇與高堂生同，而字多不同，餘三十九篇無師說，在於祕館則所謂逸禮也。

此三者之別也，高堂生所傳之十七篇，瑕丘蕭奮受之，傳東海孟卿，卿授同郡后蒼及魯閭邱卿，其禮五十六篇，蒼傳十七篇，餘二十九篇以付祕館，名曰逸禮，蒼說禮數萬言，號《后蒼曲臺記》孝宣之世，蒼爲最明，蒼授沛聞人通漢及梁戴德、戴聖、沛慶普，由是禮有大小戴、慶氏之學。普授魯夏侯敬傳族子咸，大戴授瑯玡徐良；小戴授梁人橋仁及楊榮。傳慶氏學者文有薛人曹充授其子褒，又有王臨授犍爲董鈞。傳小戴學者有鄭玄，以校古文，取其義長者作注，爲鄭氏學，此兩漢《儀禮學之大凡，皆今文學也。

㈥《儀禮》十七篇分述

1.士冠禮。2.士昏禮。3.士相見禮。4.鄉飲酒禮。5.鄉射禮。6.燕禮。7.大射儀。8.聘禮。9.公食大夫禮。10.覲禮。11.喪服。12.士喪禮。13.既夕禮。14.士虞禮。15.特牲饋食禮。16.少牢饋食禮。17.有司徹。

十七篇，依大戴之次，合於冠昏喪祭射鄉朝聘之類屬。大戴次如下：

1.士冠禮。2.士昏禮。3.士相見禮。4.士喪禮。5.既夕禮。6.士虞禮。7.特牲饋食禮。8.少牢饋食禮。9.有司徹。10.鄉飲酒。11.鄉射禮。12.燕禮。13.大射儀。14.聘儀。15.公食大夫禮。16.覲禮。17.喪服。

1、2、3，冠昏也；4、5、6、7、8、9篇，喪祭也；10、11、12、13，射鄉也；14、15、16，朝聘也；而喪服之通乎上下者附焉。

十七篇解題。

1.**士冠禮**。大、小別同。

童子任職居士位，年二十而冠，古者四民世事，士之子恆爲士，冠禮於五禮屬嘉禮。

2.**士昏禮**。大、小別同。

士娶妻之禮，以昏爲期，故名。陽往而陰來，日入三商（三刻）爲昏，五禮屬嘉禮。

3. **士相見禮**。大、小別同。

士以職位相親，始承贄相見之禮，於五禮屬賓禮。

4. **鄉飲酒禮**。大小別同。

諸侯之卿大夫，三年大比，獻賢者，能者於其君，以禮賓之，與之飲酒。於五禮屬嘉禮。

5. **鄉射禮**。大十一、小五，別五。

州長春秋以禮會民，而射於州序之禮曰鄉者，州鄉之屬，卿大夫或在焉，不改其禮。於五禮屬嘉禮。

6. **燕禮**。大十二、小六，別六。

諸侯無事，若卿大夫有勳勞之功，與群臣燕飲以樂之，燕禮於五禮屬嘉禮。

7. **大射禮**。大十三、小七，別七。

大射者，諸侯將有祭祀之事，與群臣射以觀其禮；數中者得與於祭，不數中者，不得與於祭。大射儀於五禮屬嘉禮。

8. **聘禮**。大十四、小十三，別八。

大問曰聘，諸侯相與久無事，使卿相問之禮；小聘使大夫，《周禮》曰：「凡諸侯之邦交，歲相問也，殷相聘也，世相朝也。」聘於五禮屬賓禮。

9. **公食大夫禮**。大十五、小十六，別九。

主國君以禮食小聘大夫之禮，於五禮屬嘉禮。

10.覲禮。大十六、小十七，別十。

覲，見也。諸侯見天子之禮，春見曰朝，夏見曰宗，秋見曰覲，冬見曰遇，朝宗禮備，覲遇禮省，是以獻享不見焉，三時禮亡，惟此存爾。覲禮於五禮屬賓禮。

11.喪服。大十七、小九，別十一。

天子以下死而相喪。衣服，年月親疏隆殺之禮，喪必有服，所以爲至痛飾也，不忍言死而言喪，喪者，棄亡之辭，子夏爲之傳。

12.士喪禮。大四、小十三，別十二。

士喪其父母。自始死至於既葬之禮，喪於五禮屬凶禮。

13.既夕禮。大五、小十四，別十三。

士喪禮之下篇也。既，已也，謂先葬二日既夕哭，時與葬間一日凡廟日請啓期必容焉，此諸侯之下士二廟，其上士三廟，則既夕哭，先葬前三日。

14.士虞禮。大六、小十五，別十四。

虞，安也。士既葬其父母，迎精而反，日中而祭之於殯宮以安之，虞於五禮屬凶禮。

15.特牲饋食禮。大七、小十，別十五。

特牲饋食之禮，謂諸侯之士，以歲時祭其祖禰之禮，於五禮屬吉禮。

16.**少牢饋食禮**。大八、小十一，別十六。

諸侯之卿大夫祭其祖禰之禮，羊豕曰少牢，於五禮屬吉禮。

17.**有司徹**。大九、小十一，別十七。

少牢之下篇也，上大夫既祭儐尸於堂之禮也，若下大夫祭畢禮尸於室中，無別行儐尸於堂之事。天子諸侯之祭，明日而繹。有司徹，於五禮屬吉禮。

《賈疏》：「《劉向別錄》即此十七篇之次是也，皆尊卑、吉凶次第倫序，故鄭用之，至於大戴小戴。…皆尊卑、吉凶雜亂，故鄭玄皆不從之。」十七篇之次即因鄭注而留傳於世。

(七)儀禮疏

《儀禮》舊疏，祇齊黃慶、隋李孟悊二家而已，賈公彥撰《儀禮注疏》十七卷序稱「慶則舉大略小，經注疏漏，猶登小遠望而近不知；悊舉小略大，經注稍周，似入室近觀而遠不察，二家之疏，互有修短，今以先儒失路，後宜易塗，故悉鄙情，聊裁此疏。」是創制起例，闡揚鄭指，尤倍難於《周禮》三禮以鄭玄爲宗，《儀禮》尤以鄭玄爲絕學。古文古奧，得疏乃明，抉發塗徑，首在發凡，有鄭注發凡，而公彥疏辨同異者；有鄭注不發凡而與發凡無異，由疏申明爲凡例者；有鄭注不發凡而疏發凡者；有經是變例，鄭注發凡而疏申明之者；有經是變例，注不發凡而疏發凡者；有疏不云凡而無異發凡者，注精而簡；疏詳而密，分析常變，究其因由，千餘年來議禮者奉爲圭臬，後來著述，實此書之支流而已。

(八)讀儀禮法

《儀禮》所記爲古代禮儀，後世大都已不通行，服物陳義，亦皆罕見，且經不分章，記不隨經，其內容又皆繁瑣枯澀，故未終卷輒令人昏昏思睡。清陳澧稱讀《儀禮》法有分節、繪圖、釋例三端，宋儒已開其先。繪圖者有楊復之《儀禮圖》及《儀禮旁通圖》，趙彥肅之《特牲少牢二禮圖》。釋例者，有黃士毅《類注儀禮》及無名氏《儀禮類例》。清儒治《儀禮》學者，於分節、繪圖、釋例三者俱全。分節者有張爾岐《儀禮鄭注句讀》，吳廷華《儀禮章句》，馬駉《儀禮易讀》。繪圖者，有張惠言《儀禮圖》，過於楊氏原書。釋例者，有江永《儀禮釋例》，凌廷堪《禮經釋例》，任大椿《弁服釋例》。其他諸家，皆宗漢詁，尤以胡培翬、楊大堉《禮正義》，最爲完備，其佳在舊疏之上，胡承珙《儀禮古今文疏義》宋世犖《儀禮故書疏證》，阮元《儀禮校勘記》皆能分道並馳。其類釋者，有任啓運《朝廟宮室考》，胡匡衷《儀禮釋宮》，胡培翬《儀禮宮室定制考》要以徐乾學《讀禮通考》能集喪禮之大成。

(九)儀禮逸文

今人見《儀禮》僅存十七篇，以爲禮古經五十六篇，除十七篇外悉已散佚，此不然也。據《小戴記》〈投壺〉〈奔喪〉二篇，《鄭目錄》云「實逸曲禮之正篇也。」又《大戴記》之〈諸侯遷廟〉〈諸侯釁廟〉〈公冠〉三篇，皆當爲逸禮之正篇，又鄭注〈內宰〉引天子巡守禮，注〈司巫〉〈月令〉引中霤禮，其文雖少，亦禮古經之正篇，當在五十六卷之數，依此則十七篇外；今可知者，又有七篇，合之，得二十四篇。禮經之文，平易可讀，漢儒所以不注者，或以其繁瑣太甚，或以通習者不多，康成但注十七篇者，亦以三十九篇先師未有講說故耳（太炎國學略說）。

(十)儀禮用於後世者

韓昌黎自比孟子而言《儀禮》行於今者蓋寡，沿襲不同，復之無由，考於今誠無所用之，然昏禮至今尚用納采，問名納吉納徵請期親迎之名，喪禮亦尚有古人遺意，冠禮至唐已廢，今尚有行之者，以期青年成人之責，鄉飲酒禮六朝至唐，沿用之，喪服一篇，自漢末以至六朝講論精密《通典》錄其論辨多至二三十卷，《儀禮》制於宗法時代，秦漢而後，宗法漸衰，自有可斟酌之處。六朝人守禮至篤，講論喪服，多有精義，唐人議禮定服亦尚有法，今講《儀禮》，自以喪服為首要（太炎先生語）。

三、禮　記

(一)小　引

《禮記》者，七十子徒記說禮之言也。書亦七十子後所作，今四十九篇是也。禮學之樞要，禮意之會通，悉在《禮記》。文中或有戰國及漢儒增入之說，然其中大義微言，必出於夫子之傳授，七十子相承服膺而不絕者，彌足珍貴。禮之於國家也，不可一日或廢，觀史乘，亡國敗家之所以相屬不絕者，為無禮也。故曰：

> 惟聖人知禮之不可以已也，故壞國、喪家、亡人，必先去其禮。（註一〇九）

今人讀禮，尤當知禮之義，《禮記郊特牲》曰：

禮之所尊，尊其義也。失其義，陳其數，祝史之事也。故其數可陳也，其義難知也。知其義而敬守之，天子之所以治天下也。

先聖制禮之意難知，陳列籩豆之數易爲，若能敬守其義，雖治天下不難者？蓋先聖制禮，必具精微之理，所謂義也。此義散見於《禮記》各篇之中，故禮之節文，詳於《儀禮》，而其義理，則具於《記》中，孫星衍謂「禮意之會通在《禮記》。」（註一一〇）甚是。聖人所定之禮，非有專文以發其精意，則其微言要旨，未必人人能解，故《禮記》實爲《儀禮》而作。譬之《儀禮》有〈士昏禮〉，則《禮記》即有〈昏義〉一篇，以釋其意；《儀禮》有〈士冠禮〉，《記》則有〈冠義〉一篇，以釋之。朱子以《儀禮》爲經；《禮記》爲傳，至有卓見。《禮記》實能貫通禮經之經義也。且禮之節文，隨時變易，而其義理，則亘古不易。禮經陳其數，《禮記》顯其義，數有盡而義無窮，吾人準古權今，不失禮意，則古禮仍有可行於今日者，要當於《禮記》取裁耳。《漢書藝文志》「禮古經五十六卷，經七十篇（劉敞曰當作十七），記百三十一篇。」經十七篇，即《儀禮》，古經五十六篇，合逸禮言之，記百三十一篇，今四十九篇之《記》在內。《隋志》謂「戴聖刪大戴之書爲四十六篇，馬融足〈月令〉〈明堂位〉〈樂記〉爲四十九篇」實誤。戴東原已辨之，《別錄》已著明四十九篇，橋仁親受經於戴聖，所見亦四十九篇，康成《六藝論》亦曰「戴聖傳四十九篇」。可知今本四十九篇，實小戴原文，非取大戴之書也。馬融亦未增足三篇，故錢大昕曰小戴中〈曲禮〉〈檀弓〉〈雜記〉三篇皆分上下實止四十六篇，合大戴之八十五篇，正協百三十一篇之數」甚是。

(二)釋　名

《漢書卷五十三景十三王傳》「河間獻王德，以孝景前二年立，修學好古，實事求是。……獻王所得書，皆古文先秦舊書：《周官》《尙書》《禮》《禮記》（師古曰，禮者，禮經也。記者，諸儒記禮之說也）《孟子》《老子》之屬，皆經傳說記，七十子之徒所論。……」此以禮屬禮經，記屬禮記。《漢書藝文志》「武帝末，魯恭王壞孔子宅，欲以廣其宮，而得古文尙書及禮記、論語孝經凡數十篇，皆古字也。」《說文敘》同，大小戴記在漢代同稱禮記。自鄭玄注小戴與《周禮》《儀禮》合稱三禮，於是《禮記》遂爲小戴記之專名，而大戴記漸至亡佚。

《禮記》之名，在漢已盛行。《漢書郊志祀志》「王商、師丹、翟方進等引禮記曰「燔柴於大壇，瘞狸于大折。」（爲祭法文）王莽引《禮記》「天子祭天地」「山川歲遍」（爲曲禮文）「天子籍田千畝，以事天墜」（爲祭義文）《韋玄成傳》引《祭義》曰：「王者禘其祖自出以其祖配之而立四廟。」（今爲喪服小記及大傳之文）《梅福傳》引《禮記》「孔子曰丘，殷人也」（爲檀弓文）又《後漢書桓郁傳》竇憲引《禮記》曰「天子之命懸於天子，天子之善成乎所習，習以知長，則切而不勤（注皆大戴禮之文）」《曹褒傳》「褒傳《禮記》四十九篇」，《橋玄傳》「玄七世祖仁著《禮記章句》」由上引知大小戴禮之號不始於魏晉，毛奇齡《經問》謂「兩漢並無《禮記》」之說非是。

(三)禮記作者

《禮記》四十九篇，大都爲孔門七十子後學所記，其有主名可舉者：如《釋文叙錄》引劉瓛言以〈緇衣篇〉爲公孫尼子所作。《隋書音樂志》引沈約言以〈中庸〉、〈表記〉、〈坊記〉、〈緇衣〉四篇爲子思子所作。〈樂記〉篇爲公孫尼子所作。此外〈月令〉與《呂氏春秋十二月紀》及《淮南子時則訓》略同。又〈冠義〉、〈昏義〉、〈鄉飲酒義〉、〈射義〉、〈燕義〉、〈聘義〉六篇，可視爲《儀禮》中〈士冠禮〉〈士昏禮〉〈鄉飲酒禮〉〈鄉射禮〉〈燕禮〉〈聘禮〉六篇之傳注。孔穎達曰「《禮記》之作，出自孔氏，至孔子沒後七十子之徒，共撰所聞，以爲或錄舊禮之義，或錄變禮所由。〈中庸〉是子思伋所作，〈緇衣〉是公孫尼子所撰，鄭康成云〈月令〉呂不韋所修，盧植云〈王制〉漢文時博士所錄。」《初學記》云，《禮記》乃孔子門徒共撰所聞」《釋文叙錄》同。賈逵馬融王肅皆以〈月令〉爲周公所作。胡寅曰〈檀弓〉曾子門人檀弓作。〈禮運〉子游作。〈樂記〉子貢作，〈三年間〉荀子作。羅壁曰，〈中庸〉〈表記〉〈坊記〉〈緇方〉取自子思，〈樂記〉取公孫尼子，〈學記〉出毛生（羅說與諸家異，恐不可據）。朱子以〈大學〉爲曾子作，〈中庸〉爲子思作。近儒邵懿辰曰：「聖門子游特受禮運精微之說，其徒又爲〈檀弓上下等篇，〈禮器〉〈郊特牲〉本一篇，皆子游門人所記，〈仲尼燕居〉疑亦子游所記，〈內則〉全篇本古禮經。故曾子子思聖學之正傳，而子游則禮學之正傳也，子夏兼通五經，而子游則禮學之專門也（禮經通論）」。此周至漢《禮記》作者之可略考者也。

(四)禮記篇目類述

《禮記》篇目分類

讀《禮記》當分類以通其精義之所在。

劉向立九綱以類分四十九篇：

一曰通論。二曰制度。三曰明堂陰陽記。四曰喪服。五曰世子法。六曰祭祀。七曰吉禮。八曰吉事。九曰樂記。此最便人尋檢。

1. 通論十六篇　檀弓分上下，實止十五篇。

(1)③④檀弓上。姓檀名弓。《鄭目錄》曰，「名曰檀弓者，以其記人善於禮。」

(2)④檀弓下。

(3)⑨禮運。「記五帝三王相變易，陰陽轉運之道。」

(4)⑬玉藻。「記天子服冕之事」

(5)⑯大傳。「記祖宗人親之大義」

(6)⑱學記。「記人學教之義」。

(7)㉖經解。「記六藝政教之得失。」

(8)㉗哀公問。「善其問禮，著謚顯之也」。

(9)㉘仲尼燕居。「善其不倦，燕居猶使三子侍之，言及於禮，退朝而處曰燕居。」

(10)㉙孔子閒居。「善其無倦，而不褻，猶使一弟子侍，爲之說詩著其言事可法，退燕避人曰閒居」。

(11)㉚坊記。「著六藝之義，所以坊人之夫」

⑿㉛中庸。「記中和之爲用也。庸，用也，孔子之孫子思伋作之，以昭明聖祖之德。」

⒀㉜表記。「記君子之德，見於儀表」

⒁㉝緇衣。「善其好賢者厚也，緇衣，鄭詩也。」

⒂㊶儒行。「記有道德者所行也」

⒂㊷大學。「以其博學，可以爲政也。」

2. 制度六藝　實止五篇。

(1)①曲禮上。「以其記五禮之事，祭祀之說，吉禮也；喪荒去國之說，凶禮也；致貢朝會之說，賓禮也；兵車旌鴻之說，軍禮也；事長敬老執贄納女之說，嘉禮也？」

(2)②「簡重多，分爲上下」

(3)⑤王制。「記先王班爵授祿祭祀養老之法度。」漢初人不知周禮、文帝時命博士撰王制，即用孟子之說。

(4)⑩禮器。「記禮使人成器之義也」

(5)⑰少儀。「記相見及薦羞之少威儀。少，猶小也。」

(6)㊴深衣。「記深衣之制，深衣，連衣裳而純之以采者。」

3. 明堂陰陽記二篇

(1)⑥月令。「記十二月政之所行也，本《呂氏春秋》十二月之首章也，以禮家好事，抄合之名曰禮記，其中官名時事，多不合周法。」

(2)⑭明堂位。「記諸侯朝周公於明堂之時所陳列之位也。」

4. 喪服十一篇

(1)⑦曾子問。「記所問多明於禮。」

(2)⑮喪服小記。「記喪服之小義也。」

(3)⑳雜記上。「雜記諸侯以下至士之喪事。」

(4)㉑雜記下。

(5)㉒喪大記。「記人君以下始死，小斂、大斂、殯葬之事。」

(6)㉞奔喪。「居他國聞喪奔歸之禮，實逸曲禮之正篇也，漢興後得古文，而禮家又貪其說，因合於禮記耳。」

(7)㉟問喪。「善問居喪之禮所由也」。

(8)㊱服問。「善問以知有服而遭喪所變易之節。」

(9)㊲閒傳。「記喪服之間輕重所宜」

(10)㊳三年問。「善其問以知喪服年月所由。」

(11)㊴喪服四制。「記喪服之別，取於仁義禮知也。」

5. 世子法二篇

(1)⑧文王世子。「記文王爲世子時之法」

(2)⑫內則。「記男女居室事父母舅姑之法。」內則爲子法

6. 祭祀四篇

(1)⑪郊特牲。「記郊天用騂犢之義」。
(2)㉓祭法。「祭有虞氏至周天子以下所制祀群神之事」。
(3)㉔祭義。「記祭禮齋戒薦羞之義。」
(4)㉕祭統。「記祭祀之本也，統猶本也。」

7. 吉禮一篇

㊵投壺。「記主人與客燕飲講論才藝之禮，實曲禮之正篇也。」

8. 吉事六篇

(1)㊸冠義。「記冠禮成人之義。」
(2)㊹昏義。「記娶妻之義，內教之所由成也。」
(3)㊺鄉飲酒義。「記鄉大夫飲賓於庠序之禮，尊賢養老之義。」
(4)㊻射義。「記燕射，大射之禮，觀德行取於士之義。」
(5)㊼燕義。「記君臣燕飲之禮，上下相尊之義。」
(6)㊽聘義。「記諸侯之國交相聘問之禮，重禮輕財之義也」。

9. 樂記一篇

⑲樂記。「記樂之義」。

㈤禮記可讀之篇

《禮記》一書，雜揉今古文之說，〈王制〉一篇，爲今文家言，其言封建，采自《孟子》，言養老不知所據，惟喪禮、喪服，無今古文之異，《禮記》言此綦詳，明以來刪節不讀，其實讀《禮記》以喪禮喪服爲最要，餘如〈儒行〉〈大學〉〈表記〉〈坊記〉〈緇衣〉等皆言尋常修己治人之道，亦無今古文之異，凡此皆《禮記》之可信者，若言典章制度，則宜從古文，不從今文，古文無謬誤，今文多紕繆也。（太炎語）

㈥附大戴記

大戴所記〈夏小正〉爲夏時，《書禹貢》惟言地理，茲則言天象與〈堯典〉合，公冠，諸侯遷廟、釁廟、朝事等篇，足補《儀禮》十七篇之遺，盛德明堂之制，爲考工記之所未備，投壺儀節較小戴爲詳，哀公問字句較小戴爲確，是大戴不可廢也，清儒戴震，盧文弨相繼校訂，孔廣森博稽群書，爲《大戴禮補注》十三卷，《叙錄》一卷，然肊改記文，有識或病，南城王聘珍貞吾，重爲《解詁》，凡十三卷〈叙錄〉一卷，其校記文專守古文爲家法，其爲《解詁》義精語潔，確守漢法，多所發明，亦禮經之別子也，由知今本十三經當別列入《大戴記》以爲十四經也。

四、三禮經傳之分

自臣瓚以《儀禮》爲經禮，宋以後諸儒皆宗之，呂大臨、葉夢得、朱子、敖繼公、熊明來、姜兆錫，皆沿其說。近儒邵懿辰，持之尤堅。而陸德明，則以《周禮》爲本，《儀禮》爲末，知《周禮》爲禮之綱要；《儀禮》爲禮之節目。明舒芬謂《周禮》之視《儀禮》《禮記》，猶蜀之視吳魏（以蜀爲漢景帝之玄孫，當爲正統）。近人甘鵬雲極主此說，以《周禮》如近代之《大清會典》，於制作無不賅，屬禮之廣義；《儀禮》如近代之《大清通禮》，祇述通行之儀節，屬禮之狹義，一經一曲，則《周禮》爲經禮；《儀禮》爲威儀。以《周禮》爲本而《儀禮》次之。即禮而言，《周禮》爲典禮；《儀禮》爲儀節，同是禮也。孔子曰：「制度在禮；文爲在禮，行之其在人乎？」（註一一二）然《禮記》中有多篇實爲《儀禮》之傳，以《儀禮》爲經，亦確乎有據也。

五、通禮之作

通禮體制，本兼賅三禮，歷朝之典制須兼取此類書，梁天監中何佟之等撰《五禮》一千餘卷，彙古今而爲一書。此後宋陳祥道有《禮書》、朱子有《儀禮經傳通解》，明黃廣有《禮樂合編》，清江永有《禮書綱目》，應撝謙有《禮學彙編》，胡掄有《禮樂通考》，姜兆錫有《儀禮經傳內外編》，至秦蕙田《五禮通考》出，體大思精，遂出諸家之上，而爲通禮不利之作矣。

伍、春　秋

一、小引

《春秋》爲萬世立經世之大法，主明王道，修禮義，察世變，天人之理畢具，所以正綱紀，立人極也。

王道者，《史記十二諸侯年表》曰：

> 是後或力政，強乘弱，興師不請天子，政由五伯，是以孔子明王道，論史記舊聞，興於魯而次《春秋》，約其辭文以制義法，王道備，人事浹。

是《春秋》因魯史以制義法，而後王道備，《史記自序》引董生曰：

> 是非二百四十二年之中，以爲天下儀表，貶天子，退諸侯以達王事而已矣。

〈自序〉又曰：

> 夫《春秋》上明三王之道，下辨人事之紀。

皆謂《春秋》主明王道，曰：其所貶退以達王事者，即孟子謂「《春秋》天子之事也」(註一一二)之意。故王道，即王者經世之道，實則王者以惇厚長者待天下之道也。泱泱中夏之風，以天下爲一家，以中國爲一人，(註一一三)近者悅服而遠者懷來，存亡繼絕，扶危定傾率中國而撫四夷，視民如傷，(註一一四)若保赤子，(註一一五)此誠王者之風，王者待天下之至道也。故王道爲以德行仁之政治，王道，仁政，德治，其揆一也。王者頒行之政，謂之王政，王政以保民愛民爲主，謂之仁政，王者尚德，謂之德治。《春秋》尊王則抑伯，王伯之分，孟子言之至悉，孟子曰：

以力假仁者霸，霸必有大國；以德行仁者王，王不待大，湯以七十里，文王以百里。以力服人者，非心服也，力不贍也；以德服人者，中心悅而誠服也，如七十子之服孔子也（註一一六）

（伯，本字霸假字）

尙德任力，自來辨王伯者，莫逾於此，王者令人心悅而誠服，固以其尙德也。董仲舒曰：

天之任陽不任陰，好德不好刑如是。故陽出而前，陰出而後，尊德而卑刑之心見矣。（註一一七）。

董子謂尙德原於天道，王者法天「巍巍乎唯天爲大，唯堯則之」（註一一八）是也，故王道之美盛，著於《春秋》，王道文化之卓越，永啓萬世之文明，王者能以大事小，以大字小，固遠愈於強陵弱，衆暴寡之伯局，而王者愛民重民之民本思想，經傳屢見，左襄十四年傳，師曠對晉侯曰：

天生民而立之君，使司牧之，勿失其性（欲其成長），天之愛民甚矣！豈其使一人肆於民上以從（縱）其淫，而棄天地之性，必不然矣。

天之愛民滋甚，必不顧人君虐用其民，宣公十五年秋「初稅畝」。

《左傳》：

穀出不過藉，以豐財也（豐民之財）。

《公羊傳》：

初，始也。稅畝者，履（按）畝而稅也，古者什一而藉，多乎什一，大桀小桀（多取如桀）。

《穀梁傳》：

非公之去公田而履畝，十取一也。（徐邈曰除公田外又多稅私田十之一）

以此重困農民，自非愛民之舉。而宣十六年經「大有年」萬充宗曰：

此年書大有年者？聖人見宣公即位以來，六年螽，七年大旱，十年大水，饑，十三年，十五年螽，蝝生，饑，民已困乏，國用告匱，稅畝初行，當此民重困之時，忽見年登大有，一若天憫斯民之窮，而厚賜然者，不覺喜之甚，幸之甚，特筆書之曰「大有年」。於乎！民爲邦本；食爲民天，聖人筆「大有年」一書，而仁愛下民之意，藹然溢於言外矣。（註一一九）

豐年足食，樂歲溫飽，聖人歡慶之心，躍然難掩，要皆愛民重民，民本思想之章明顯著者也，至於存亡繼絕之功，尤《春秋》所深許者，觀僖元年、二年、二十三年、桓公存三亡國！曰邢、衛、杞，故特重之，《穀梁僖元年傳》曰：「美齊桓之功也。」僖二十三年《公羊何注》「存王者後，故爲表異。」三國以外患瀕於危亡，桓公復安之，存亡繼絕，王道之大著也。

次修禮義。孔子作《春秋》，所以起周禮之圮壞也，孟子曰「無禮義則上下亂。」（註一二〇）故嚴飭綱紀，以尊王爲先，吳楚之君自稱王，《春秋》貶之曰子，踐土之會，實召天子，《春秋》書「天王狩于河陽」以此警喻當時，以嚴君臣上下之分，《禮記曲禮》曰：

君臣上下，父子兄弟，非禮不定。

觀《春秋》當時，君臣之義廢，莫顯於隱桓之世；父子之恩絕，於蒯聵之出奔始；兄弟之愛弛，由鄭莊之克共叔段知；夫人姜氏之孫於齊，則無夫婦之別矣；公子翬如齊逆女，知親迎之禮廢；天子使凡伯來聘，則朝覲之禮蕩然矣。此大章明較著之事《周易履象曰：

上天下澤履，君子以辨上下，定民志。

履☱☰乾上兌下，乾爲天，兌爲澤，天尊澤卑，尊卑之序分，而上下之位辨矣，上下之位定，則各安其分，各司其職，而民志以之而定，天下安危治亂之所繫，禮之時義誠大矣。定二年夏五月壬辰，雉門及兩觀災。」劉向云：「雉門，天子之門，今魯過制，故致天災。」（註一二一）徐彥引子家駒曰：

諸侯僭天子久矣；設兩觀云云者，此皆天子之禮。

兩觀爲天子之禮，天惡其僭，故災之，《皐陶謨》曰：

天敍有典，勑我五典五惇哉；天秩有禮，自我五禮有庸哉。

是典也，禮也，天固有之，堯舜之治天下，不越乎君臣父子之間，而禮以文之者也，故曰「《春秋》者，禮義之大宗也。」（註一二二）

次察世變。孔子因春秋時事，深察世變之始末，而知其所以然之故。蓋周自平王東遷以後，王室積弱不振，天子諸侯，上陵下僭，矜詐尙力，強弱吞併，伯業之起伏盛衰，權臣之專執國命，世變由之日亟，論伯業，則齊桓晉文實爲關鍵，齊桓發端於北杏；晉文肇基於踐上，伯統興而王統絕。桓公之後，齊不競而晉伯，文公旣亡，晉不競而楚伯，楚興而旋微，吳出而盟諸夏，於是入吳而春秋以終，伯業之興衰，即《春秋》之終始也。又自昭王錫晉南陽而勢益不振，晉悼已啓政在大夫之漸，故臣弒其君，子弒其父，非一朝之夕之故，專兵，即弒君之漸，隱公疾翬而不能去之，身受大禍，所以永戒也。《春秋》之始，政猶在諸侯，及其季，則政在大夫，世濟其惡，莫如季孫意如，然僖公賜費已兆之矣（季氏始強大）。迨意如當政，昭公已出，如齊而齊不禮；之晉而晉不納，不特窮之於封內，又極之於其所往，內則臣民蟻附；外則齊晉聲應，致昭公之容身無地，而客死乾侯。二百四十二年之間，君卿大夫之賢奸善惡，雖千態萬狀，合數十年，二百餘年而觀之，其積漸之勢，如示諸掌《繁露》曰：

《春秋》記天下之得失，而見所以然之故，此不可不察也。（註一二三）

推孔子不用周魯盛世之事以垂法，而存其衰世之事以爲戒，則《春秋》與《周易》同爲衰世之學無疑，執此以讀《春秋》，二百餘年之大勢，瞭然於心目間矣。蓋世變之所以日亟，皆緣於王道之陵替，禮義之不修，聖人制作《春秋》之深意於茲可見矣。

二、《春秋》因何而作

杜預《春秋左傳序》曰：

《春秋》者，魯史記之名也，記事者以事繫日，以日繫月，以月繫時，以時繫年，所以紀遠近，別同異也，故史之所記必表年以首事，年有四時，故錯舉以爲所記之名也。

《孔氏正義》曰：

言春足以兼夏；言秋足以見冬，故舉二字以包四時也。

孔子未修時，舊有春秋之目，徐彥《公羊傳疏》曰：

《春秋》者，道春爲生物之始，而秋爲成物之終，故云。始於春，終於秋，故曰《春秋》也。

孔徐二說之義相近，春秋，本古國史之通名，孔子因而修之而已，釋《春秋》之名已至明白，餘說皆不取。

《春秋》因何而作？孟子曰：

世衰道微，邪說行有作，臣弒其君者有之；子弒其父者有之，孔子懼，作《春秋》，《春秋》天子之事也。(註一二四)

孔子因世風陵夷，邪說暴行交熾，孔子欲撥亂反治，誅討亂臣賊子而作《春秋》孟子寥寥數語已盡之矣，以《春秋》爲天子之事，此語尤切至！黃震曰：

是時王綱解紐，篡奪相尋，孔子不得其位以行其權，於是約史紀而修《春秋》，而一王之法以明，此其爲志，此其天子之事。故《春秋》無出於夫子之所自道及孟子之所以論《春秋》者矣。(註一二五)。

黃氏推明孟子之意，孟子深知孔子所以作《春秋》之初衷也。

三、孔子實作《春秋》

孔子實作《春秋》，非僅修之而已。孟子謂世衰道微，弒父殺君者日滋，故懼而作《春秋》，孟子又曰：

> 王者之熄而詩亡，詩亡然後《春秋》作。（註一二六）

孟子自稱願學孔子，（註一二七）兩稱孔子作《春秋》，其言可信。

太史公曰：

> 君子病歿世而名不稱焉，吾道不行矣，吾何以自見於後世哉？乃因史記作春秋。（註一二八）

史公言孔子「因史記」、因者，用其舊文，事雖相同，而「其義則丘竊取之矣。」（註一二九）制義法所以爲作也。《中庸第三十章「仲尼祖述堯舜憲章文武」鄭注：

> 孔子所述堯舜之道而制《春秋》而斷以文武之法度。

康成言制《春秋》，制即作也。劉歆曰「修《易》序《書》，制作《春秋》。」（註一三〇）孟子接聖人之世，近聖人之居，其言孔子作《春秋》漢儒如史公劉子駿、鄭康成去古未遠，皆言孔子制作，絕非虛語也。

四、春秋大義

《春秋》載十二公之行事，以代二百餘年時君之賞罰，因魯史而修《春秋》故孟子曰：

> 其事則齊晉文，其文則史，孔子曰其義則兵竊取之矣。（註一三一）

蓋褒貶筆削，因事立言以制義例，垂萬世不易之大法，爲歷史留取未來之龜鑑。亂臣賊子懼，而善人吉士因之以自厲，其大旨有三：（一）正名。（二）明是非。（三）嚴夷夏之防。分次於下：

㈠正　名

正名之說，孔子自發，子路問衛君待子而爲政，子將奚先？子曰：

> 必也正名乎。名不正則言不順，言不順則事不成，事不成則禮樂不興，禮樂不興則刑罰不中，刑罰不中，則民無所措手足。（註一三二）

禮樂刑政，爲政之要具。禮範民行，樂和民心，刑罰以懲奸宄，刑罰不中，則民人惶惑，無所適從。而天下大亂矣。此正名所以爲施政之先務也。孔子推言名分之極效而曰：

> 天下有道則禮樂征伐自天子出；天下無道，則禮樂征伐自諸侯出。自諸侯出蓋十世希不失矣；自大夫出五世希不失矣；陪臣執國命三世希不失矣。（註一三三）

諸侯不得變易制作禮樂、擅專征伐之王制，若然則希有不失其國者。故《中庸》曰：

> 非天子，不議禮，不制度，不考文。（註一三四）

與前章之意相足，皆發正名之要旨也。

㈡明是非

太史公《史記自序》曰：

> 孔子知言之不用，道之不行也，是非二百四十二年之中，以爲天下儀表。

言孔子作《春秋》要爲明決二百四十二年之中，人事之是非得失也。以此立天下之典範，示生民之正軌也。是非以何爲斷？曰禮義是也，故曰「《春秋》者，禮義之大宗也」（前引）義爲事之裁制，禮爲行爲之規範，循禮則合乎義。故孔子曰：「君子義以爲質，禮以行之。」（註一三五）《春秋》多以義制事。孟子深知《春秋》者也，故曰：「《春秋》無義戰，彼善於此，則有之矣。」（註一三六）蓋《春秋》時，諸侯興師多不合義，孟子重加譏貶，蓋「爭地以戰，殺人盈野；爭城以戰，殺人盈城，此所謂率土地而食人肉罪不容於死。」（註一三七）故「善戰者服上刑」（註一三八）以其好戰多殺至不義而非之也。明是非，《春秋》之大義，《春秋》之所痛惡而深非之者，無端驅民而殘賊之者也。《春秋》明是非，故嚴義利之辨，明公理與私利之界，義利者，是非之所由以分也。史公曰「利誠亂之源，夫子罕言利，常防其原也」（註一三九）伊川曰：「夫子作《春秋》爲百王不易之大法，寬猛之宜，是非之公，乃制事之權衡，揆道之模範也」（註一四〇）《春秋》善善惡惡，功罪由此定，勸懲由此生，是非由此以明，治亂由此而起，是非之所繫大矣哉，孔子無位而託二百四十二年南面之權，一以義理裁斷是非而已矣。

(三)嚴夷夏之防

夷夏之防，當先夏而後夷。先夏者，先存夏也。己立而後立人，己則不立，何以立人？華夏、衣冠文物之府，諸夏團結強大，使列國之間，不相侵偪，親鄰善與，守望相助，如此方能保護弱小，以禦外來之侵侮。《春秋》善桓公之伯者，以其以攘斥夷狄之侵掠爲職志者也。觀齊桓北伐戎，南帖楚；晉之伯也，西拒戎，南亦禦楚，諸夏弱小之國，咸賴以安。《漢書韋玄成傳》曰：

《春秋》紀齊桓南伐楚，北伐山戎，孔子曰「微管仲吾其被髮左衽矣」，是故棄齊桓之過而錄其功，以爲伯首。

劉向《說苑》曰：

《春秋》之時，衆暴寡，強陵弱，南夷與北狄交侵，桓公三存亡國，一繼絕世。（註一四一）

《春秋》大其功以爲王者之業，此美桓攘夷之功也。攘者，禦外寇也。攘夷狄，所聞世之治也。張大民族主義，要在合諸夏以卻夷狄，先立乎己；「存諸夏」之義也。齊桓於柯之盟，申其大信，而近國之君畢至；於救邢之事，見存亡繼絕之義，而遠國之居咸來，親鄰示好，所以安內；存亡繼絕，所以扶危，皆攘外之所資也。然此《春秋》外夷之初義，非斷然以排斥夷狄爲本志也。

故《春秋》之言夷狄，非以種族爲別，實乃以文野分之耳。文者文明，其特徵，在有禮義。本諸夏而棄禮義，是夷也。《春秋》吳、楚、秦，皆嘗夷狄之。秦昭奪西周之地，呑梁芮，併西戎，而猶不知止，且窺滑鄭，向三川，欲進陵周室，故公羊僖二十三年殽之戰，《春秋》始貶秦爲夷狄。吳楚之僭王號，侵中國，《春秋》皆以夷待之。不稍假貸。《春秋》之於諸夏也。若棄禮義，則亦退之而已。公羊僖二十九年介葛盧來《傳》「介葛盧者何？夷狄之君也。」何《注》曰：「進稱名者，能慕中國，明當勉以禮義。」《春秋》於夷狄之進於中國者，則中國之（禮敬之），故設七等以行進退（七等：州、國、氏、人、民、字、爵、莊十年傳）善乎昌黎之言曰：

孔子之作《春秋》也，諸侯用夷禮則夷之；進於中國，則中國之。（註一四二）

要之夷夏之防，非攘斥夷狄也。初欲以夏化夷，以夏治夷也。夏不能治夷，己不能自立自強，則夷夏之情隔絕，夷狄無所嚮化以進於文明，因此中夏飽受夷狄侵陵之禍，幾達二千餘年，不明《春秋》大義之所致也（用態十力語）。用夏變夷，撥亂反治，《春秋》之旨。夷夏無尊卑主從之分，但以文野尚禮義與否撥辨之耳。昭十二年晉代鮮虞，則狄之。惡其伐同姓也。公羊成三年鄭伐許則狄之，惡其黨楚以伐諸夏。公羊宣十二年，邲之戰，不與晉而與楚子爲禮，《繁露》曰：「晉變而爲夷狄；楚變而爲君子，故移其辭以從其事。」（註一四三）定四年伯莒之戰公羊曰「吳何以稱子，夷狄也而憂中國（善其救蔡）及吳入楚，何以不稱子？反夷狄也（反夷狄，謂君舍於君室，大夫舍於大夫室，妻莊王之母，惡其無禮）其進退之速如此。且楚爲文王師鬻熊之後，吳爲仲雍之嗣，神明之胄也。何以夷之？此見諸夏夷狄之辨，以有禮義與否爲斷，而非以種族，國土爲別明矣（以上用熊十分《讀經示要》語）。

五、三　傳

(一)左氏傳

1.作　者

馬班二史首謂左丘明爲《春秋》作傳。《史記十二諸侯年表》曰：

是以孔子明王道……西觀周室論史記舊聞，興於魯而次《春秋》上記隱下至哀之獲麟。……七十子之徒口受其傳指，魯君子左丘明懼弟子人人異端安其意失其本眞，故因孔子史記，具論其語，成《左氏春秋》。

《漢書藝文志》曰：

古之王者，世有史官，左史記事，右史記言，事爲《春秋》，言爲《尚書》。周室既微載籍殘缺，仲尼思存先聖之業以魯周公之國，禮文備物，史官有法，故與左邱明觀其史記，據行事，仍人道，假日月以定歷數，藉朝聘以正禮樂，口授弟子，弟子退而異言，邱明恐弟子各安其意以失其眞，故論本事而作傳，明夫子不以空言說經也。

按史漢明言左丘明因史記而作傳，當時止名《左氏春秋》謂左氏不傳《春秋》，乃漢博士排斥異己之言耳。漢儒劉歆，桓譚王充三家極推《左傳》之長。劉歆曰：

左丘明好惡與聖人同，親見夫子，而公羊、穀梁在七十子後，傳聞之與親見，其詳略不同也。歆數以難向，向不能非閒也。（註一四四）

桓譚曰：

左氏傳世後百餘年，魯穀梁赤爲《春秋傳》，殘略多所遺失，又齊人公羊高緣經文作傳，彌離其本事矣。左氏傳經，猶衣之表裡，相待而成，經而無傳，使聖人閉門思之，十年不能知也。（註一四五）

王充曰：

《春秋左氏傳》者，蓋出孔子壁中，孝武皇帝時，魯恭王壞孔子教授堂以爲宮，得《佚春秋》三十篇，《左氏傳》也，公羊高、穀梁寘、胡母氏皆傳《春秋》，各門異户，獨《左氏傳》爲近得實。何以驗之？《禮記》造於孔子之堂，太史公漢之通人也，左氏之言，與二書合，公羊高、穀梁寘、胡母氏不相合，又諸家去孔子遠；遠不如近，聞不如見。劉子政玩弄左氏，童僕妻子皆呻吟之，光武皇帝之時，陳元、范叔上書連屬，條事是非，左氏遂立，范叔尋因罪能，元叔天下極才，講論是非有餘力矣。陳元言訥，范叔章詘，左氏得實明矣。……左氏國語世儒之實書也。（註一四六）

劉桓王三人均極尊左氏書，王氏言之尤詳以左氏爲「實書」可知。

2. 左氏傳授

《漢書藝文志》「《春秋》古經十二篇，《左氏傳》三十卷。」

《劉向別錄》「左丘明授曾申，申授吳起，起授其子期，期授楚人鐸椒，鐸椒作《抄撮》八卷，授虞卿，虞卿作《抄撮》九卷授荀卿，荀卿授張蒼。」

《經典釋文》「左丘明作傳以授曾中，中傳衛人吳起，起傳其子期，期傳楚人鐸椒，鐸椒傳趙人虞卿，卿傳同郡荀況，況傳武威張蒼，蒼傳洛陽賈誼，誼傳至其孫嘉，嘉傳趙人貫公，貫公傳其少子長卿，長卿傳京兆尹張敞及侍御史張禹。」

簡表於下

㈠孔子—左丘明—曾申—吳起—吳期—鐸椒—虞卿—荀卿—張蒼。

㈡張蒼—賈誼—┬賈嘉（釋文謂嘉傳貫公誤）
　　　　　　　└貫公—貫長卿—張禹—尹更始—┬尹咸　　┐
　　　　　　　　　　　　　　　　　　　　　├翟方進┘劉歆
　　　　　　　　　　　　　　　　　　　　　└胡常—賈護

㈢劉歆—┬鄭興—鄭衆—鄭安世
　　　　├賈徽—賈逵—崔瑗
　　　　└桓譚

㈣賈護—陳欽—陳元

㈡公羊傳

1. 作　者

《漢書藝文志》「《公羊傳》十一卷。」固自《注》「公羊子齊人。」師古《注》「名高」。

2. 公羊傳授

唐徐彥《疏》引〈戴宏序〉：「子夏傳與公羊高高傳與其子平平傳與其子地，地傳與其子敢，敢傳與其子壽，至漢景帝時壽與齊人胡母子都，箸於竹帛。」（彥疏，唐《志》不載，《崇文總目》始著錄。）

《公羊傳》確爲公羊壽撰，而胡母子都助成之。簡表於下：

公羊高—平—地—敢—壽—胡母子弟—公孫弘。

《漢書儒林傳》「胡母生，字子都，齊人，治《公羊春秋》，爲景帝博士，與仲舒同業，仲舒著書稱其德，年老歸教於齊，齊之言《春秋》者宗之。」

《史記儒林傳》「言《春秋》於齊魚自胡母生，於趙自董仲舒。」

公羊高親受之子夏，世傳口義，至玄孫壽乃與弟子胡母生著於竹帛，同時董仲舒著《春秋繁靈》，博大精微，盛弘公羊，其後有何休《解詁》，西漢公羊之學，董氏爲盛，東漢又重胡母生之學。何休當漢世雖云依胡母生條例，其義據亦大同《繁露》。故治公羊者。當本之董，何爲是。

3. 三科九旨說

《何氏文謚例》云：「三科九旨者，新周、故宋、以春秋當新王，此一科三旨也；所見異辭，所聞異辭，所傳聞異辭，二科六旨也；又內其國而外諸夏，內諸夏而外夷狄，是三科九旨也。」以何說爲正、宋氏說三科：「一曰張三世，二曰存三統，三曰風外內，是三科也。」九旨者：一曰時，二曰月，三曰日，四曰王，五曰天王，六曰天子，七曰譏，八曰貶，九曰絕。時與日月詳略之旨也；王與天王天子，是錄遠近親疏之旨也，譏與貶絕，則輕重之旨也。」徐疏引宋氏與何氏說有異，《春秋》九旨，當傳自胡母生，何休自序稱略依胡母生條例，當以何氏之說爲正。

4. 三世義

《繁露楚莊王篇》云：「《春秋》分十二公之世以爲三等：有見、有聞、有傳聞；有見三世，有聞四世，有傳聞五世，故哀定昭，君子之見也（君子，謂孔子）；襄成文宣，君子之所聞也；僖閔莊桓隱，君子之所傳聞也。所見，六十二年；所聞，八十五年；所傳聞，九十六年。」據此三世，本依孔子之所見，所聞所傳聞而區分。三世之義，隱元年《解詁》云：「所見者，謂昭定哀，己與父時事也；所聞者，謂文宣成襄，王父時事也；所傳聞者，謂隱桓莊閔僖，高祖曾祖時事也。於所傳聞之世，見治起於衰亂之中，用心尙麤觕，故內其國而外諸夏，先詳內而後治外，錄大略小，內小惡書，外小惡不書，大國有大夫，小國略稱人。內離會書，外離會不書是也。於所聞之世，見治昇平，內諸夏而外夷狄，書外離會，小國有大夫，宣十一年秋，晉侯會狄于攢函，襄二十三年，袾婁鼻我來去是也。至所見之世，著治太平，夷狄進至于爵，天下遠近大小若一，用心尤深而詳，故崇仁義，譏二名，晉魏曼多，仲孫何忌是也。」據此，《春秋》所爲十二公之世，分爲所見、所聞、所傳聞之世三，實借以寄託其至高之理想。所傳聞、見治起於衰亂之中，是爲據亂世；所聞之世，見治昇平，是爲昇平世；所見之世，著治太平，是爲太平世。孔子依所傳聞、所聞、所見立據亂、升平、太平三世。三世義通萬世之變，而酌其大齊以立治綱也。

㈢穀梁傳

1. 作者

《穀梁傳》爲穀梁氏作，其名號傳說不一。

2. 穀梁傳授

《桓譚新論》云：「左氏傳世後百餘年，魯人穀梁赤爲《春秋》殘七，多所遺失。」《應劭風俗通》

云：「穀梁子名赤，子夏弟子（此語無據），麋信以爲秦孝公同時人，阮孝緒以爲名俶字元始。《論衡案書篇》又云「穀梁寘」《新論》較爲近古，後人多從之。

《史記儒林傳》曰：「瑕丘江生爲《穀梁春秋》。」《漢書儒林傳》曰：瑕丘江公受《穀梁春秋》及《詩》於魯申公。……太子既通《公羊》，復私問《穀梁》而善之，宣帝即位聞衛太子好《穀梁》，以問韋賢，夏侯勝、史高，皆魯人也。言穀梁子本魯學，公羊乃齊學也，宜興《穀梁》由是《穀梁》之學大盛（范寧當晉世作《穀梁傳集解》，自謂所見釋穀梁者近十家，皆膚淺末學，不經師匠，辭理典據，都無可觀。）。

《四庫總目》云「《晉范寧集解》《唐楊士勛疏》，其《傳》則士勛《疏》稱穀梁子名俶，字元始，一名赤，受經於子夏，爲經作傳，則當爲穀梁子所自作，徐彥《公羊傳序疏》又稱『公羊高五世相授至胡母生乃著竹帛，題其親師故曰《公羊傳》，穀梁赤亦是著竹帛者題其親師，故曰《穀梁傳》也。』則當爲傳其學者所作。疑徐彥之言爲得其實。但誰著於竹帛，則不可考耳。」《提要》以爲穀梁乃傳其學者著於竹帛。由《傳》引穀梁子說證其非穀梁子自作《穀梁傳》其傳指在解經，與《公羊》同，其傳文往往反復詰難以盡其義，亦與《公羊》同，傳義有與《公羊》同者，亦有與《公羊》異者，而與《公羊》異者，或並存其義，或直斥其非。三傳之立博士，初，《春秋》惟《公羊》博士，至孝宣時，復立《穀梁》博士，王莽時，卒立《左氏》博士。

穀梁傳授表。子夏至西漢。

子夏—穀梁子—孫卿—申公—江公—江公子—江公孫
- 皓星公
- 榮廣
  - 蔡千秋—尹更始
    - 尹咸
    - 房鳳—侯霸
    - 翟方進
  - 周慶（博士）
  - 丁姓博士—申章昌博士（徒衆尤盛）
- 劉向
- 胡常—蕭秉

六、評三傳

漢世三傳並行大約宣元以前，則《公羊》盛，明章以後，則《左氏》興而《穀梁》漸微。《穀梁》晚出監省《公羊》之違失，而或取或不取，或非之，或兼存之，與《公羊》義有同，有不同也。公穀皆解《春秋》，《春秋》所無者，公穀未嘗言之，而《左氏》敘事見本末，則有《春秋》所無而《左氏》爲之傳者，有《春秋》所有而《左氏》不爲傳者焉，故漢博士謂「《左氏》不傳《春秋》」而推本公穀以爲眞孔子之意，漢之得書，以《左氏》爲最先，孝惠之世，北平侯張蒼獻《春秋左氏傳》，蓋受學於荀卿子者也。漢之獻書，張蒼最先，《左氏傳》以先箸竹帛，多古字古音，謂之古學，而《公羊》，漢時乃興，傳以今文，謂之今學。

㈠特尊左氏者

1.俞正燮曰：

《春秋左傳》，經學也。《春秋左傳》萬世之書也。（註一四七）

2.汪中曰：

《左氏春秋》典策之遺，本乎周公筆削之意，聖人之道莫備於周公孔子，明周公孔子之道，莫若《左氏春秋》，學者其何疑乎？（註一四八）

3.劉申叔以《左氏》爲傳經之書，其言曰：

近儒多以《左傳》與《春秋》經文無涉，然《史記吳泰伯世家》云：「予讀古之春秋。」即指《左氏傳》言，蓋公穀爲《春秋》今文，故《左氏傳》爲《春秋》古文。又《漢書翟方進傳》「方進授《春秋左氏傳》。」以此知《左傳》一書與《春秋》經文相輔，《孔子家語》（眞）云：「孔子將修《春秋》與左丘明乘如周，觀書於周太史，歸而修《春秋》之經，丘明爲之傳，共爲表裡。」此語引於《公羊》經師，則《左傳》爲釋經之書，固公羊家所承認。《史記十二諸侯年表序》云：「左丘明懼弟子人人各安其意失其眞，因孔子史記，具論其語成《左氏春秋》。」丘明爲《春秋》作傳，史公已明言之。《班志》云：「《春秋古經十二篇，《左氏傳》三十卷。」古經，爲《左傳》之經，公穀二家止十一卷，使《左氏》不釋經，何以另有古經，與公穀不同哉？」（註一四九）

申叔先生引史漢家語證《左傳》傳經之事，又更考《韓非》、《淮南》《呂覽》諸書多引《左傳》原文，以證《左傳》在周代流行之廣。其言曰：

《左傳》爲說《春秋》之書，《韓非》引《左傳》，見〈姦劫弑臣篇〉引事二見於昭元年，一見於襄公二十五年，韓所記東周時事，多錄左氏原文：十過、說林、內儲、外儲。《左氏》一書，戰國學者咸獲睹其全文，韓非得荀卿之傳，亦《左氏》之先師。《淮南子》作於景武之間，在史公之前，書中多引《左傳》之文，精神訓、道應訓、氾論訓、說山訓、修務訓、人間訓。《淮南》所言，悉本《左傳》、《呂覽》一書，多成於荀卿門人之手，荀卿爲《左氏》先師，故《呂覽》多引《左氏》之文，足證秦火以前《左氏》書已久行於世。有全引《左氏》之文者，有與《左氏》小有不同者，著《呂覽》者，親見《左氏》之書，昭然無疑，《左氏》本於百二十國寶書，記載較實，故戰國學士大夫，莫不尊爲信史，若謂《左傳》在周代流傳未普，則諸子百家，何以無不雜引其說？（註一五〇）

按申叔世攻《左氏》家學宏深，申叔《讀左劄記序言》云「昔先曾祖孟瞻公昌明《左氏》之學。……長編甫具，纂集未成，伯父恭甫公賡之續之，至襄公後成絕筆。」申叔曾疏證經文，今遺書中有《春秋古經舊註疏證》殘稿三頁，足見劉氏三世治左之勤，申叔所述，自屬可信。

4.姚永樸曰：

其中所載名言，如云「舉趾高則心不固矣。」「匹夫無罪，懷璧其罪。」、「謀及婦人，宜其死也。」「哀樂失時，殃咎必至。」「服之不衷，身之災也。」「國將亡本必先顛而後枝葉從之。」「民生在勤勤則不匱。」「生於亂世，貴而能貧，民無求焉，可以後亡」。（註一五一）

姚氏以爲《左傳》名言，有裨世教，信然。

5.隗禧曰：

所謂道德仁義，憲章墳典，故實文獻經學、德行、名言，皆出於孔子之前，賴有《左傳》《國語》述之，至今得以考見，此左氏之功之大也。（註一五二）

7.黃季剛先生曰：

《漢書藝文志》曰：「周室既微，載籍殘缺。……丘明恐弟子各安其意失其眞，故論本事而作傳，及末世口說流行故有公羊穀梁鄒夾之傳。」謹按言《春秋》經傳原委者以班氏此言爲最簡當。《史記孔子世家》亦曰：「因史記作《春秋》筆則筆、削則削、子夏之徒不能贊一辭。」《十二諸侯年表》曰：「魯君子左丘明懼弟子各安其意以失其眞，故因孔子史記具論其語，成《左氏春秋》。」此亦是爲《春秋》《左傳》互爲表裡之證。自漢以來，左氏與二傳互爲非難，至今不已。茲爲簡其辭說，約分數科論之。一曰《春秋》本策書成法，二傳未有其證也。二曰《春秋》大義，已見於《左傳》，孔子秉筆之意，亦略有可尋，其餘變例，皆具於傳，舍此別求，皆非聖人之眞意也。……皆孔子據舊例而發新意，夫惟左氏親見聖人，同修國史而後知褒諱貶損之所在，其未見國史，不親承聖訓者，不能悉也。三曰《春秋》見諸行事，若舍事言義，則先自迷罔，二傳不明本事，即不能知聖人本意也。四曰孔子不因丘明，不能得魯史《左傳》記事，即是釋經，經傳相合，不能或離。……惟其與丘明同好惡，故丘明以筆削之權奉之孔子而無所疑。……左氏之於經，明其例，記其事，表其德音，與訓詁之傳本非同類，而世遂以爲不傳《春秋》，至劉逢祿輩竟謂《左氏》義例，爲劉歆所增竄。……由是《左氏》與《春秋》竟渺不相涉。……抑知《春秋》無《左傳》則《春秋之本旨不見，《左傳》不附經，則《左傳》竟爲誰而發乎？凡此四端，皆有關大義最切者。(註一五三)

季剛先生以四端證明左氏實傳《春秋》，引事以發明大義，非如二傳之傳聞與親見相遠滋甚，但謂孔子循周公之舊例，《春秋》無義法，待商。按右列六家，俞正燮以《左傳》爲萬世之書，劉申叔以《左傳》爲傳經之書，據《淮南》《呂覽》《韓非》等書引《左傳》之文證《左傳》之爲信史，姚永樸謂《左傳》名言有裨世教，隗禧謂《左傳》傳先代文獻，令嘉言德音傳之後世，季剛先生以四端證《左氏》實傳《春秋》親受孔子表其微旨，皆特尊《左傳》者也。

(二)評三傳得失

1.范武子《穀梁序》曰：

凡傳以通經爲主，經以必當爲理。夫至當無二，而三傳殊說，庸得不棄其所滯，擇善而從乎？既不俱當，則固庸俱失，若至言幽絕，擇善靡從，庸得不並舍以求宗，據理以通經乎？……《左氏》豔而富，其失也誣；《穀梁》清而婉，其失也短；《公羊》辯而裁，其失也俗。若能富而不誣；清而不短；裁而不俗，則深於其道者也。

武子評三傳各有得失，無所偏倚。黃震曰：「杜預注《左氏》獨主《左氏》；何休注《公羊》獨主《公羊》。惟甯不私於《穀梁》公言三家之失（註一五四）。」甚是

2. 評三家之文較長者爲劉知幾，其言曰：

> 必揚搉而論之，言傳者，固當以《左氏》爲首。……蓋《左氏》之義有三長，而二傳之義有五短。案《春秋》昭二年，韓宣子來聘，觀書於太史氏見魯春秋，曰，周禮盡在魯矣。吾乃今知周公之德與周之所以王也，然《春秋》之作，始自姬旦，成於仲尼，丘明之傳所有筆削及發凡例，皆得周典，故能成不刊之書，著將來之法，其長一也；又按哀三年魯司鐸火，南宮敬叔命周人出御書（子服景伯命宰人出禮書）其時於魯文籍冣備，丘明既躬爲太史，博總群書，至如《檮杌》《紀年》之流《鄭書》《晉志》之類，凡此諸籍，莫不畢睹，其《傳》廣包他國，每事皆詳，其長二也；《論語》子曰，左丘明恥之，丘亦恥之，夫以同聖之才，而膺受經之託，加以達者七十，弟子三千，於是上詢夫子，下訪其徒，凡所採摭，實廣問見，其長三也；如《穀梁》《公羊》者，生於異國，長自後來，語地，則與魯產相違；論時，則與宣尼不接，安得以傳聞之說與親見者爭先乎。……夫以傳自委巷而將册府抗衡；訪諸故老而與同時並列，斯則難矣！彼二傳之方《左氏》亦奚異於此哉？其短一也；《左氏》述臧哀伯諫桓納鼎，周內史美其讜言，王子朝告於諸侯，閔馬父嘉其辯說。……斯蓋當時發言，形於翰墨；立名不朽，播於他

邦，而丘明仍其本語，就加編次。……觀二傳所載，有異於此，其錄人言也，語乃齟齬，文皆瑣碎，夫如是者何哉？蓋彼得史官之簡書，此傳流俗之口説，故使隆促各異，豐儉不同，其短二也；尋《左氏》載語，大夫辭令，行人應答，其文典而美，其語博而奧，述遠古，則委曲如陳；徵近代，則循環可覆。……斯蓋當時國史，已有成文，丘明但編而次之，配經稱傳而行也。如二傳者，記言載事，失彼菁華；尋源討本，取諸胸臆，夫自我作故，無所準繩，故理甚迂僻，言多鄙野，比諸《左氏》不可同年，其短三也；按二傳雖以釋經爲主，其缺漏不可殫論。如經云楚子麇，而《左傳》云公子圍所殺，及公穀作傳，重述經文，無所發明，依違而已。其短四也；《漢書》載成方遂詐稱戾太子至於闕下，雋不疑曰，晉衛蒯聵得罪於先君，將入國，輒拒而不納，《春秋》是之，遂令執以屬吏，霍光由是始重儒學。案雋生所引，乃《公羊》正文，如《論語》冉有曰，夫子爲衛君乎？子貢曰，夫子不爲也，何則？父子爭國，梟獍爲曹，禮法不容，名教同嫉，而《公羊》釋義，反以衛輒爲賢，是違夫子之教，失聖人之旨，奬進惡徒，疑誤後學，其短五也。若以彼三長，校茲五短，勝負之理，斷然可知。……蓋是周禮之故事，魯國之遺文，夫子因而修之，亦存舊制而已，至於實錄，付之丘明，用使善惡畢彰，眞僞盡露，向使孔經獨用，《左傳》不作，則當代行事，安得而詳者哉？蓋語曰，仲尼修《春秋》，逆臣賊子懼，又曰《春秋》之義也，欲蓋而彰，求名而亡。善人勸焉，淫人懼焉，尋《左傳》所錄，無愧斯言。此則傳之與經，其猶一體，廢一不可，相須而成。如謂不然，則何者稱爲勸戒者哉……。(註一五五)?

按知幾申《左氏》三長：謂左氏筆削發凡承周之舊典垂將來之法，一也；當時魯文籍至備，丘明爲太史博覽群書 其傳包羅列國詳敘每事，二也；丘明親受經記與七十子同時，所採實廣聞見，三也。知幾以史家立言，其美《左氏》者亦自史事專言之耳。其論二傳五短，略謂：一、傳聞與親見異；二、左存簡書，二傳出自胸臆口說；三、左錄當時國史，二傳一出胸臆；四、二傳釋經有缺漏；五、公羊以衛輒爲賢而父子爭國顯違孔子之教，亦側重史事，尙左氏而訾二傳，有偏執之意。

3.清惠士奇評三傳曰：

《春秋》三傳，事莫詳於《左》論莫正於《穀梁》，韓宣子見魯春秋曰周禮盡在魯矣，然則《春秋》本周禮以記事也。《左氏》褒貶，皆春秋諸儒之論；故紀事皆實，而論或未公，《公羊》不信國史，惟篤信其師說，師所未言，則以意逆之，故所失常多。要之《左氏》得諸國史，公穀得之師承，雖互有得失，不可偏廢。(註一五六)

惠氏推許《左氏》詳於事《穀梁》論正，《公羊》篤信師說，所失者多，三者互有得失不可偏廢甚是

3.四庫總目提要評三傳曰

左氏事實有本而論斷多疏，公羊穀梁每多曲說，而公羊尤甚。(註一五七)

提要善左氏言事有據而論斷有疏，公穀皆有曲說，其語約而意未盡。

(三)評三傳大家

1.葉夢得曰：《左氏》傳事不傳義，是以詳於史而事未必實，以不知經故；《公羊》《穀梁》傳義不傳事，而義未必當，以不知史故也。（註一五八）

2.朱子曰：《左氏》是史學；《公穀》是經學。史學者，記得事卻詳，於道理上便差；經學者，於義理有功，然記事多誤。《左氏》曾見國史，考事頗精，只是不知大義，專去小處理會，往往不曾講學；《公穀》考事甚疏，然義理卻精，二人乃是經生，傳得許多說話，往往不曾見國史。（註一五九）

葉氏之意明義必因事而斷，事義相資相足，偏其一不可，自朱子以後，世皆知左氏長於史事，史學也；公穀長於義理爲經學，故善於說經，三者各有長短，取精用宏，必資三傳，不可偏廢，則可以讀《春秋》矣。

3.太炎謂三傳：

今治三傳，自應以《左氏》爲主，《穀梁》可取者多，《公羊》頗有刻薄之語，可取者亦尚不少，如內諸夏外夷狄之義，三傳所同，而《公羊》獨著明文，又識世卿之意，左穀皆有之，而《公羊》於尹氏卒，崔氏出奔，特言世卿非禮，故讀《公羊傳》者，宜舍短取長，知其爲萬世制法，非爲漢一代制法也。（註一六〇）

太炎謂讀三傳，當以《左氏》爲主，蓋先知史實也。而曰三傳同申《春秋》之義《公羊》有顯言之者，舍短取長，亦以《公羊》可取者多也。

漢博士謂左氏不傳《春秋》，以其書專主記事，不若二家純論經義，而《左氏》書爲東周之信史周末之著作多引《左氏》之文《左傳》待後世研究者有三，曰禮、曰例、曰事。而遺文佚事，咸賴《左傳》而傳，此《左氏》之功也，《左傳》博采史事詳陳事跡，使一經本末具見，深爲有功。《穀梁》多言君臣父子兄弟夫婦貴禮賤兵。《公羊》內諸夏外夷狄明《春秋》爲持世教之書各有其長，信不可偏好也。

七、結語

治《春秋》當取三傳，經傳相須而備，經之有傳，若鳥之有翼，相輔而行者也。萬充宗曰：「經無事實，待傳而明（註一六一）」甚是，治經必由傳始，後世不信三傳，始於唐之啖、趙，退之亦謂「春秋三傳束高閣，獨抱遺究終（註一六二）。」不可從。然三傳各有得失，不可獨守一家，杜預謂「言《左氏春秋》者更膚引公穀適足自亂（註一六三）」孔巽軒以爲不然曰「何邵公不通，若盟於包來下不肯援《穀梁》以釋傳，叛者五人不取證《左傳》而斃造諫不以禮之說，參取乃通也（註一六三）」治經當參取三傳是也，然三傳各有得失，又不可不知，陳澧曰「知三傳之病，而後可以治《春秋》，知杜、何范《注》，孔、徐、楊《疏》之病而後可以治三傳（註一六四）。」治經不可不知傳，傳不可專拘一家，當參取三傳，觀其會通而折中於經文，令其通貫當理而後已。

《春秋》一萬八千字，書於二尺四寸之策，其義旨數千，經解曰「屬辭比事《春秋》教也」屬者聯綴，比者比次，玩索經文於其聯綴比次之間，得知其是非；抑揚輕重婉直微顯之際，而知其書法。其事一千九百二十四條皆有義例，義例者予奪褒貶進退美刺之微旨也。禮有違合，事有美惡，文有隱顯，而褒貶美刺，以直行乎其間。故孟子曰「其義則丘竊取之矣（註一六五）」。學者欲潛心《春秋》，必執精他經。融貫三傳，旁及周秦諸子及二千年來說者之得失，而後乃有所獲。《春秋》始元終麟，主明王道修禮義察世變以曉來者，經世之大經大法畢具於此矣。

【附　註】

註　一　〈周易下繫第八章〉曰：懼以終始，其要無咎，此之謂《易》之道也。

註　二　〈上繫第五章〉夫《易》廣矣大矣，以言乎遠則不禦；以言乎邇，則近而正，以言乎天地之間則備矣。

註　三　〈上繫第五章〉子曰：《易》其至矣乎，夫《易》聖人所以崇德而廣業也，知崇禮卑崇效天，卑法地、天地設位，而《易》行乎其中矣，成性存存，道義之門。

註　四　〈繫傳上第七章〉是故聖人以通天下之志，以定天下之業，以斷天下之疑。又第九章曰「唯幾也，故能成天下之務。」

註五　《周易繫辭傳》「是故《易》有太極是生兩儀」二句下康成《易注》。
註六　《禮記禮運篇》故人者，天地之心也，五行之端也。
註七　《周易復卦彖傳》利有攸往，剛長也，復其見天地之心乎。
註八　《周易乾卦彖傳》乾道變化，各正性命，保合太和乃利貞。
註九　《周易繫傳上第五章》天地設位而《易》行乎其中矣，成性存存，道義之門。
註一〇　《周易乾卦文言傳》夫大人者，與天地合其德，與日月合其明，與四時合其序，與鬼神合其吉凶。
註一一　《古代銘刻棠考》一二十一頁。
註一二　《孟子盡心下篇》孟子曰言近而旨遠者，善言也。……君子之言也，不下帶而道存焉。
註一三　《周易繫傳上第六章》
註一四　《周易繫傳上第二章》聖人設卦觀象繫辭焉而明吉凶。……。
註一五　見《老子第十章》。
註一六　見《老子第七十七章》。
註一七　《周易繫上第四章》一陰一陽之謂道，繼之者善也，成之者性也。……。
註一八　見《周易鄭氏學》第三章第一節一四七頁。
註一九　此數句見《朱子周易本義》。
註二〇　《周易繫上傳第十章》是故闔戶謂之坤，闢戶謂之乾，一闔一闢謂之變，往來不窮謂之通。

註二一　見《史記滑稽列傳》。
註二二　清儒章學誠《文史通義·易教篇》。
註二三　《論語爲政篇》子曰爲政以德，譬如北辰居其所，而衆星拱之。
註二四　同右篇。
註二五　《中庸第二十章》孔子答哀公問政之語。
註二六　《論語顏淵篇》季康子問政於孔子，孔子對曰政者，正也，子帥以正，孰敢不正。
註二七　《論語子路篇》子曰，其身正，不令而行；其身不正，雖令不從。
註二八　同篇子曰苟正其身矣，於從政乎何有？不能正其身，如正人何？
註二九　《禮記孔子閒居》子夏曰三王之德參於天地，敢問何如斯可謂參於天地矣？孔子曰奉三無私以勞天下。子夏曰，敢問何爲三無私？孔子曰，天無私覆……云云。
註三〇　《禮記禮運篇》故聖人耐（能通）以天下爲一家，中國爲一人，非意之也。
註三一　《張橫渠西銘》曰，民吾同胞，物吾與也。
註三二　《孟子孫丑上篇》孟子曰，人皆有不忍人之心，先王有不忍人之心，斯有不忍人之政矣，以不忍人之心行不忍人之政，治天下可運之掌上。
註三三　《孟子梁惠王上篇》彼陷溺其民，王往而征之，夫誰與王敵？故曰仁者無敵，王請勿疑。
註三四　《孟子公孫丑上篇》孟子曰尊賢使能俊傑在位，則鄰國之民仰之若父母矣。……如此則無敵於天下，無敵於天下者，天吏也。然而不王者，未之有也。

註三五　《書皐陶謨》一日二日萬幾，無曠庶官，天工，人其代之。

註三六　《詩大雅板之什第六章》曰，天之牖民，如壎如篪，如璋如圭。

註三七　《周書康誥篇》王若曰，嗚呼封，若保赤子，惟民其康乂。

註三八　《禮記禮運篇》是故夫政必本於天，殽以降命。命降於社之謂殽地。降於祖廟之謂仁義。……

註三九　《論語季氏篇》

註四〇　《周易革卦彖傳》湯武革命順乎天而應乎人。

註四一　《書盤庚上篇》盤庚曰先王有服（事），恪謹天命。

註四二　《書泰誓》語。

註四三　《書皐陶謨》天聰明自我民聰明，天明畏自我民明畏。

註四四　吳承仕《釋文敘錄辨證》語。

註四五　《初學記》卷二十一，《太平御覽》卷六〇九引。

註四六　《尚書序疏》引。

註四七　龔自珍〈武進莊公神道碑銘〉。

註四八　見黃家辰《尚書講義》。

註四九　《論語為政篇》孔子引《書君陳篇》語而釋之以答或問。

註五〇　《大學傳第十章》惟命不于常，道善則得之；不善則失之也。

註五一　《孟子公孫丑下篇》孟子曰：故曰域民不以封疆之界，固國不以山谿之險，威天下不以兵革之利。得道者多助，失道者寡助……。

註五二　《孟子離婁上篇》孟子曰，桀紂之失天下也，失其民也，失其民者，失其心也。得天下有道，得其民斯得天下矣。得其民有道，得其心斯得民矣。

註五三　《孟子滕文公上篇》滕文公爲世子，命然友之鄒問居喪之事於孟子，孟子以此數語勉其以身先之也。

註五四　《論語顏淵篇》樊遲問仁，子曰愛人，問知，子曰知人。

註五五　《論語爲政篇》子曰，視其所以，觀其所由，察其所安，人焉廋哉，人焉廋哉。

註五六　《孟子萬章上篇》吾聞觀近臣以其所爲主；觀遠臣以其所主。

註五七　《孟子梁惠王上篇》梁惠王曰，寡人之於國也，盡心焉耳矣。……不違農時，穀不可勝食也。…云云。

註五八　《孟子離婁上篇》孟子曰離婁之明，公輸子之巧。……云云。

註五九　《論語述而篇》子曰，甚矣吾衰也，久矣吾不復夢見周公。

註六〇　《書臯陶謨》帝庸作歌曰勑天之命，惟時惟幾，乃歌曰：「股肱喜哉，元首起哉，百工熙哉！臯陶拜首稽首。……乃賡載歌曰：「元首明哉，股肱良哉，庶事康哉！」。……。

註六一　《禮記樂記》「昔者舜作五弦之琴以歌南風」《鄭注》「南風，長養之風也，言父母之長養己，其辭未聞。」

註六二　《論語子罕篇》子曰，吾自反魯然後樂正，雅頌各得其所。

註六三　《論語季氏篇》陳亢問伯魚，子亦有異聞乎，伯魚述孔子之教曰：「不學詩，無以言」。

註六四　《論語陽貨篇》子謂伯魚曰女爲周南召南矣乎？人而不爲周南召南，其猶正牆面而立也與。

註六五　同右篇。

註六六　《論語爲政篇》子曰，詩三百一言以蔽之曰思無邪。

註六七　《周易咸卦彖傳》天地感而萬物化生，聖人感人心而天下和平，觀其所感而天地萬物之情可見矣。

註六八　《周易觀卦象》曰：風行地上觀，先王以省方觀民設教。

註六九　《孟子盡心上篇》孟子曰：仁言不如仁聲之入人深也；善政不如善教之得民也，善政得民財；善教得民心。

註七〇　《禮記經解篇》孔子曰入其國其教可知也。其爲人也，溫柔敦厚，詩教也。

註七一　閻百詩《古文尚書疏證五上》。

註七二　顧亭林《日知錄卷三·詩序》。

註七三　閻百詩《古文尚書疏證五下》。

註七四　屈翼鵬《詩經釋義》。

註七五　顧亭林《日知錄卷三》。

註七六　閻百詩《古文尚書疏證二》。

註七七　《二程全書·程氏遺書二》。

註七八　魏源《詩古微一》。
註七九　馬貴與《文獻通考卷一百七十八・經籍五》。
註八〇　皮錫瑞《經學通論二》。
註八一　章太炎先生《國學略說》。
註八二　王應麟《詩地理考自序》。
註八三　梁任公《經籍解題及其讀法》。
註八四　《周易繫傳上第十一章》。
註八五　《論語陽貨篇》子曰小子何莫學夫詩，詩可以興，可以觀，可以群，可以怨，邇之事父，遠之事君，多識於鳥獸草木之名。
註八六　《孟子盡心上篇》孟子曰待文百而後興者，凡民也，若夫豪傑之士，雖無文王猶興。
註八七　《孟子盡心下篇》孟子曰聖人百世之師也伯夷柳下惠是也，故聞伯夷之風者頑夫廉，懦夫有立志。……云云。
註八八　王應麟《困學紀聞》。
註八九　《孟子公孫丑上篇》引子夏之語。
註九〇　《孟子滕文公上篇》孟子答滕文公問爲國之道，設爲庠序學校以敎之，庠者養也。……云云。
註九一　《中庸第十二章》君子之道造端乎夫婦，及其至也察乎天地。

註九二　《禮記經解篇第二十六》

註九三　同右。

註九四　《孝經廣要道章第十二》子曰，敎民親愛莫善於孝，敎民禮順，莫善於悌，移風易俗莫善於樂，安上治民，莫善於禮。

註九五　《惠士奇《周禮說》

註九六　《漢書河間獻王傳》、《隋書經籍志》、《經典釋文叙錄》《孔氏正義》皆云然。

註九七　孫詒讓《周禮正義》說。

註九八　見楊伯峻著《從漢語角度鑒定中國古籍寫作時代之實例。—列子著述年代考》。

註九九　《論語季氏篇》伯魚答陳亢問異聞之語。

註一〇〇　《論語八佾篇》子曰，人而不仁如禮何？人而不仁如樂何？

註一〇一　《禮記禮運篇》義者藝之分，仁之節也，協於義講於仁，得之者強，仁者，義之本也，順之體也，得之者尊。

註一〇二　《孟子盡心上篇》孟子曰君子所性，仁義禮智根於心，其生色也睟然。……。

註一〇三　《孟子離婁上篇》孟子曰，仁之實事親是也。……禮之實節文斯二者是也……。

註一〇四　見凌廷堪《復禮篇》。

註一〇五　《禮記經解篇》孔子曰。……故朝覲之禮，所以明居臣之義也；聘問之禮，所以使諸侯相尊敬也；喪祭之禮，所以明臣子之恩也；鄉飲酒之禮，所以明長幼之序也；昏姻之禮，所以明男女之別也（先明制禮之目的）。故下緊承之曰故昏姻之禮廢，則夫婦之道苦而淫僻之罪多矣。……云云。

註一〇六　王通《中說禮樂篇》

註一〇七　胡培翬《儀禮正義》

註一〇八　章太炎《國學略說》。

註一〇九　《禮記禮運篇》故禮義也者，人之大端也；所以講信修睦而固人肌膚之會，筋骸之束也。所以。……故惟聖人知禮之不可以已也，故壞國、喪家、亡人，必先去其禮。

註一一〇　《孫淵如文集卷下》。

註一一一　《禮記仲尼燕居第二十八》。

註一一二　《孟子滕文公下篇》孟子曰。……孔子懼作《春秋》《春秋》天子之事也。……。

註一一三　《禮記禮運篇》故聖人耐以天下爲一家，中國人爲一人，非意之也（耐，能通）。

註一一四　《孟子離婁下篇》孟子曰禹惡旨酒而好善言……文王視民如傷。……。

註一一五　《周書康誥篇》王曰，嗚呼封！……若保赤子，惟民其康乂。

註一一六　《孟子公孫丑上篇》孟子日以力假仁者霸，霸必有大國，以德行仁者王，王不待大……云云

註一一七　《春秋繁露天道無二篇》

註一一八　《論語泰伯篇》

註一一九　萬充宗《春秋隨筆卷七，宣公》

註一二〇《孟子盡心下篇》孟子曰不信仁賢則國空虛，無禮義則上下亂。……。

註一二一《漢書五行志》

註一二二《史記太史公自序》以爲聞之董生之語。

註一二三《春秋繁露竹林篇》

註一二四《孟子滕文公下篇》

註一二五《黃震讀春秋日抄自序》

註一二六《孟子滕文公下篇》

註一二七《孟子公孫丑上篇》孟子曰，皆古聖人也吾未能有行焉，乃所願，則學孔子也。

註一二八《史記孔子世家》

註一二九《孟子離婁下篇》孟子曰王者之跡熄而詩亡。……其事則齊桓晉文，其文則史，孔子曰其義則丘竊取之矣。

註一三〇《劉子駿移讓太常博士書》見《昭明文選》。

註一三一《孟子離婁下篇》與（註一二九）條同。

註一三二《論語子路篇》子路曰衛君待子而爲政子將奚先。……。云云

註一三三《論語季氏篇》孔子曰：天下有道則禮樂征伐自天子出……云云。

註一三四《中庸第二十八章》子曰愚好而自用，賤而好自專。……非天子不議禮，不制度，不考文。……。

註一三五　《論語衛靈篇》子曰：君子義以爲質，禮以行之。……。

註一三六　《孟子盡心下篇》孟子曰《春秋》無義戰，彼善於此，則有之矣。征者，上伐下也。……。

註一三七　《孟子離婁上篇》孟子曰，求也，爲季氏宰。……況於爲之強戰，爭地以戰，殺人盈野；爭城之戰，殺人盈城，此所謂率土地而食人肉，罪不容於死，故善戰者服上刑，連諸侯次之。……。

註一三八　同右條。

註一三九　《史記孟子列傳》

註一四〇　宋程伊川《春秋傳序》

註一四一　劉向《說苑尊賢篇》

註一四二　《韓昌黎全集原道篇》孔子之作《春秋》也，諸侯用夷禮則夷之；進於中國則中國之。……。

註一四三　《春秋繁露竹林篇》董仲舒撰

註一四四　《漢書卷三十六列傳第六，楚元王傳劉歆傳》

註一四五　《太平御覽引新論》語

註一四六　漢王充《論衡案書篇》二七七頁

註一四七　《兪正燮癸巳存稿》

註一四八　汪中述學

註一四九　《劉申叔先生遺書，讀左劄記》

註一五〇　同右

註一五一　姚永樸《起鳳書院答問卷一

註一五二　隗禧《魏略》

註一五三　黃季剛先生《三傳平議》

註一五四　《史通通釋卷十四，申左第五》

註一五五　江藩《漢學師承記卷二》

註一五六　《四庫總目提要卷二十六春秋集傳解疑》

註一五七　葉夢得《春秋傳自序》

註一五八　《朱子語錄卷八十三》

註一五九　章太炎《國學略說、經略說》

註一六〇　《經學五書內鄭禹梅撰跛翁傳》傳中語。

註一六一　《韓昌黎全集退之與盧仝詩》

註一六二　杜預《春秋經傳集解序》

註一六三　孔巽軒《公羊通義序》

註一六四　陳澧《東塾讀書記卷十》

註一六五　《孟子離數下篇》孟子日王者之跡熄而詩亡。孔子日，其義則丘竊史之矣。

後記

癸酉孟春月成草，全書在昌明義理，取其切於人倫日用有益世教爲主。期能正人心，復人性，敦厚風俗而已。考辨多用他書語意，記其主名，其有舊稿鈔撮年久，出自何人，已不復省記，非敢掠美也。自媿學殖荒落，聞見淺陋，必多訛誤奪落，窒礙難讀之處，海內大雅宏達，若辱教之幸甚。　自逢謹志。